JN004168

暗躍の球史

根本陸夫が動いた時代

高橋安幸 著

はじめに

「オヤジのこと、このぐらい褒《ほ》めておけばいいですか？」

　苦笑交じりだが、ほぼ真顔でそう言った証言者がいた。それも一人ではなく二人、まったく同じ言葉だったから筆者は面食らった。前作『根本陸夫伝　プロ野球のすべてを知っていた男』の取材時のことで、「オヤジ」とは根本陸夫、その人である。

　二人はいずれも現役当時、投手として監督・根本に仕えていた。「オヤジに出会わなかったら今の自分はない」といった感謝の念はあるのだが、特に技術的な指導では納得できないところがあった。実際、口論のようになったと二人とも証言したが、取材終わりに揃って意味深長なひと言を残され、落ち着かない気持ちをずっと引きずることになった。

　１９７０年代末から90年代にかけて日本球界で暗躍し、実質ＧＭ（ゼネラルマネージャー）として辣腕を発揮。大型トレードで世間をあっと言わせ、有望な新人獲得を巡る権謀術数が「マジック」とも称された根本陸夫。低迷していたライオンズ、ホークスに変革を起こし、それぞれの黄金時代につなげた功績で知られる。その仕事ぶりと人間像について、前作では20人以上の関係者に取材、証言を得たのだが、２０１８年の文庫版刊行後、落ち着かない気持ちが揺れ動く出来事があった。

　というのも、「オヤジ」と呼ばれた根本自身が「オヤジ」と呼ぶフィクサーがいた、との情報を得たからである。「球界の寝業師《ねわざし》」の異名を持つフィクサーである根本を、さらに陰で動かしていた人物がいたとは……。そうして、この人物が「高校時代に父親代わりだった」という愛甲猛（元・ロッテほか）に面会するところから、本書の取材が始まった。

　もしや、筆者が追い求めていたのは根本の実像ではなく、虚像だったのだろうか？　球団再建における超人的な活躍ぶり、偽悪的な風貌や外見と相まった怪人物ぶりも、メッキのようなものだったのか。

　そう考え始めたとき、縁あって、西武球団の名物マネージャーだった島田正博と知り合った。根本が西武監督に就任したときから間近で接していた島田は、前作を読んだうえで言った。

「ここに出てくる根本さん、カッコよ過ぎますよ。少なくとも、オレの前ではこんなカッコいい人じゃなかったな」

元選手ではないチームスタッフの島田にとって、根本は「球界の先輩」ではない。何かとかわいがってもらったそうだが、あくまでもチームスタッフとして、フラットな目で見ていた。時にはオッサン呼ばわりしたことさえあった。その点、親分肌で面倒見がよかった根本を信奉する元選手たちの視点とは違う。現場での実像について島田に聞いた。

取材直後、島田から紹介を受けたのが、西武で球団スカウト部長、球団本部長を務めた浦田直治（元・西鉄）だった。

「根本の右腕」と呼ばれ、側近中の側近だった浦田は、戦後間もない頃に始まる根本との長い付き合いを洗いざらい語った。かつて黄金時代を築いた西鉄の控え捕手からスカウトに転身した浦田が、ライオンズ一筋で根本と再会したときからすべてが始まっていた。それは「マジックの種明かし」といえるものでもあり、松沼兄弟、伊東勤、秋山幸二、工藤公康、清原和博と西武黄金期に欠かせなかった中心選手たちが、いかにして入団するに至ったのか、真実を明らかにする。なお、このうち松沼兄・博久に取材し、本人の証言を得た。

「種明かし」として、根本による新人との交渉についても浦田は明かすのだが、実際にはどう口説き、どのような話術を使っていたのか。球界初のＦＡ（フリーエージェント）宣言選手として、ダイエー（現・ソフトバンク）入りした松永浩美（元・阪急ほか）が証言する。まだ根本が監督と実質ＧＭを兼務していた93年シーズンオフ、松永は一対一で向き合った。

一方、「根本さんが目標」と公言する西武球団ＧＭの渡辺久信（元・西武ほか）に触発され、選手、指導者を経て、編成トップとなった野球人たちにも話を聞いた。元・巨人球団ＧＭの鹿取義隆（元・巨人ほか）、元・阪神球団編成部長の黒田正宏（元・南海ほか）、ソフトバンク球団統括本部付アドバイザーの小川一夫（元・南海）という面々だ。

このうち、黒田は信奉者を超えた〝根本信者〟として知られ、今に続く阪神の編成・スカウトの体制を改革、整備している。また、小川はダイエーのスカウト時代、西武から移籍してきた根本に薫陶を受け、その経験が編成トップになったときにも生きて現在に至る。

さらに、日本におけるＧＭとアメリカのＧＭはどこがどう違うのか、明らかにすべく、メジャーリーグ評論家の福島良一に取材。福島は西武球団管理部長時代の根本にインタビューした経験もあり、「日本で本当にＧＭと言えるのは根本さんしかいなかった」と言う。

もっとも、根本に次ぐＧＭだったと言える人物として、福島は一人の名を挙げる。２０１５年から21年まで、日本ハムＧＭを務めた吉村浩である。現在はチーム統轄本部長となったが、選手経験のない吉村がいかにして編成トップになったのか、語られる。

そして、その吉村が日本ハム監督に招聘した栗山英樹（元・ヤクルト）。23年のＷＢＣ優勝監督として、今や知らない人はいないこの野球人も、根本と関わりがあった。一度だけの面会は現役引退直後だったが、当時、西武球団編成部長になっていた根本は、栗山に何を託そうとしていたのか。初めて明らかにされる。

以上、11名への取材を行い、根本の人生をあらためて、生い立ちから振り返り直す必要に迫られた。

前作では、各人それぞれにとっての根本像、その関わり方を強調したい思いがあり、証言者ごとに章立てした。しかし今回、新たな証言を数多く得て、これまで触れていなかった文献資料も掘り起こし、時系列順に著したものが第一章である。

章は学生時代、近鉄時代、広島時代、クラウンライター−西武時代、ダイエー時代と5つに分けてあり、表向きは、茨城・水戸の落第生がいかにして球団社長に上り詰めたか、という一代記。だが、根本が球団社長という枠におさまりきらない人物だったことも著している。

また、第一章は必然的に第二章以降とリンクしており、すべての章を通じ、根本陸夫が動いた時代を著したつもりだ。それは昭和から平成にかけて、新人補強ではドラフト制度がありながら自由競争があり、練習生制度があり、トレードをはじめ即戦力補強が奏功すれば、短期間での球団再建も可能だった時代――。

果たして、球史のなかで根本はどう暗躍していたのか。本当に、もう二度と現れない超人、怪人物だったのか。あるいは、あの時代がつくり上げた虚像だったのか。お読みいただき、ご自身の答えを出していただければ幸いだ。

なお、文中で敬称を略させていただくことをお許し願いたい。

暗躍の球史

根本陸夫が動いた時代

【もくじ】

第一章

落第生から球団社長に上り詰めた男

１９６７年、近鉄を退団して広島のヘッドコーチに就任したとき、根本陸夫は自らを「球界の水府《すいふ》浪人」と称した。

「水府」は茨城・水戸の異称であり、「浪人」とは江戸時代の脱藩者を意味する。つまり「水府浪人」は水戸藩の脱藩者のこと。幕末の１８６０年、桜田門外の変で大老・井伊直弼《いいなおすけ》を暗殺したのは水府浪人17名と薩摩藩士１名だったが、そんな物騒な史実も想起させるアウトサイダー然とした姿勢を、水戸出身の根本は押し通していたという。

球団創設以来、広島の監督とコーチは、地元出身者か、カープでプレーしたＯＢだけが選ばれていた。古くからの〝野球どころ〟で郷土意識が強い市民球団だけに、地域に根付いたチームを目指すうえでは自然の成りゆきだった。

そこに初めて、広島とは縁もゆかりもない根本が乗り込んできた。茨城で生まれ育ち、東京の旧制日本大学第三中（日大三中／現・日大三高）、法政大で野球の腕を磨き、神奈川の社会人野球チーム＝コロムビアを経て、大阪のプロ球団＝近鉄で働いてきた男である。

これほど完全な外様だった根本が、なぜ、広島首脳陣に加わることになったのか。

なぜ、翌年には広島の監督に昇格してカープを球団初のＡクラスに導き、その後は低迷していたライオンズ、ホークスに変革を起こし、それぞれの黄金時代につなげられたのか——。

この第一章では関係者の証言をもとに、根本の足跡を原点から明らかにしていく。

学生時代

資産家の跡取り坊っちゃん

１９２６年11月20日、茨城・水戸市で生まれた根本陸夫は、同県にある石神村《いしがみ》（現・東海村）の裕福な家庭で育った。

祖父の秀之介は先鋭的な事業家。同村の村松《むらまつ》虚空蔵尊《こくうぞうそん》への参詣者を運ぶ軽便鉄道＝村松軌道を敷き、バス、タクシー、トラック運送の会社などを次々に興した。その事業を継いだ父の時之介は、石神村の村長だった人物。隣接する村松村と合併して東海村となってからも村長を二期務め、在任中に日本原子力研究所（現・独立行政法人日本原子力研究開発機構）の誘致を決めている。母親の貞は茨城・磯原町（現・北茨城市）の豪商、近藤家から嫁いできた。

いわば、根本は資産家の〝跡取り坊っちゃん〟だった。次男だが長男は夭逝《ようせつ》したため、祖父の秀之介は「いずれは根本家を支える男」として、孫の陸夫に特に目をかけた。自身が学問好きだったことから、陸夫にも勉強家になることを求めた。石神村の小学校から水戸市内の三の丸小学校に転校したのも、陸夫の進学や将来の進路を考えた秀之介の意向だった。

転校後には、若い弁護士が家庭教師の形で付けられた。ただ、この弁護士が大変な野球好きで、よく二人でキャッチボールをやり、中等学校野球や東京六大学野球の話もたびたび聞かされた。影響を存分に受けた陸夫は、勉強家とはまったく違う方向に進んでいく。結果的に、祖父による孫への思いは果たされないわけだが、陸夫の正義感の強さ、面倒見のよさなどの性格面は、秀之介に通じるものがあったという。

中学は水戸の旧制茨城中（現・茨城高）に入学した。同校は１９２７年に私立の男子校として創立。戦後には進学校となり、95年から男女共学となったが、根本が在籍した当時は硬派で知られていた。

少年時代から見せていた、フィクサーの才

入学すると、根本は野球部に入部した。同期のチームメイトだった馬目《まのめ》大《まさる》はこう証言する。

「根本はキャッチャーで、１年生からレギュラーでね。茨中《いばちゅう》の野球部にはほかにそんな選手はいなかったですよ。肩も強くて、大したもんだった。それで私はピッチャーで、根本とバッテリーを組んでいたんです。身長１７０センチぐらいで体は大きくなかったけど、野球はうまかった。２年生のときは根本が３番を打って、私が４番という試合もあったかな」

旧制中学は5年制である。6年制の尋常小学校を卒業後にそのまま進む場合と、2年制の高等小学校を経由して進学する方法があった。ゆえに旧制中学5年生の年齢は現在の高校2年生もしくは大学1年生に相当したから、尋常小学校卒業後に即レギュラーとは、根本の野球レベルは相当に高かったと言える。一方、馬目によれば、勉学からはますます遠ざかっていた。

「学校サボってばっかりで勉強どころではなかったから、根本は2年生になるときに2回、落第してるんです。それでお父さんは今でいう観光バスのようなものを持ってて、鉄道の会社もやってたんですね。だからバスも汽車も『オッス！』で通ってた。〝顔パス〟だったんです」

まさに〝跡取り坊っちゃん〟だが、そんな育ちだけに幼い頃からわがままで腕白、ケンカもよくやった。後年、根本自身、〈15、6歳までの私はやんちゃだった〉と一般紙の紙面で明かしており、じつは小学校は石神村から水戸市内に移ったのみならず、合計3度、転校させられたという。落第生でもあった茨城中時代はどれほど暴れたのか。

「根本はね、ケンカするにしてもちょっと違ってた。よく、他校生とのケンカがあったんだけど、彼は自分では表に出ないから。腕っぷしのいい連中を集めて、後ろで糸を引いてやらせる。ハッタリも利いたし、相手と顔を合わせても、自分の顔はちょっと横にそらす。そうして、目だけ相手に向ける。そういうタイプだったね」

自分では表に出ず、戦う人間を集め、後ろで糸を引き、ハッタリが利く――。後年、プロ野球の世界で選手より監督、監督よりＧＭ（ゼネラルマネージャー）として生きる姿に通じるような行動ぶり。少年時代からフィクサーの才を見せていた、と言っても過言ではないだろう。

そんな根本が、茨城中から日大三中に転校する。素行不良により放校処分を受けたのが理由とされているが、どんな問題を起こしたのか。

「2回も落第した根本には、じつは3回目があった。茨中は落第が3回になると放校処分、退学になってしまうんです。そして、彼は日大三中に転校した。別れるとき、今でも憶えてます。学校の西側に生け垣の柵があって、その日、根本は柵の向こう側にいた。私は生け垣の間に手を突っ込んで、腕を伸ばして握手したんだけど、寂しい顔をしていたよね。あれはかわいそうだったな」

こいつなら何をしでかしても不思議じゃない

転校先の日大三中では、根本の転入を聞きつけた生徒の間でちょっとした騒ぎになっていた。開校当初から硬式野球部の強化に努めていた同校も硬派だった。

「ある日、野球部でね、『茨城中学からとんでもない野郎が転校してくるぞ。そいつが野球部に入るぞ』って噂が広まってね。その『とんでもない野郎』が根本だったの」

そう証言するのは、当時、同校野球部に在籍していた関根潤三。のちに東京六大学の法大で左腕エースとなる関根は、プロでは近鉄でプレーして投手と野手両方でオールスター出場。巨人に移籍した１９６５年限りで引退したあと、大洋（現・ＤｅＮＡ）、ヤクルトで監督を務めた。根本にとっては終生の親友にして、日大三中、法大、近鉄時代を通じてバッテリーを組んだ投手。広島監督時代にはヘッドコーチとして招聘している。同じ26年生まれでもあり、プライベートな場では互いに「ジュンちゃん」「ネモやん」と呼び合う仲だった。初対面での印象を関根に聞いた。

「僕はまず思いました。こいつが噂の男か、こいつなら何をしでかしても不思議じゃない、って。目つきは鋭いし、見るからに貫禄十分で、迫力がありましたから。でも、普通は根本みたいなヤツ、いくら日大三中でも受け入れませんよ。あとで聞いたら、当時の監督、藤田省三《しょうぞう》さんとの縁があって入学できたんだそうです」

藤田省三は１９０８年に兵庫・西宮市に生まれ、旧制甲南中（現・甲南高）から法大に進学して主将も務めた捕手。卒業後はノンプロを経て東京六大学の審判となり、36年から日大三中の初代監督に就任。38年の春夏、39年の春、40年の夏と甲子園に導き、41年から法大監督を兼務する。プロでは近鉄の初代監督も務め、関根と根本にとって終生の恩師となる。

この藤田の大人と、根本の母親・貞が遠縁だったことで、普通ではあり得ない転校ができたのだという。そして、中学、大学、プロに至るまで関根－根本のバッテリーが実現したのも、藤田の存在があればこそだった。

ただ、茨城中時代に留年した根本は、関根が日大三中5年生になった43年に3年生で、太平洋戦争の最中。戦局の悪化で公式戦も中止になり、バッテリーを組んだのは1年間ほどだった。
また、関根が法大に進学した44年、六大学のリーグ戦も休止しており、入学後は勤労動員で東京・晴海の軍需工場に派遣された。勤労動員は中学生にまで及び、根本も5年生になった45年、千葉の九十九里海岸で塹壕掘りをやらされたり、千葉・柏市に近い「運河」と呼ばれる場所に行かされたりしていた。

「運河」では共に動員された旧制麻布中（現・麻布高）の生徒たちとケンカになった。決闘の末、最後まで残ったのは根本と、麻布中の大将格＝渡辺隆平の二人。渡辺は剣道二段の猛者で、陸軍士官学校の試験を受けたばかり。どちらかといえば軟派の麻布中には珍しい男だった。「お前、大した度胸を持ってるな」と根本が声をかけたことで意気投合。終戦後、二人は野球仲間になる。

野球の才能以外にスカウトがうまかった

徴兵年齢が18歳に引き下げられていた１９４５年。留年している根本は中学5年生で召集令状が届いて応召。短期間だが軍隊生活を経て、終戦を迎えた。

翌46年3月に日大三中を卒業した根本は、日大専門部（現・日本大）で野球を再開。東都大学野球の日大野球部復活のために奔走し、麻布中卒業後に行くあてがなかった渡辺隆平に野球を勧めて入学、入部させる。さらに戦後の初代主将となる日大三中出身の星川恒雄（日大三高・第4代監督）も口説くと、茨城・旧制下館中（現・下館一高）出身の田宮謙次郎を勧誘。田宮は4番・エースで根本とバッテリーを組み、47年秋のリーグ戦で首位打者になるなど活躍した。プロでも阪神時代の58年に首位打者を獲得し、大毎（現・ロッテ）でもプレーしている。

　すでにこのとき、根本はスカウトとして活動していたも同然。田宮が後年、証言している。

「根本君は、野球のことだけを考えていた〝野球の虫〟のような男でした。また彼は、野球の才能以外にスカウトが本当にうまかった。社会人やプロでも、その才能を発揮していい選手を集めたと思います」

　もっとも、根本自身、捕手としては鉄砲肩が光り、打っては3番を任され、46年秋には首位打者を獲得。プレーヤーとして最も輝いた時期だった。が、戦後間もない頃で大学野球リーグの組織、運営が万全ではなかったためか、他大学への所属問題で揉めて、1年間の出場停止処分を受けている。

　出場停止中の48年、根本は母校の日大三中で監督を務めた。〈200本ノック〉で守備を鍛えるなど厳しく指導したようだが、食糧難、用具不足のうえに専用グラウンドもなかった時代。主将の村上宏を中心に、和を重んじるチームがつくられていた。

　その翌年から法大に転じたのは、監督の藤田省三による引き抜きだった。現在では考えられない〝移籍〟も、戦後の混乱期ゆえに抜け道があったのか。折しも主力捕手の芳村嵒夫《いわお》（元・

中日ほか）が卒業を控え、後釜を誰にするか、藤田とともに悩んでいたエースの関根潤三が、根本を指名したことがきっかけだったという。真相を関根が語る。

「日大で活躍していた根本を指名する僕も僕だけど、藤田さんも藤田さん。日大の監督とマネージャーが藤田さんの教え子だったこともあって、いきなり『おい、根本よこせ』って、法政に転校させてしまうんだから。日大のほうでも『藤田のオヤジが言うのならしょうがない』って、あっさり根本を手放した。もちろん今なら大問題だし、そんなこと考えもつかないでしょう。でも、僕は根本相手にボールを放りたかった」

当時、関根は六大学のスーパースターになっていた。その関根を、常に根本は引き立てた。ブルペンでは要求どおり正確に素早く返球し、自身の打撃練習の時間が削られ不振に陥っても、３００球の投げ込みに付き合う。日大三中時代からそれは変わらなかった。

「僕は根本のおかげで一人前のピッチャーになれたんです。あいつがすごいのはね、軍隊に入ったりしてろくに練習もしてないのに、いきなり日大の正捕手になって、東都大学リーグの首位打者になったこと。根本の名誉のために言っておくけど、野球の実力も大したものだったんですよ」

あえて関根がそう言うのは、学生時代もプロ入り後も、選手として残した数字が乏しかったからだが、もうひとつ、野球選手でありながら野球とは違う世界で顔が売れていたからである。

腕力があってケンカも強かった「ブヤの根本」

焼け跡、闇市の時代、根本は硬派学生気取りで東京・渋谷で遊んでは暴れ回り、界隈のヤクザに一目も二目も置かれる存在になっていた。俗に上野は「ノガミ」、新宿は「ジュク」、渋谷は「ブヤ」、学生は「セイガク」などと呼ばれていたなか、「ブヤの根本」が通称。日大時代には追われていた警察の目を避けるため、茨城の実家に帰ることもあった。関根潤三も「ブヤの根本」を目の当たりにしている。

「一緒に渋谷を歩いたら、いや驚いた。どこへ行っても根本は顔が利くんだから。闇市に人が行き来してる雑踏の中でも、根本の顔を見つけた相手のほうからあいさつしてくるし、頭を下げる。おかげで一緒にいた僕も、渋谷でいい思いをさせてもらいました」

当時の遊び仲間の一人に、元安藤組組長で元俳優の安藤昇がいた。同じ１９２６年生まれでもあった安藤にとって根本は「数少ない好きな男の一人」とのことで、こう評している。

「根本は腕力もあったしケンカは強かったよ。まだ、あの頃は組という形はとってなかった。腕っぷしが頼りという学生がグループをつくってたようなわけで、そのグループの中に根本もいたってことかな。学生の硬派だよ。

根本とオレの違いは、彼が野球をやってたってことぐらいじゃないかな。オレはたまたま野球をやっていなかった。あとは違わないな。根本は、野球をやってなかったら、（ヤクザの）親分になってたんじゃないかな。これ、ほめ言葉だよ。

彼、信義に厚いような感じで、何となく、男、という感じがするだろ。約束したら必ず守るし、友達を裏切らない男だ。だから人から好かれるし、信用もある。人間、落ち目のときがあれば、上がり目のときもある。人がどうでも、根本は少しも変わらない。そこが彼の人間的魅力じゃないの」

安藤の「ほめ言葉」だが、補足が必要だろう。根本がヤクザの親分にならなかったのは、野球をやっていたから、というよりも、恩師の藤田がいたからこそだった。どう指導していたのか、藤田自身、語っている。

「噂はいろいろ聞いていたけど、私の前では、一度もそういうことはなかった。そういう噂を耳にするたびに、私は合宿の監督室に呼んで正座させ説教をしました。人間というのは、一人で渡っていけないんだ。世間の中で生きていかないといけないのだから、常に常識を持って生きろ！　常識を持って判断しろ！　常識ということをやかましく言いました」

この恩師を「おやじ」と呼んでいた根本は、後年、こう述べている。

「やんちゃな私を、おやじは野球を通じて、真っ当な、他人に迷惑をかけない人間にしようと心をくだいてくださった。言葉遣いや服装に始まって社会常識、公衆道徳などを詰め込まれた。（中略）私が人生の裏街道を歩まずに済んだのは、間違いなく、このおやじのおかげである」

近鉄時代

嫌いじゃないんだよ、あっちこっち見て歩くのが

日本のプロ野球がセントラルとパシフィックの2リーグに分立し、法政大監督だった藤田省三がパ・リーグ新球団・近鉄の初代監督に就任した１９５０年。関根潤三は藤田に呼ばれる形で入団したのだが、日大時代に1年間の出場停止処分を受けた根本陸夫はまだ4年生。翌51年3月に法大を卒業すると、神奈川・川崎市の社会人野球チーム、コロムビアに入社した。

32年に創部したコロムビアは、33年に都市対抗に初出場。35年には準優勝しているが、根本が在籍した当時は出場できず。プレーヤーとしての記録も残っていない。

その一方、面倒見のよさを発揮する根本の行動が、周囲にいた人間によって伝えられている。例えば、正社員になれない選手の待遇問題について、一人で会社側と渡り合う姿と、迫力ある交渉ぶり。法大時代に「特殊な人を特殊にかわいがってくれるな」と、レギュラーの選手を野球以外でも優遇する方針に異を唱えたのと同様、利他の精神に満ちていた。

このコロムビアが12年ぶりに都市対抗出場を果たすことになる52年。根本は退社を余儀なくされる。チームの関西遠征の帰途、大阪駅で偶然に藤田と出会ったことをきっかけに、近鉄入団が決まったのだ。関根が法大時代からバッテリーを組んでいた捕手の芳村嵓夫が大映に移籍し、再び後釜として呼ばれたのだった。それだけに、ついに念願のプロ入り、といった喜びなどはなかったようで、根本自身、こう振り返っている。

「実際に試合に出たのは、1年か2年くらいのものでね。入ったときはもう27歳で、当時はコーチなんて存在しない時代だったから、最初からブルペンでピッチャーを見てくれということだったんですよ。ところがレギュラーのキャッチャーが故障してね。その間だけ試合に出た。そういうふうだったから、かなり早い時期からスカウトの仕事はしていたね。嫌いじゃないんだよ、あっちこっち見て歩くのが。どっかから連絡が入れば、当時からパッと飛び出して行っていたからね」

現役時代の話を軽く飛び越え「スカウトの仕事」に言及しているが、芳村の背番号8を受け継いだ根本は、52年の開幕戦からスタメンマスクをかぶって46試合に出場。翌53年は１１０試合に出場した正捕手だった。特に関根の専任というわけでもなく、各投手への気配りが行き届き、気分よく投げさせることに長けていた。

ただ、入団前から右肩が万全ではなく、54年以降は出番が減り、55年、56年と出場なし（この2年間はプロ経験のない監督の芥田《あくた》武夫をサポートしていた）。57年は20試合に出たが、同年限りで現役を引退している。

実働４年で通算１８６試合、70安打、2本塁打、23打点、打率1割8分9厘という成績。コーチに近い立場での採用だったことを踏まえれば、わずか1年でも正捕手だった事実を称えるべきなのか――。しかしスカウトの仕事が「嫌いじゃない」と言う根本自身、生涯成績をじっくりと振り返ることもなかっただろう。そして翌年から、本領発揮への下地づくりが始まることになる。

いち早く、間断なく、あとを大事に

１９５８年、引退後も球団に残った根本は、二軍マネージャー兼スカウトとなった。現在のプロ球団のように役割分担がはっきりしていたわけではなく、スコアラーを務めることもあった。

スカウト根本を育てたのは、近鉄創設時にチーム編成責任者だった大西利呂である。

兵庫・旧制伊丹中学（現・伊丹高）から法大に進学した大西は、野球部では2年先輩に藤田省三がいて、若林忠志（元・阪神ほか）がエースだったときにマネージャーとなった。卒業後は東京六大学野球連盟の運営に携わる先輩理事だったが、49年に転身し、藤田とともに近鉄球団の立ち上げに参画。創設1年目はフロントにいて、51年、52年とコーチを務めたあと、スカウトになった。

大西はスカウトの心得として、「いち早く」「間断なく」「あとを大事に」という三原則を根本に叩き込んだ。新人獲得が自由競争だった時代の原則ではあるが、65年にドラフト制度が導入されたあとも、この心得三原則は生き続けている。

「いち早く」は選手の情報を早くつかみ、当事者とすぐに接触すること。選手本人や関係者は、真っ先に能力を認めてくれたスカウトに恩義を感じるものだけに、情報取得のためのアンテナを各方面に張っておく必要がある。

「間断なく」は、選手を発見したあとに関わる。すなわち「いち早く」好選手を見つけたら、「間断なく」当事者との接触を持続すること。持続しないと他球団の巻き返しにあったり、高校生であれば大学、社会人から誘われたり、獲得失敗につながりかねない。

そして「あとを大事に」は、勧誘した選手が入団するか否かにかかわらず、選手本人と関係者へのフォローを忘れずに、ということ。たとえ、他球団との争奪戦に敗れてその選手を獲れなくても、出身校やその地区の他校の選手を勧誘しなければならないときはくる。だから「あとを大事に」して、縁を切らさないようにする。スカウト根本がこの心得をいかに実践していたか、後年、大西はこう証言している。

「普通のスカウトいうのは、ええ選手がおるときは、その学校に通ったり後援者のとこに日参したりするが、ええ選手がおらんようになるとバッタリやめてしまうんや。でも、根本は普段からそういう付き合い、ほったらかしにしないでキチッと手がけてましたから、ええ選手が出たときにスカウトでけてましたな」

大西が言う「ええ選手」の中でも特筆すべきは、61年パ・リーグ新人王に輝いた右腕の徳久利明（高知商高）と、のちに強打者へと成長して通算２４５２安打、４６５本塁打を記録した土井正博（大鉄高／現・阪南大高）。この両選手を獲ったことで根本は注目され、周りから評価されるようになる。

徳久はまさに「いち早く」、中学2年生のときに発見。高知商高で快投を見せると各球団がスカウト合戦を繰り広げることとなったが、根本は粘り強く密着して徳久の両親の心をつかんだ。

他球団のスカウトは、根本が徳久本人や両親を連れ回して隔離状態にした行為を「プロ野球全体の信用に関わる」と非難した。それでも、南海（現・ソフトバンク）監督の鶴岡一人はこう言って擁護した。

「我々は根本との競争に敗れた。これからもあることやないかな。スカウト根本の努力は認めねばなるまい」

さらに鶴岡は、土井が近鉄に入団すると、自軍のスカウトに「根本をマークせよ」と指示した。土井は高校を2年で中退してプロ入りしたのだが、南海は中退の情報を得ていなかったからである。

その点、根本は「いち早く」土井の実家を訪ねて母親に面会。他球団も誘いに来ることを見越し、「誰が来ても『うちの子は大学へ行きますから』って言っておいてください」と告げた。そのうえで、母子家庭に育った息子が高校中退でも不安なくプロ入りできるよう、相応の条件と待遇を提示していた。鶴岡が想像していた以上に、根本は先手を打っていたのだ。

日本全国に約6000人、根本人脈の始まり

他球団を出し抜き、先手を打って有望選手を獲得するため、スカウトは隠密行動が多くなる。根本にとって、夫人にも行き先を告げずに全国各地へ向かうのは当たり前だった。夫人が新聞記者の誘導にはまり、スカウト情報が漏れるのを防いだのだ。

夫人の隆子とは1953年、根本が近鉄に入団した翌年の1月、26歳のときに結婚。隆子の兄が法大野球部マネージャーだった関係で知り合った。根本の祖父が正教徒で自身も幼児洗礼を受けたクリスチャンだったから、挙式は東京・神田駿河台のニコライ堂で執り行われた。

夫婦になってからは兵庫・神戸市東灘区に住まいを持ったが、3つ年下の隆子にも「夫はプロの野球選手」という認識がないに等しかった。新婚の年、53年の根本は正捕手だったが、それだけ試合に出れば遠征もあり、家にいない日が多くなる。翌54年からは一気に出番が減り、「根本は選手じゃなくて、いろいろやってましたね。なんでも屋で」と隆子は言う。

引退後、行き先も言わずに出かけるスカウトになると、ますます認識がなかった。

「どこに行ったか、わからないし、いつ帰ってくるかもわからない。行方不明という感じで家にいなかったですね」

逆に、コーチ、マネージャーなどを務めて根本が家にいるときは、さまざまな人間が頻繁に出入りした。球団から解雇されて行き場のない選手をはじめとする野球関係者のほか、球界とは無縁の人間もいた。

「何か相談しに来て、そのまま泊まる人もいました。せま〜い部屋で、重なるようにして寝てましたよ、みんな。だから私はまかないのオバサンでした、まったく（笑）。でも、いろんな人がいて、いつも家がにぎやかで楽しかったですよ」

夫婦で過ごす時間が多くなかったなか、60年に長男・穣介が生まれた。その2年後、次男・竜司が生まれた62年、根本は再びユニフォームを着て近鉄の二軍コーチとなった。プロの指導者としての第一歩だったが、変わらずスカウトを兼任。自ら見出した選手の面倒を二軍の現場で見て、基礎訓練を施した。

後年、西武、ダイエー（現・ソフトバンク）で実質ＧＭとなった根本は、コーチをスカウトに、スカウトをコーチによく転身させた。これは近鉄二軍コーチ兼スカウト時代の経験に根差したものだった。編成と育成の垣根をなくすことがチーム強化に直結すると、身をもって思い知らされた。実質ＧＭ時代、根本はこう述懐している。

「近鉄時代には、コーチ、スコアラー、スカウトと、あらゆることを経験した。特に、スカウトで各地を回らせてもらったのは、私の大きな財産になった」

日本全国に約６０００人といわれた〝根本人脈〟の始まりが、近鉄スカウト時代だった。その情報源になったのは、学生時代に共に勉強した友人や六大学野球の仲間たち。彼らが学校を卒業して地方に帰り、アマの指導者になったり、教師になったりしたことで、選手の情報を与えてくれた。

根本によれば、訪れた高校は１０００校に迫り、当然、すべて「あとを大事に」した。その代表例が毎年出す３０００枚近い年賀状だったのだが、じつは根本の筆によるものではなかった。書を好み、マスコミ関係者にも達筆で知られた隆子が書いていた。

「本当に何千枚と書きましたよ、１ヵ月ほどかけて。忙しいときにあれは苦痛でした。字が下手だったんです、根本陸夫さんは。もう、すごい字が変で、人に見せたら恥ずかしい、と思うような。ああ、そのへんまでは勉強したんだ、とわかるような。そこから先は勉強してないから、全然、進歩してないの（笑）」

広島時代

期待よりも疑いの目が向けられたコーチ就任

1965年、岩本義行（元・南海ほか）が近鉄の監督に就任すると、根本陸夫は二軍コーチから一軍コーチへ昇格した。岩本は東映（現・日本ハム）で監督経験があったが、何かと根本を頼りにした。が、球団創設時から低迷して「万年最下位」といわれたチームはやはり浮上できず。2年連続最下位に終わった66年オフに岩本が辞任し、根本も身を引いた。

退団した根本は球界から離れ、鉄鋼業界への転身を考えていた。スカウト時代に友人を通じ、鉄鋼を扱う会社の顧問格になっていた関係もあった。しかし〝根本人脈〟が根本本人の運命を大きく動かし、縁あって、広島からコーチとして招聘されることになる。

縁の始まりは、母校日大三中（現・日大三高）で根本が監督を務めたときの主将・村上宏だった。父親の村上勇は国会議員で鳩山一郎内閣の郵政大臣、岸信介内閣の建設大臣などを歴任。この教え子の父に根本は見込まれ、紹介を受け、産経新聞社長の水野成夫と親交を結ぶようになる。水野が引き合わせたのが友人の東洋工業（現・マツダ）社長、1年後に広島のオーナーになる松田恒次だった。

もうひとつの縁は、根本の恩師＝藤田省三と松田が以前から親しかったこと。藤田は52年限りで近鉄の監督を辞任したあと、松田に請われて広島のキャンプでコーチを務めている。その際、松田から「臨時コーチではなく、腰を据えて選手を育てるコーチを推薦してくれ」と頼まれていた。

藤田が真っ先に推薦したのが、近鉄を退団したばかりの根本だった。村上、水野を通じて根本を知っていた松田に、反対する理由はなかった。広島のスカウトから球団育成局長になった西野襄の「根本に行政能力あり」という推薦もあった。西野と根本は古くからのスカウト仲間だった。

問題は、本章の冒頭で述べたとおり、広島の郷土意識だった。完全な外様である「球界の水府浪人」は、監督の長谷川良平よりも４歳年長。それでいて、広島の元エースで通算１９７勝の長谷川に対し、根本の成績は貧弱極まりない。周りからは期待よりも疑いの目が向けられた。

それでも、ヘッドコーチに就任した根本に波風が立たなかったのは、ひとえに、有力な政財界人の後押しがあり、誰も迂闊に口出しできなかったからこそ。加えて、それだけ後押しされたのは、面と向かった相手が大物の政財界人でも、根本がまったく物怖じしなかったことに尽きる。

幼少の頃より地方の政財界人と接する機会が多かったためか、近鉄の佐伯勇に始まり、広島の松田、のちの西武の堤義明、ダイエーの中内㓛といったオーナーたちと、根本は堂々と対話している。一見、へりくだった姿勢ながら、言うべきことはきっちりと言っていた。

ただ、たとえ有力者のバックアップがなくても、根本は十分に広島カラーに染まったと推察できる。スカウトとして全国各地を歩いた経験により、地方ごとに違う気質をすぐに理解できていたからだ。

何より、完全外様の根本を招聘した広島球団自体、地方色やOB一色で固まりそうな傾向を打破しようとしていた。背景には巨人という手本があり、川上哲治が監督を務めた時代、コーチ陣に牧野茂（元・名古屋／中日）、荒川博（元・毎日／大毎）らの外様を加えて成果を挙げていた。

なおかつ、根本が加わった67年、球団は新体制への変革に向けて大きく動いていた。

2リーグ分立の50年、広島県民・市民の球団として発足し、経営母体を持たなかった広島カープは、慢性的な財政難が問題だった。地元財界各社による相乗り経営で好転を図るも、負債は膨らむばかり。そこで、球団経営を資金力のある東洋工業に一本化。同社社長の松田恒次をオーナー、息子の松田耕平をオーナー代理とし、67年12月17日、広島東洋カープが誕生する。そして同時に、根本が監督に昇格することになる。

カープの若親分

1967年のシーズン。広島は前年4位から最下位に下降し、監督の長谷川良平が解任された。ヘッドコーチの根本も「コーチは監督の構想に従って動く」と言って辞任を申し出た。実際、辞めるのが当然だと思っていたが、逆に次期監督に推されて昇格。現在に連なる広島東洋カープ元年の68年、根本陸夫監督が誕生した。時に、41歳だった。

外様コーチが初の外様監督になったのみならず、指揮官としてまったく未知数の根本。果たして、球団創設1年目から「万年Bクラス」のチームが救えるのか、と周囲は不安視していた。一部の野球評論家は、「元はパ・リーグのドン尻チーム近鉄のコーチに何ができるか」と言って嘲笑した。口を開けば〝べらんめえ調〟で、一見、いい加減な人間に見える根本だけに、そのように評されても仕方がないところもあった。

しかし実際には知識欲旺盛で、経営からコンピュータ関係、文学と、あらゆるジャンルの書物を読んでいた野球人。当時、雑誌の取材に応え、「私はいろんな人と付き合う。だから話題も幅が広い。こっちがいろんなものを読んで知識を持っていなければ、話にならないから」と語っている。

そんな根本の一面もよく知るオーナーの松田は、こう言って期待を寄せた。

「全試合、負けてもいいんだ。将来につながる強いチームをつくってくれ。5年後には天下を取る」

マスコミも根本に注目し、気っ風がよく、いかにも任侠映画に登場しそうな眼光鋭い風貌もあって〝カープの若親分〟と名付けた。

就任後の根本がまず取りかかったのは、チーム全体の意思統一を図ることだった。監督就任に当たり、コーチ以外にもスカウトなどチームスタッフ全員を集めた席で、根本は言った。

「チームの主体は選手である。選手がいかにプレーしやすく、ハッスルできる環境をつくるかが我々の仕事だ。そのためには首脳陣が持っているものを全部出し合って、最善を生み出す徹底的なミーティングをやらねばいかん。ミーティングで決まったことは全員で実行すべきだ。もし私がそれを守れなかったら、そのときは辞める。諸君も決定が守れないときは去るべきだ」

ミーティングで議論を重ねて出た結論に従い、各自が仕事をする。そのなかで根本が最も重視したのは「責任の分担制」だった。

「監督がコーチであってはまずいわけだ。例えば、チームの要となる選手が、極度のスランプに陥るとする。チームが勝てない焦りも手伝って、打撃コーチがいるにもかかわらず、監督自ら『ああでもない、こうでもない』と口をはさむ。そうなったとき、チームはもうメチャメチャに崩れている」

監督は現場の最高責任者であるだけに、かつてのプロ野球では、コーチの職域を犯すケースが少なくなかった。そんな監督のほとんどが失敗していることを、根本はよく知っていた。ゆえに意思統一したうえで責任の所在を明確にさせたのだ。

監督はコーチを信頼し、選手も信頼するが、ベテラン、若手に関係なく、コーチに厳しく指導させる。指導するコーチは、何より選手のコンディションを把握しておくことに責任を持ち、選手はプレーに責任を持つ。そうして、各分野の責任のなかで、目標達成に向けて努力する。この「責任の分担制」について、のちにマスコミは「何事にも筋を通す根本理論の真骨頂」と評した。筋を通すため、根本はこの言葉を信条としていた。

「結果がどうであれ、最後までやり通す。やりかけたことはいかなる障害に出くわしても途中で放棄しない」

勝敗は戦う以前に決まっている

チーム編成面では自ら補強に動いた根本は、阪神からベテラン強打者の山内一弘を獲得。毎日－大毎（現・ロッテ）時代に首位打者１回、本塁打王２回、打点王４回という超大物も阪神では成績が下降気味だったが、前年に通算２０００安打を達成。万年Ｂクラスの〝ぬるま湯〟に浸かっていた広島の選手に、その野球に対する姿勢が格好の手本になると根本は考えた。実際、選手たちは山内を見てどう感じたのか。当時、入団４年目の若手だった衣笠祥雄はこう回想している。

「山内さんはキャンプでご自身の練習をやるだけでしたが、我々よりはるかに練習されてました。いいお手本、いい教材を目の前に置いていていただいたと、今でも思います。我々からしたら、２０００安打も打っておられて、すべてのタイトルを獲られた大選手が『まだこんなに練習するんだ』というのは本当に驚きでした」

　衣笠のような若い選手の意識を変えることが、根本の狙いだった。高額年俸の助っ人を獲る補強は「小手先の芸」と断じ、本当に強いチームをつくるために先を見ていたのだ。

　一方で根本は、選手のモチベーションを高める配慮も忘れなかった。プロ初勝利をノーヒットノーランで飾りながら伸び悩んでいた外木場義郎は、まさに気を配られた一人である。外木場がそのときを振り返る。

「監督就任が発表されたあと、会社にいる根本さんに呼ばれたんです。普通、活躍してない選手が呼ばれたらね、いよいよトレードか、と思いますよ。それで行ってみたら、『まあ、お茶でも飲むか』って言われて、何かおかしい。そしたら『オレは来年、監督やるけれども、お前は一軍のピッチャーとして扱うから、そのつもりでしっかり頑張ってくれ』ということで、話はそれだけでした」

　わざわざ会社に呼ばれて、面と向かって激励される。監督の熱意が伝わった外木場はあらためて練習に打ち込んだ。同じく投手の安仁屋宗八は、また別の形で気持ちを動かされた。「沖縄の星」と呼ばれた安仁屋が述懐する。

「あのとき、僕と外木場はね、根本さんに５００球、投げさせられた。１日に５００球。キャンプだけじゃなく、オープン戦の間も。それだけ二人一緒に鍛えられたら、どうしても、相手のことは意識しますよね」

１時間のランニングに40分のキャッチボールをはじめ、キャンプから猛練習を課していたなか、選手間の競争心も煽っていた。

そうして１９６８年のシーズンは安仁屋が23勝、外木場が21勝を挙げて完全試合も達成。野手では開幕から５番に抜擢された衣笠が、前年まで計３本塁打だったのに一気に21本塁打と大ブレイク。山内も復調し、打率はリーグ３位の３割１分３厘を残し、６年ぶりに３割をマークした。

チーム成績は１３４試合（１３０試合制／引き分け再試合）を戦って68勝62敗４分で３位。球団創設19年目にして初のＡクラス入りを果たした。

打線は強力ではなかったが、根本はエンドランを多用するなど機動力を生かし、チーム盗塁数は巨人に次いでリーグ２位の１０４個。古葉毅(竹識)が盗塁王に輝いた。チーム防御率２・91も阪神に次ぐ２位で、外木場が１・94で最優秀防御率のタイトルを獲得。４連覇の巨人には９ゲーム差をつけられたが、投手力で貧打をカバーして勝率も５割２分３厘と、球団史上最高の数字を残した。

自身の采配について、根本は同年発行の総合誌で述べている。読書家らしく、『項羽と劉邦』で知られる中国故事を引き合いに出した評論は〈謀を帷幕の中にめぐらす〉と題されていた。

〈他人は、私の采配ぶりをみて〝おまかせ型〟だとか、多分のお世辞をこめて〝おっとりした太っ腹監督〟と批評する。なかには「鷹揚すぎて、あれじゃ一軍の将はつとまらない」と非難する人もいる。コーチまかせの、ベンチにでんとあぐらをかいた図が、第三者の目にそう映るのだろう。

が、私には私なりの流儀、信念というものがある。部下（コーチ）を信頼し、末端のものが動きやすい体制をつくってやることこそ、指揮者の最大の任務と心得る。将たるものの価値は、多くの兵をいかに掌握、つねにベストの戦力を発揮させることができるかどうかによって決まる。オールマイティの独断だけでは勝てない。そこには、はかり事、作戦会議の重要性が生まれてくる。

勝敗は戦う以前に決まっている――これが私の〝勝負哲学〟だ〉

チームを劇的に変えたいときは、人を変えるのが一番

勝利を確信しての作戦に基づいた試合をしたい一心から、根本はコーチ陣との作戦会議＝ミーティングを重視し、長い時間をかけた。キャンプに始まり、事前の準備が何より大事、と

いう信念に基づき、試合についても、作戦会議の結果を見せる場所に過ぎないという考えを持っていた。

たしかにその考え方でいい面もあったが、〈おまかせ〉や〈太っ腹〉といった周りの声に表れているとおり、投手の交代は遅れがち、打てない選手にもう一打席のチャンスを与えがち。勝負師としては疑問符が付く監督だった。この頃から「根本は選手を見つける人であっても、勝負をする人ではない」と言われるようになっていた。

案の定、69年の広島は最下位に逆戻り。球団初のＡクラス入りで根本人気が沸騰しても自身はまったく浮かれなかったが、チームは夏場に失速して浮上できなかった。

それでも同年はドラフト1位ルーキーの外野手・山本浩司（浩二／法政大）が即戦力で機能し、2位指名で入団した捕手の水沼四郎（中央大）も経験を積んだ。若手では内野手の三村敏之（66年・ドラフト2位／広島商高）、外野手の水谷実雄（65年・同4位／宮崎商高）が成長。チームが低迷しても世代交代を推し進めていくと、オフにはコーチ陣を刷新する。

「チームを劇的に変えたいときは、人を変えるのが一番だ。コーチを外部から連れてくる。トレードで選手を入れ替える」

根本はそう言って、ヘッドコーチに関根潤三を迎え入れた。その関根が連れてきたのが広岡達朗（元・巨人）で、内野コーチに就任。基礎体力をつけた選手の技術を高めるべく、理論を学ばせた。後年、西武で実質ＧＭになった根本が監督に広岡を招聘する、その原点が広島にあった。

新体制で臨んだ70年は勝率5割を超え、最下位から脱出するも4位。オフには関根が夫人の健康問題で退団。たびたび根本と意見が衝突していた広岡が監督批判をマスコミに漏らし、「根本野球についていけない」と言って辞意を固めた。根本は意に介さず、広岡も翻意して残ったが、同時期にオーナーの松田恒次が74歳で病死。オーナー代理の耕平があとを継いだものの、カープOBのコーチが次々に加わることになり、根本に向けて逆風が吹く。翌71年も勝率は5割を超えたが順位は変わらず、オフには広岡が退団した。

そして、「天下を取る」はずだった監督就任5年目の72年。広島は2月下旬からの第二次キャンプを、アメリカ・アリゾナ州ツーソンにあるクリーブランド・インディアンス（現・ガーディアンズ）のキャンプ地で敢行した。このとき、根本とナインに何かと助言してくれたインディアンスのコーチがジョー・ルーツだった。

のちに監督となる人材との出会いは大きな成果だったが、球団初の海外キャンプゆえにまともな練習ができず、故障者も相次いで失敗に終わる。それが開幕からの成績不振につながり、6月15日、根本は体調不良もあって休養。同年限りで退団すると73年は別当薫（元・大阪＝阪神ほか）、74年は森永勝也（元・広島ほか）、75年は前年に打撃コーチのルーツが昇格と、監督は毎年交代した。

紺色だったカープのチームカラーを、燃える闘志を表す赤色に変えたルーツ。積極補強で戦力を整え、日本ハムから二塁手の大下剛史を獲得してセンターラインを強化。衣笠祥雄の一塁手から三塁手への転向も功を奏するが、75年の開幕15試合目の阪神戦、ルーツは審判への抗議を巡って球団と対立。直後に解任された。あとを引き継いでコーチから監督に昇格した古葉竹識のもと、球団初の優勝が実現する。

　初優勝までの経緯に、根本の存在は見えにくい。だが、外木場、山本、衣笠、三村、水谷、水沼という優勝メンバーは、監督時代に生かした面々。今も「12球団一」といわれるカープの猛練習の始祖であり、ルーツの招聘も、オーナーとともにアメリカ式の球団経営を目指した根本なくして実現したかどうか。79年からの黄金期にもつながる、広島の球団史に不可欠の外様監督だった。

クラウンライター―西武時代

百姓の感覚を持って、土壌づくりからできる

広島退団後の根本陸夫は鉄鋼関係の会社経営に携わりつつ、大阪の朝日放送で野球解説者を務めていた。解説者になって5年目の１９７７年秋、根本の自宅に電話が入った。旧知の安藤昇から、「クラウンライター・ライオンズの仕事を手伝わないか」という話だった。なぜ野球とは無縁のはずの安藤がクラウン（現・西武）なのか、なぜオレなのかと、根本は不思議に思った。

クラウンの前身である西鉄が、球界を襲った八百長騒ぎの〝黒い霧〟事件で球団を手放すしかなくなった72年10月。西鉄のオーナー・木本正敬が、ロッテのオーナーだった中村長芳に球団を譲渡すると発表した。同年の開幕前のオーナー会議で西鉄の撤退が議題に上がり、中村はパ・リーグに一任されて球団の譲渡先を探していたが、なかなか見つからない。このままではパ・リーグが5球団になって存続が危ぶまれるということで、中村本人が担ぎ出された形だった。

野球協約上、２球団のオーナーにはなれないため、中村はロッテに辞表を提出。こうして中村がオーナーの福岡野球株式会社が発足し、ロッテ球団の渉外部長を務めていた坂井保之が球団社長兼代表に就任した。

親会社を持たない新球団。ゆえに坂井は、ゴルフ場やリゾート開発専門の会社＝太平洋クラブとスポンサー契約を結ぶ。今でいうネーミング・ライツ契約で、ここに太平洋クラブライオンズが誕生した。が、親会社がないために財政難が続き、坂井が資金繰りに明け暮れるなか、チームは75年に３位浮上も翌年から２年連続最下位。スポンサーがクラウンライターに代わった77年も状況は変わらず、ネーミング・ライツの限界を感じていたとき、監督に根本を招聘することになった。

根本は広島の監督、コーチのみならず、近鉄時代にもコーチ、スカウト、マネージャー、スコアラーまで経験している。そのことに目をつけていたという坂井は、こう証言する。

「今のウチはできあがったチームではないから、根本さんのような監督が必要だと閃いたんです。喩えて言えば、荒れた土地の畑だけがあって、『これから何をすればいい？』というときに、あの人なら百姓の感覚を持って、土壌づくりからできるだろうと」

広島で根気よく若手を育て上げた根本の指導力は、球界内で注目されていた。退団後に巨人、ヤクルト、阪神がコーチとして招こうとした。が、根本は「二度とユニフォームは着ないと決心」しており、３球団とも断りを入れていた。それだけに、クラウンは監督要請に当たって周到な根回しを行い、その一環で安藤が担ぎ出された。ライター販売会社のクラウンライターを傘下に置く大手印刷会社、廣済堂のオーナー桜井義晃が安藤と親しい関係にあった。桜井から「監督の問題で困っている」と相談を受けたという安藤は、後年、こう語っている。

「オレは桜井さんとは十年来の知り合いだし、『根本はどうだ？』って言いましたら、『私も考えてたんだ』と言われましてね。早速、根本に電話して上京してもらい、赤坂の〈千代新〉で根本と桜井さんを引き合わせたんです。結果的には、根本は監督を引き受けてくれましたけど、それは私の顔を立ててくれたわけではなくて、根本自身が野球をやりたかったからなんですよ」

桜井が東京・赤坂の料亭で面会したあと、坂井は大阪のホテルで根本に会って正式に要請した。

「いずれはクラウンではなくなる、スポンサー契約はやめることを前提に、将来に備えて、今は無名でもいい選手をスカウトの眼力で選んで、育てていくということをやりたいと。だからその仕事をするスカウト、トレーナー、スコアラー、ほかのスタッフも全部、活性化して『よっしゃ』という気にさせてくれませんか？　そういう山あり谷ありの仕事を一緒にやって、苦労してくれませんか？　と言ったんです」

77年11月14日、根本はクラウンライターの監督に就任した。断らなかった理由を記者に問われ、「クラウンの熱心さには参ってしまったよ」と答えた男は50歳になっていた。

選手の自主性、自覚のための場を提供したい

自宅のある神戸からクラウン本拠地の福岡まで、ボストンバッグひとつで向かった根本。そのまま家族を神戸に残し、単身赴任することになった。

監督就任から1週間後に行われたドラフト会議。クラウンはその年の最大の目玉だった剛速球右腕、江川卓（法政大）を1位で指名して交渉権を得た。が、巨人入りを熱望する江川は「九州は遠過ぎます」と言って入団を拒否。当時の経緯については本書の第四章で詳述するが、スカウトで実績ある新監督も新天地では初のドラフトである。それだけにチーフスカウトの浦田直治（元・西鉄）に一任していた。のちに「根本の右腕」と呼ばれる浦田との付き合いがここに始まっている。

現有戦力を見ると、2年連続最下位と低迷するチームだけに乏しい。肝心の投手陣は軸が東尾修一人という状況。野手陣にしても、根本が近鉄時代にスカウトした土井正博が移籍してきて4番を打っていたが、選手の層は薄かった。それだけに広島時代と同様、秋季キャンプから猛練習を課した一方、クラウンでは自ら補強に動くことはなく、「監督は球団から与えられた戦力で、全力を尽くすべき」と言って、理想の球団像を追い求めた。

異例の休日なしで始動した、1978年2月のキャンプ。途中でコーチの江田孝が脳内出血

で急死する不幸もあったが、一次キャンプの福岡・平和台から二次キャンプの長崎・島原へ移動する日も練習した。無休の理由を問われた根本は、厳しさを表に出さずに言った。

「選手の自主性、自覚のための場を私は提供したいのです」

キャンプ前恒例の合同自主トレ廃止も、その一環だった。自主トレといっても「合同」となると球団の管理下にあったから、それに慣れた選手は慌てた。これを根本は全選手に手紙で通達したうえで、キャンプ初日から投手は投球練習、野手はフリー打撃ができる体をつくってくることを求めていた。

加えて、これも自己管理の一貫か、酒豪揃いの選手たちに向けて「タダ酒を飲むな」と厳重に申し渡している。地方球団の選手はファームの若手でも周りにちやほやされがちで、いわゆるタニマチがつきやすい環境にある。このタニマチとの関係が、〝黒い霧〟事件の再発につながらないとは限らない。根本はあらかじめ発生源を断つように努めた。

そうして迎えた78年のシーズン。当時のパ・リーグは前期後期制だったなか、前期4位、後期5位、トータルでは51勝67敗12分、勝率4割3分2厘で5位だった。それでも収穫はあり、打線では1、2番に抜擢された遊撃手の真弓明信（72年・ドラフト3位／電電九州）、外野手の立花義家（76年・同1位／柳川商高）、主に7番を打った山村善則（73年・同1位／大鉄高）が台頭。投手陣は45試合登板で23勝を挙げた東尾が孤軍奮闘状態だったが、戦いぶりは充実していた。

半面、球団は身売りの噂が絶えず、クラウンライターとのスポンサー契約も10月で切れる予定だった。77年から新たに江口正八郎を球団社長に迎え、代表専任になっていた坂井保之によれば、スポンサー方式も限界にきて、太平洋クラブ時代からの借金は十数億円に膨らんでいたという。

そんななか、78年の夏、オーナーの中村長芳が西武グループ総帥の堤義明を説得し、9月には西武への球団譲渡、さらには埼玉・所沢へのフランチャイズ移転が決まることになる。

堤はもともとスポーツを好み、国土計画、西武鉄道と2つのアイスホッケーチームを持ち、いずれも一流チームに仕上げていた。スキーやスピードスケートを含め、ウインタースポーツの開拓者でありつつ、経営者としてプロ野球にも興味を抱き、東京・品川駅前に球場を造る計画を立てたこともあった。

しかし、西武グループの創業者で衆議院議長も務めた父親、堤康次郎は「野球にだけは手を出すな」と言い遺していたという。リスクの大きい球団経営には手を染めず、一族にもそれを禁じたといわれる。その意向を息子の義明は守り、球団買収には乗り出していなかった。それが76年、同グループのプリンスホテル社長に就任した年から状況が変わっていく。

チームのすべてのことを君に任せる

１９７６年、西武グループ総帥の堤義明は赤字経営に苦しむ大洋（現・ＤｅＮＡ）のオーナー、中部謙吉から球団経営への資金提供の申し入れを受け、総額３億円の株を持った。これは全株の45パーセントに相当した。しかも、川崎から横浜への本拠地移転にも堤は関わり、横浜スタジアムの建設資金のうち40億円を捻出。こうした動きから、将来的に西武が球団を買収するなら大洋ではないか、と見られていた。

事実上、父の意向に背いたも同然だが、堤がどう判断していたのか、公言していないので定かではない。ただ、現実には、大洋の買収には踏み切らなかった。

その時期、プリンスホテル社内から「企業スポーツを何かひとつやらせてほしい」という声が高まっていた。国土計画と西武鉄道はアイスホッケーチームを持っているのだからプリンスも、という要望が社長の堤の耳にも入っていた。

そこで堤は、母校・早稲田大野球部監督の石山建一とともに、社会人野球チーム・プリンスホテルの立ち上げを発案（石山はのちにプリンスホテル監督）。日本社会人野球協会（現・日本野球連盟）への加盟を目指すと同時に、石山にも協力を得て球場建設に取りかかった。すなわち西武球場（現・ベルーナドーム）である。ここをプリンスのホームグラウンドにしつつ、プロ野球の試合を誘致して興行するという構想を堤は抱いていた。

集客の目玉として考えていたのは、巨人が北陸や東北で開催する地方遠征試合の誘致だった。が、巨人の地方遠征は親会社＝読売新聞の販売戦略に欠かせないもの。すでに優位に立つ首都圏の貸し球場で興行する必要はない……。結局、構想は頓挫したが、球場の建設は始まっていた。そんなときに、クラウンのオーナー・中村長芳が堤に身売り話を持ちかけてきたのだ。

堤とすれば、球団経営が行き詰まっていたクラウンから、半ば押し付けられたも同然だった。しかしながら、クラウンはじめ他球団の経営者からすれば、新球場を建設中でもある西武グループが球団を買収しない理由はどこにもない、といった見方になる。中村が説得する材料は豊富にあり、必然的に、西武ライオンズ誕生の道ができた。

買収に当たっては、西武が所有していた大洋の株を売却する必要があった。球団運営と試合の公正を保つため、複数の球団の経営に携わることは野球協約で禁じられているためだ。売却先はニッポン放送とＴＢＳで、３億円で取得した株は12億円になったといわれ、これがクラウン球団を買収する資金となった。

78年10月12日、クラウンライターの母体である福岡野球株式会社から西武への経営権譲渡が発表され、新たに西武ライオンズが誕生した。球団はその5日後に会見を開き、オーナーの堤を筆頭とする首脳人事を発表。球団社長に西武鉄道副社長の宮内巌、球団代表にクラウンの代表だった坂井保之、そして監督には根本がそのまま横滑りで就任することになった。

このとき、監督と同時に球団管理部長に任命された根本は、ＧＭと変わらぬ職務を果たすことになる。コーチ陣編成から新人スカウト、トレード、外国人選手の獲得から契約更改の査定に至るまで、チームづくりのあらゆる部門に権限が与えられた。まだ球界を深く理解していない西武球団としては、プロ・アマ両球界をよく知る根本の手腕に期待した形。球団代表に坂井を迎えたのも、西武にはいない球団運営のプロフェッショナルが必要だったからである。

それにしても、オーナーの堤は野球をよく知らず、根本についてもほとんど知識がなかった。にもかかわらず、なぜそこまで信頼したのか。理由を問われた記者にこう答えている。

「最初に会ったとき、いい目をして話したのでね」

初対面のとき、堤は「とりあえず話してみることだ」と言って根本を呼んだ。しっかりと目を見つめて語る、野球一筋にかけた話に引き入れられ、「よし、君に任せる。監督だけでなくチームのすべてのことを任せる」と伝えたという。当然、人物調査は十分に済ませていただろうが、最後の決め手が「いい目」だったようだ。

雰囲気を極端に変えたいときは主力を変える

オーナーの信頼を得て〝ＧＭ兼監督〟となった根本は、新生ライオンズの戦力整備に向け、自ら積極的に動いていく。なかでも最初に目立ったのが、主力選手の入れ替えだった。

クラウン球団が西武に買収されるとき、ライオンズ生え抜きの選手は全63人が在籍していた。それがどんどん減って3年後の80年には12人になるのだが、1年目の78年オフには9人が他球団に移籍している。根本は当時の野球雑誌のインタビューでこう言い切っていた。

「僕とすれば、ひとつのものが生まれる、新しくつくる、というときには、『徐々に変わるのは不可能なんだ』という考え方なんです。やっぱり、極端に変えることによって変わるんだと思うし、極端に変わる方法として何があるかといえば、まず人ですね。人を入れ替えることによって、自然に雰囲気を変えることができる。極端にそれをやるためには、主力でなければいけない」

前述したとおり、根本は広島監督時代にも「チームを劇的に変えたいときは人を変えるのが一番だ」と語っていた。ただ、そのときと違うのは「主力でなければ」と強調している点。その「主力」のなかでも全国区のスターである大物、田淵幸一を獲得するため、阪神に持ちかけたトレードはまさに「極端」だった。

西武は田淵とともに投手の古澤憲司も獲った半面、内野手の真弓明信、捕手の若菜嘉晴、外野手の竹之内雅史、投手の竹田和史を放出して2対4での交換。このうち真弓は遊撃のレギュラーに成長したばかりで、若菜も主力級だけに痛手だった。

一方、ロッテとの2対2のトレードでは内野手・山崎裕之、投手・成重春生を獲得し、古賀正明、倉持明と両投手を放出。打っては1、2番、守っては名二塁手の山崎を獲れたのはたしかに大きかった。しかし交換要員として古賀と倉持をロッテに要求され、受け入れたことはどうだったのか。インタビューでその点を問われた根本は、「うちは痛いんですよ。だいぶ出血しているんです」と正直に答えた。「バッテリー間を先につくり上げるという考え方からすれば、やっちゃいかんことなんですけどね」とも明かしている。

「バッテリー間」といえば、西武はロッテを自由契約になった野村克也も獲得。南海時代は４番・正捕手でプレーイングマネージャーを務め、78年まで25年間通算で６４８本塁打、２８４３安打と実績は凄まじい。

根本には、「東京、首都圏に来た以上はマスコミを利用しなくちゃいけない」という方針があった。そのための「顔」が田淵であり、野村、山崎であり、目玉選手だったのだ。

ただ、野村は翌年には44歳になり、肩も打力も衰えたベテラン捕手。なぜ獲ったのか。じつは根本自身、獲得に積極的ではなかったが、南海オーナーの川勝傳が「使える男です」と堤に推薦してきた。「使える」はいずれ指導者として、という意味だったが、野村は西武で２年間プレーして引退。球団には残らなかったが、78年のドラフト外（91年に廃止）で入団した松沼博久・雅之兄弟をはじめ、若い投手たちにとって必要な存在だった。なお、そのときの過程と、松沼兄弟獲得の背景については本書の第三章で詳述する。

ライオンズとプリンスホテルは別の会社

1978年11月22日、東京・九段のホテルグランドパレスで行われたドラフト会議。西武ライオンズとして初参加となった会議は、前代未聞の異常事態となった。

まず西武は、前年ドラフトでクラウンが得ていた江川卓の入団交渉権を引き継いでいた。この江川獲得に関して、オーナーの堤義明は球団人事発表会見でこう言った。

「チームの秩序が乱れるようならやめようと思ったが、根本君がほしいというので獲ることにした。ただ一部に言われているように3億円も5億円も出そうというものではない。球界の秩序を乱さないように1億円以上は出すつもりはないし、家屋などの付帯条件もつけない」

会見後、根本は球団社長の宮内巌とともに、江川の後見人で当時の自民党副総裁・船田中の事務所へあいさつに向かった。が、江川サイドは「巨人入り以外はない」と返答し、入団拒否の姿勢に変わりなし。最終的に、アメリカに野球留学していた江川本人に面会すべく、宮内が渡米。強く勧誘したが翻意に至らず、ドラフトを前にして獲得断念を発表した。

そしてドラフト前日の21日、巨人が〝空白の一日〟を主張して江川の獲得を発表。まさに「球界の秩序」が乱れて大騒ぎとなり、セ・リーグは巨人の支配下登録申請を却下。これに抗議した巨人がドラフトをボイコットし、会議は11球団で行われた。すると、1位指名で4球団が競合の末に阪神が江川の交渉権を獲得。大騒動の末にコミッショナー・金子鋭《とし》の〝強い要望〟で、形式的に阪神と契約した江川と、巨人のエース格＝小林繁との交換トレードが成立した。

〝江川事件〟とは別の意味だが、じつは西武もドラフトに絡んで球界を騒がせていた。ライオンズ買収以前に堤が立ち上げ、78年9月に結成を発表したプリンスホテル野球部。この社会人チームが、プロ各球団の神経を刺激していた。同一資本がプロとアマの野球チームを同時に持った前例はなかったため、「西武は大学や高校の有望選手をプリンスに入社させて、ドラフト外でトンネル入団させるのではないか」、「西武はプリンスを実質的なファームにするのではないか」と。

実際、プロからも狙われていた大学球界のスター選手が数多くプリンスに入社。特に内野手の石毛宏典（駒澤大）、捕手の中尾孝義（専修大）、同じく捕手の堀場秀孝（慶應義塾大）については、ドラフト1位クラスと目されていた。そのクラスの選手がプロではなく社会人に進むこと自体、異例中の異例だったから、「トンネル入団」疑惑が持ち上がったのだ。

そもそも堤はそれ以前、「1リーグ制」と「ドラフト廃止」を口にしていた。ところがライオンズを買収してからは、「2リーグ制、大いに結構」「ドラフト制？　いいじゃないですか」と発言。そのうえで、プリンスホテル社長として、チーム第一次発表の席でこう明言していた。

「プロからも狙われる実力の持ち主を入社させる。しかし、西武ライオンズの宮内球団社長には、ライオンズの介入は一切まかりならん、との通達を出した」

「介入」とは、西武がドラフトで指名せずにプリンスの選手を獲ることを意味した。当時はドラフト外での獲得も認められていただけに、「トンネル入団」の疑惑をあらかじめ振り払ったのだ。

ただ、その後、プロのドラフト1位指名を拒否してプリンスに入社する選手が出てきて、必然的に「トンネル入団」が話題になった。そのたびに根本も「ライオンズとプリンスホテルは別の会社」としきりにアピールするようになるのだが、裏ではどうだったのか。プリンス側の動きについて、第二章で詳述する。

獲るか獲らねえかなんだから、それで決めろ

あらためて、1978年、西武ライオンズとして初参加のドラフト。1位指名で4球団が競合した即戦力右腕、森繁和（住友金属）の獲得に成功している。〝西武元年〟の79年、森は1年目から先発とリリーフで43試合に登板し、チームが最下位に沈んだなかで奮闘。翌年から3年連続二桁勝利を挙げると抑えに転向し、2年連続日本一の83年に最優秀救援投手のタイトルを獲得する。

土井正博をはじめ、根本には数多くの信奉者がいたが、森もその一人だった。

「根本さんはオレにとって、消すことのできない人。西武ができて一番初めのドラフト1位

だったから、結構、いろんな面でいろんなことを教わりました。野球に関してはもちろん、一般社会人としてもね。だからいつも『オヤジ』と呼ばせてもらって、慕っていました」

そう語る森の担当スカウトは毒島《ぶすじま》章一。現役時代は東映（現・日本ハム）で俊足巧打の外野手として活躍。張本勲らを中心に〝駒沢の暴れん坊〟と呼ばれたチームで主将を務め、「ミスターフライヤーズ」と称された。引退後、コーチを経て、母校の群馬・桐生高で1年後輩の浦田直治がいた関係もあって太平洋クラブのスカウトに就任。そのままクラウン、西武でもスカウトを務めた毒島は、親会社を持たない貧乏球団から、財力のある新球団への変貌ぶりを肌で感じていた。

太平洋・クラウンのスカウトは、「上級の選手はダメ。ちょうど中間ですぐ使える選手を集めろ」と球団から命じられていた。つまり、安くてすぐ使える選手を探せということ。そのなかで毒島自身、それなりに仕事の面白さを感じ、選手の見極め方を会得した頃、球団が西武に変わった。すると〝ＧＭ兼監督〟となった根本が方向転換。毒島によれば、ある有望な選手との契約について、電話で根本に打診すると、両者の間でこんな会話が交わされたという。

「それでお金のほうはどうするんですか？」

「そんなもんはあとでいいんだ！　獲るか獲らねえかなんだから、それで決めろ」

「とにかく獲りたいんです」

「だったら獲れ！」

「いくらですか？」

「いくらでもいい！」

　金に糸目を付けない方針に変わり、球団の経理担当の対応も激変した。通常の会社ならば、いくつかの部署の許諾を経て、ようやく必要な金が出てくる。それが西武の場合、経理部長に口頭で必要な額を申告すると、翌日分でもすぐ現金で手渡された。毒島が当時を振り返る。

「楽だし、仕事が早いですよ。で、大概の人はね、一千万という金、束で見るとびっくりします。僕らでも滅多に見たことないですもん。だから見せて、『これがとにかく手付ですから』と。そしたら初めは大きなことを言っている人もね、実際に現金を見ると、結構、引いちゃいますよね。『これは強いな、西武』と思いました。最初の頃は特に」

　ただ、毒島が財力以上に実感したのは、西武球団としての仕事の速さだった。スカウトとして迅速かつ的確に仕事ができたのは、肩書きは球団管理部長の根本のおかげだという。

「普通、部長とスカウトだったら、『この選手、獲れなかったらどうする？』っていう話になりがちです。根本さんは全然、違いました。『全部、オレに任せろ。失敗してもいいからやれ。責任はオレが負うから』って言うわけです。やっぱり、親分ですよね。やり方が〝ヤクザ風〟です。部下のしくじりを全部、引き受けるっていうのは。だから、我々はやりやすかったし、自然に仕事が速くなりましたよ」

　根本が全責任を引き受けられたのも、オーナーの堤義明から「野球のことは全部、根本に任せろ」と球団の各部署に指令が出ていたからだった。球団社長も金のことを相談するだけで、それ以外は黙っていた。78年オフから3年間で選手を大幅に入れ替え、着実にチームを強化できたのも、財力のある西武に根本がいたからこそだった。

もっと大人になれ、野球馬鹿じゃダメなんだ

球団管理部長＝実質ＧＭとしては手腕を発揮していく根本だが、監督としての周りの評価は低かった。采配について尋ねると、途端に苦笑した野球人もいる。根本にスカウトされて近鉄に入団し、「オヤジ」と呼んで慕っていた土井正博もその一人だ。土井は１９７４年オフに太平洋クラブに移籍し、クラウンライターに代わった78年から根本が監督になった。その野球を土井に聞く。

「作戦は下手やったですね（笑）。ものすごく大雑把でした。『ミーティング？　そんなもんはいらん。お前ら、感性で野球せえ！』という人で。要するに、自分が監督になったつもりで、『この場面、監督だったらどうするって考えろ。いろいろなことを考えながら野球しろ』と。そして、『その考えと、オレが出すサインがマッチしたらスッといける』というわけです」

作戦はないに等しかった根本の野球。選手の感性と監督のサインが合致して成功すれば、大量点を取れるという野球。1点を取りにいくためにバントで送る考えはない。ゆえに、サイン

など出るはずもない場面でベンチばかり見る選手に対し、根本は激しく怒り、こう言っていた。

「読めないヤツだな、お前は。こんなとこでサイン気にしてたら自分のリズムで打てないだろ。サイン出るときは出るんだから、それがどういう場面なのか、もっと勉強してこい！」

口ぐせが「勉強しろ！」だった。事あるごとに「社会勉強しろ」、「野球の勉強しろ」と繰り返す。土井にとっては、根本のこの言葉が特に印象深いという。

「社会勉強して大人になっとるか？　大人の考えにならんことには、いくら野球を考えてやろうとしたって無理だ。もっと大人になれ。一般常識人になれ。野球馬鹿じゃダメなんだ！」

選手個々が大人になって視野を広げ、自らの感性も生かしつつ考えてプレーする野球。選手の自主性を重んじた野球ともいえるが、これは完成された強豪チームにおける理想だろう。ライオンズは太平洋時代の75年に3位になったあと、6位、6位、5位と低迷していた。財力のある西武に代わってもチームはまだ発展途上だったから、選手任せの野球をやるには難しさがあった。

現役最後の2年間、根本の下でプレーした野村克也は、引退後の81年、週刊誌で野球評論を連載。〈ライオンズ根本監督は必敗仕掛け人!?〉と題したコラムでこう書いている。

〈どのチームもミーティングをするのは、選手全員に監督の施政方針を周知させるためである。ところが、私が西武にいた二年間に、そういうミーティングは一度もなく、従って監督の目指す野球がわからず、それに一番閉口した。1点がほしいときに強攻策をとる。投手の不可解な交代がある。するとベンチの中で「勝ちたくないのかな」と、選手のつぶやきがもれる。これも、監督の目指す野球が十分に伝えられていないからだろう〉

広島監督時代の「ミーティングで決まったことは全員で実行すべき」という方針が変わっていた。「エンドランの根本」と言われるなど采配にも特徴があったが、クラウン時代から進塁打も不要。無死二塁の場面で自主的に右打ちし、走者を三塁に進めた山崎裕之に対し、根本は「細工はするなっ。うちは細工はしない。ドカンと打て」と言ったという。山崎が振り返る。

「根本さんはとにかく『思い切っていけ』と。のびのび野球でミーティングも記憶にないです。当時の西武の選手は寄せ集めだったからこそ、特にミーティングが必要だったと思います。個人競技じゃないですからね、野球は。団体競技でどうやって点をもぎ取っていくか、というところではチームバッティングをしなきゃいけない。これじゃあ勝てないだろうな、と思いました。そこは根本さん、勝つことよりは選手を集める、地下へ潜って仕事するのが得意な方でしたから」

負けたのは監督のオレが無能だったからだ

山崎裕之の「細工」の一件にも触れた野村克也のコラムは、根本野球への疑問に満ちている。

そのなかで唯一、〈頭が下がる〉としているのが、試合後の根本が一切、愚痴をこぼさず、負けても淡々とし、選手を名指しで責めなかったことだ。西武元年＝1979年のシーズン途中に日本ハムから移籍し、内野で遊撃手、二塁手、三塁手をこなした行澤久隆もその点を強調する。

「たしかに、根本さんはミーティングをしませんでした。でも、いつも試合が終わると、たとえ大差で負けても『ご苦労さん』と声をかけてくれた。これはなかなか言えることじゃないですよ。普通、監督だったらいろいろ言いたいこともあると思います。それが決して愚痴をこぼすことはなく、自分の心労は表に出さない。コーチには言っていたかもしれませんが、選手には絶対言わなかった。そのあたりの器の大きさが、根本さんにはあるんです。だからみんな、この人のために頑張らなきゃ、という気持ちになるんです」

4番を打ち続けた田淵幸一も、同じ気持ちになることがあった。

78年11月16日、田淵は阪神球団から深夜1時に呼び出され、ホテル阪神で西武へのトレードを通告された。球団は激しい報道合戦を避けるために深夜の時間帯を選んだのだが、田淵はその扱いに憤慨。当然のごとく交渉は難航したが、最終的には、西武側の受け入れ体制を根本に確認することを条件にトレードを了承。心境を変えたのは根本だった。法政大の先輩だが初対面で、そのときの印象を田淵はこう語っている。

「ひと目見て、ああこの人は頼れる人だなと思いました。この人の下でなら、散るまで、泥まみれになって野球ができるのではないか。西武に入ることで、僕の野球に対する姿勢ばかりか、人生観まで変わるのではないか。そんな気がしました」

79年4月7日、日生球場で行われた近鉄との開幕戦が、新生ライオンズ初の公式戦となった。根本は田淵を4番に据え、東尾修－野村克也のバッテリーで臨んだが敗れた。以来、引き分け2つをはさんで12連敗で始まったシーズン。チームが最下位に低迷するなかで田淵自身も成績が悪化する。

不慣れな一塁守備、初体験のDHへの対応が難しく、6月下旬には本職の捕手に戻るも重労働のポジション。阪神でも毎年のように故障してきたベテランには辛いばかりで、かえって打撃に悪影響を及ぼす。極度のスランプに陥った田淵は「引退」さえ口にし始めるほどだった。

ずっと我慢して田淵を起用してきた根本も、あまりの打撃不振に先発から外したのが8月14日。普通なら二軍降格、もしくは代打要員になるところだ。が、根本は自らノックバットを持ち、田淵を外野に走らせる。復調には足腰の強化が第一と判断。試合前の外野ノックを始めたのだ。その理由について、根本はこう言っている。

「ランニングだと手抜きもできるが、ノックでは、嫌でも走らなくてはいかんからな」

ノックは2週間以上、西武球場のみならずビジターの球場でも続けられた。すると田淵は9月2日、4番・DHでスタメンに復帰した阪急（現・オリックス）戦で2本塁打。試合後に「監督のおかげ」とコメントした田淵は、同月からシーズン終了まで11本塁打と復調した。

当時のパ・リーグは前期後期の2シーズン制で、同年の西武は開幕12連敗が致命傷となって前期は最下位。後期は5位で通年成績が最下位に終わると、根本は選手全員を集めて言った。

「お前ら、何も責任ないんだぞ。負けたのは監督のオレが無能だったからだ。責任取らないかんときはオレが取る。だから心はもう来年のほうに向けてくれ」

聞いて田淵は、この人を来年こそ男にしてやろう、と思った。そして、そう思ったのは自分だけじゃないはず、と考えていた。

翌80年、田淵は自己最多タイとなる43本塁打を放ち復活。その後も頼りにされる〝西武の4番〟の座を確立した。自身の野球人生を好転させた根本について、現役引退後にこう語っている。

「器量の大きな人。安心して運命を託せる指導者だね。広岡（達朗）さんに采配を任せる前に、3年かかって優勝チームの土台づくりをした無欲の名伯楽ですよ」

力があれば、殺したいほど憎いヤツでも使うのがプロ

田淵幸一が復活した１９８０年。西武は前期こそ最下位も、後期は一時的に優勝も見えた4位で通年4位。ＧＭ根本は同年限りで監督根本に見切りをつけ、新監督を招聘してのフロント入りを決めていた。そのとき、根本に「いろんな面でいろんなことを教わっていた」という森繁和は、一選手の立場でありながら、ＧＭ根本としての構想を聞いていた。

「西武にとって新しい野球をするって言うんで、どういうふうな準備をしていたかまではわからないけれども、オレには、『長嶋も、王も、これから口説き落とす』って言っていたんですよ」
80年オフ、長嶋茂雄が巨人監督を辞任し、王貞治は現役を引退。のちに森が伝え聞いたところでは、根本はＯＮのどちらかを西武の監督に招聘したいと考え、両者に素早く誘いをかけた。しかし長嶋には断られ、王は巨人の助監督に就任。結局、81年も根本が続投となった。王はその14年後、根本からの要請を受諾。ダイエーの監督に就任することになるが、原点は西武時代にあった。

80年のドラフトでは1位で内野手の石毛宏典（プリンスホテル）、2位で外野手の岡村隆則（河合楽器）、3位で左腕の杉本正（大昭和製紙）と社会人の即戦力選手を獲得。ドラフト外ではのちの主砲となる秋山幸二（熊本・八代高）が入団。大学進学が決まっていた秋山獲得の経緯については、第四章で詳述する。

81年はスティーブ、テリーの両助っ人が田淵とともに打線の中軸を担い、投手陣では森がチームトップの14勝を挙げ、松沼雅之が12勝。徐々に補強の効果が出始め、トータルでは4位ながら、前期は優勝を争ったうえでの2位と躍進。そのオフ、森は次期監督の話を根本から聞いていた。

「そろそろこのメンバーだったら勝てると踏んで、広島時代に接点のあった広岡さんを監督に呼ぶんですよね。前から『オレはもう今年で終わる』って言っていたし、『これからは新しい監督がきて、本当の野球を教えなきゃいかん』と。本人としても、チームの土台まではつくるけども、本当の野球、勝つ野球はオレにはできないと思っていたはずです」

広島時代の70年から２年間、根本は広岡達朗と監督－コーチの関係だった。ただ、前述のとおり、両者は何度も意見が衝突し、広岡が就任１年目のオフに辞意を固めたほど。その激しい性格、ストレートな口調が問題だった。それでも当時の根本は、「あいつは思ったことをすぐ口にするので誤解を招く。大した問題ではない」と発言。広岡のコーチとしての腕に期待したのであって、人柄を買ったのではないという姿勢を貫いていた。

広岡は76年６月から79年８月までヤクルトの監督を務め、万年Ｂクラスだったチームが77年は２位。78年は球団創設29年目で初のリーグ優勝に導き、日本シリーズでは３連覇の阪急を破って日本一にもなっていた。実績は十分だったが、ヤクルト球団とは78年オフからトレードを巡って激しく対立。翌79年はコーチ陣の手直しを巡って再び球団と揉め事になり、シーズン途中の辞任に追い込まれていた。

そうした問題が、実質ＧＭと監督という関係に変わっても起こるのではないか……。不安視し、気遣う周囲に向けて、根本は淡々として言った。

「どんな親友、身内でも、力のない者は使わない。グラウンドでの選手起用と同じ。力があれば、殺したいほど憎いヤツでも使うのがプロ」

81年10月29日、広岡の監督就任記者会見が行われた。５年という長期契約で、広岡が希望した森昌彦（祇晶《まさあき》／元・巨人）、近藤昭仁（元・大洋）、佐藤孝夫（元・国鉄）というヤクルト監督時代のコーチ招聘も受け入れられた。

「日本一の勝負師で、名監督。勝つことを知っている男だ」

根本はそう言って広岡に期待した。長嶋監督に執着するオーナーの堤義明には、「自分が続投するより、広岡に監督をやらせたほうが早く優勝できる」と説得。そして、森は広岡招聘の理由を聞いていた。

「『広岡は巨人の野球を知っている。これからはジャイアンツ野球だ』と根本さんは言っていました。巨人の野球ということは、日本球界でいち早くドジャース戦法を学んだ野球。ヤンキースの野球もそう。結局、『メジャーの野球を取り入れていかなきゃいけない』ってことを知った人間に監督、コーチを任せようと。要は、サインプレーにしても、何にしても、緻密な野球ができる指導者を求めていたんです」

他人がいたら一緒に見るな。絶対に群れるな

広岡達朗が監督に就任した１９８１年10月、球団管理部長専任となり、フロント入りした根本は、11月のドラフトで他球団を驚かせた。驚きの意味合いはそれぞれの選手で違うが、西武が１位で伊東勤（熊本工高／所沢高）、６位で工藤公康（名古屋電気高＝現・愛知工業大名電高）

を指名したことによる。

まず、強肩強打が光る捕手の伊東は、熊本工高定時制から所沢高定時制に転校させ、練習生として囲い込んだうえで獲得（練習生制度は92年に廃止）。他球団もドラフトで指名可能だったが、西武が1位指名したのでは手を出せなかった。そこまで伊東を高く評価し、どうしてもほしいという球団はほかになかったのだ。

工藤は同年夏の甲子園、初戦でノーヒットノーランを達成し、チームをベスト4に導いた左腕。鋭いカーブとキレのある速球は「プロでも即戦力」と評された。が、社会人の名門・熊谷組への入社が内定。ドラフトを前に、プロ側に〝指名お断り〟の手紙を出していた。にもかかわらず、西武が指名して他球団をアッと言わせた。「手紙は西武の工作ではなかったか」と疑われたのだ。

工藤、伊東の獲得についても第四章で詳述するが、「西武の工作」に関して、世間では「根本マジック」もしくは「根本トリック」とも言い換えられた末に、「球界の寝業師」と呼ばれることになる。

こうした周りの見方に対し、根本は後年、「マスコミがオーバーに騒ぐから誤解を受けるだけで、僕はルール破りをしたことなんて一度もない」とインタビューで発言。伊東を転校させ、練習生として囲い込んだことも「正攻法」と言って、内情のごく一部を明かしている。

「彼は定時制だから、普通の生徒が卒業しても、もう1年、修学期間が残っていた。それで『お前、所沢へ来んか?』と正面から誘ったんです。しかも1年後は1位指名だからね。業界を逆撫でることはひとつもしていない」

さらに、78年オフの松沼兄弟の一件も含め、周りから「難しい」と見られた新人の獲得は「スカウトの功績」だとして続けた。

「僕の下にいたスカウトは非常に丁寧というか、こまめによく動いた。横着する者がいなかった。だから僕はいつもスカウトに任せっきり。それだけ力があったということですよ」

「力があった」とは〝上司〟である根本に「あった」のではなく、当時の西武のスカウトに力があったという意味。「横着」しなかったのも、〝上司〟が目を光らせていたからではないという。

「強権政治では人を使うことはできても動かすことはできない。スカウト各自に自主性を持たせ、目的を与えておかないと、選手を見る視点がひとつになってしまう。皆が皆、違う角度から選手を見ることによってしか個性のある選手は集まらないんだから。『人に教わらず、自分の目と記憶だけで調査しろ』というのが強いて言えば僕の指導法かな」

指導法といえば、現役引退後、根本に命じられて西武のスカウトに転身した行澤久隆は、直に教えを受けている。

「スカウトとしての心得を教わりました。ただ、それもごく短い言葉です。まず、『自分の判断で何でもやれ、動け』ということ。『他人がいたら一緒に見るな。一人で行動しろ。絶対に群れるな』とも言われました。一緒に見ていると、どうしても同じ見方になってしまう。とにかく『一人で見て、自分の判断で評価しろ。それがスカウトだ』と言われました」

自分の判断で評価した選手の獲得が決まり、結果的に失敗に終わった場合はどうなるのか。

「失敗しても、いちいち咎める人じゃない。少なくとも僕は、咎められたことはありません。すべてスカウトたちに任せて、もし失敗したとしても、ちゃんと裏でフォローしてくれる。そういうところでも、根本さんの器の大きさを感じました」

時間さえあれば、中学にもリトルリーグにも行っていた根本は、コーチから転身したばかりのスカウトにこんなことも言っていた。

「ソフトボールとか、河川敷でやっとる子どもの野球あるだろ？　そういうのを見るところから入っていいんだよ」

酒を飲まず、タバコも吸わず熱中する野球

１９８２年、広岡達朗が監督に就任した西武は前期優勝、後期3位（前期後期制は同年で終了）。プレーオフでは通年勝率トップの日本ハムを下して優勝すると、日本シリーズでは中日を4勝2敗で制して日本一の栄冠に輝いた。ライオンズとしては19年ぶり6度目のリーグ優勝、24年ぶり4度目の日本一だったが、西武にとっては初優勝。オーナーの堤義明は大喜びで言っ

た。

「根本管理部長が基礎づくりでいい仕事をしたうえに、広岡監督が見事な花を咲かせた」

監督就任1年目で最高の結果を残しただけに、巷には広岡の手腕を称える声が満ちあふれた。が、経営者・堤は、監督をしながら選手を集め、チーム強化につなげた根本の功績を先に称えた。初優勝といえば、75年に古葉竹識率いる広島がリーグ優勝したときも、根本が土台を築いたと評価する声があった。それらの声に本人はこう返している。

「タネをまいたと言われるのは望外の喜びだが、私はその時期にたまたまそこに居合わせただけ。やり遂げたという意味では、古葉や広岡が一番しんどい思いをしたのだ」

照れたような物言いだったが、根本自身、実質GMとしての役割をこう表現している。

「人間には与えられた役目がある。家を建てるときにも、最初は地ならしの土木工事から始まって、建築家が入り、最後はインテリアで仕上げる。僕の場合はさしずめ土木だった。西武に移っての3年間で土木工事は終わっていた。それをうまく広岡につなぐことができたんです」

翌83年、西武は2位の阪急に17ゲームもの大差をつけて独走優勝。日本シリーズでは巨人と戦って4勝3敗で制した。〝球界の盟主〟を倒しての連覇は、当初から何かと巨人の人気を意識し、〝球界の新盟主〟を目指す西武=堤にとっては大きな意味があった。近鉄スカウト時代から巨人の力を痛感してきた根本も、溜飲が下がる思いだったに違いない。が、何より広岡である。巨人ＯＢの広岡だが、監督・川上哲治との考え方の対立から退団、現役を引退した男だった。それだけに、巨人を打倒して初めて自身の野球の正しさが証明されると考え、その熱意には並々ならぬものがあった。〝新盟主〟を目指す西武にとって、広岡ほどふさわしい監督はいなかったのだ。

ただ、選手たちは「管理野球」といわれた方針に戸惑い、反発もした。特に、西鉄時代からライオンズの一員だった東尾修、大田卓司、阪神から移籍した田淵幸一といったベテラン勢。広岡は彼らも特別扱いせず、キャンプの練習では一切の妥協を許さなかった。アルコールを禁止し、門限の22時を破った者に〝ネズミ捕り〟を仕掛けた。根本監督時代になかったミーティングは毎日、休日にも実施。選手とは常に一線を画し、時にコキおろして怒らせ、時に干した。ベテラン特有のプライドを突いて奮起させるためで、実際に東尾は干されたことで立ち直った。そうして、82年の前期に優勝という結果が出て、チームはひとつにまとまった。

ところで、アルコールの禁止は広岡独自ではない。オーナーの堤義明も当初から「酒、タバコを飲む選手とは契約しない。副業も禁止」と発言。根本も「酒を飲まず、タバコも吸わず熱中する野球こそ、私がずっと考えてきた真の野球だ」と同調した。実際、広島監督時代のキャンプでは「アルコール、炭酸飲料のがぶ飲み、長時間座る麻雀の禁止。門限の厳守」を命じている。

また、広岡は合宿所での食事を改め、自然食を採り入れたが、じつは根本も広島監督時代、同じように食事から選手の健康を管理していた。そのあたり、根本が単に「勝つことを知っている男」として広岡を呼んだのではなく、両者のラインがつながるべくしてつながったと見ることもできる。

連覇した83年オフのドラフトでは、１位で投手の渡辺久信（前橋工高）、２位で内野手の辻発彦（日本通運）を指名。のちのエースとレギュラー二塁手を獲得し、戦力の厚みは増していく。一方、トレードでは両右腕の柴田保光、木村広を日本ハムに放出し、ベテランの江夏豊を獲得。阪神時代から実績十分の左腕は南海で野村克也と出会って抑えに転向し、広島の連覇、日本ハムの優勝に貢献したスタープレーヤー。若手の手本になるだけでなく、人気の向上も期待された。

が、このトレードによって、根本－広岡のラインに亀裂が入り始める。

辞めりゃいいんでしょう

管理野球の広岡達朗、奔放な江夏豊――。マスコミの興味は、この二人がいつ衝突するかに集中していた。が、広岡は江夏の実績と経験を認め、若手に「あの技を盗め」と伝えるほどだった。むしろ、交換要員として柴田保光を出したことに疑問を呈した。１９８３年シーズンの柴田は12試合の登板に終わったものの、広岡は成長の見込みありと見ていた。フロントへの不満をマスコミに漏らし、それが一部夕刊紙に載った。

広岡がトレードに不満を漏らすのは初めてではない。監督就任1年目にして、獲得した選手への疑問をスポーツ紙の記者にぶつけたこともあった。その年に日本一になると、球団内部で新人のスカウティングにも文句を言っていた。

そんな伏線もあり、フロントと監督の関係が悪化して迎えた84年のシーズン。野手のベテラン勢が軒並み調子を落とし、東尾修を中心に奮闘した投手陣では、期待の江夏豊も体調不良などで活躍できず。結局、広岡と衝突した江夏は同年限りで退団。チームは優勝を逃して3位になると、コーチの森昌彦（祇晶）が辞任。練習方針、私生活を巡る問題などで広岡と対立し、互いに不信感を募らせた末のことだった。なおかつ、西武元年からチームを牽引した田淵幸一、山崎裕之が現役を引退した。

それでも、戦力充実の証しか、西武が同年のドラフトで指名したのはわずか3人。1位で捕手の大久保博元（水戸商高）、2位で内野手の田辺徳雄《のりお》（山梨・吉田高）、そして3位で投手の高山郁夫（元・プリンスホテル）を獲ったのみだった。もっとも、トレードでは左腕の杉本正、捕手の大石友好を中日に放出して強打者の田尾安志を獲ると、〝オリエント・エクスプレス〟と呼ばれた快速球投手、台湾の郭泰源を巨人と競合して獲得。即戦力補強は抜け目がなかった。

翌85年、打線は1番の石毛宏典が27本塁打、2番の金森永時（栄治）が打率3割1分2厘で

12本塁打と1、2番から強力。新戦力の田尾が3番で機能した中軸は4番にスティーブ、5番に右の大田卓司、左の片平晋作が併用されて安定感があったうえに、下位の6番で秋山幸二が前年4本塁打から40本塁打と急成長。2年目の辻発彦が二塁に定着し、9番で上位につなげた。

正捕手の伊東勤が引っ張る投手陣は東尾が17勝、松沼博久が14勝、新加入の郭が9勝を挙げ、渡辺久信がフル回転して8勝11セーブ。さらに工藤公康は8勝を挙げて防御率のタイトルを獲得。投打ともベテラン、中堅、若手の戦力バランスがよく、2位に15ゲーム差をつけて優勝し、広岡体制4年間で3度のリーグ制覇。工藤はじめ獲得困難と見られた新人も半ば強引に獲り、巨人との争奪戦も制してきた補強が実を結び、第一期の西武黄金期が到来していた。

ただ、日本シリーズでは、21年ぶりに優勝した阪神が2リーグ制初の日本一。2勝4敗で敗退した西武はベストメンバーではなかった。前半戦だけで9勝を挙げた郭が、右肩治療のため台湾に帰っていた。広岡はそれが不満だったこともあり、フロントを批判。またもや夕刊紙に載った。広島時代は監督批判めいた広岡発言に寛容だった根本も、フロントと監督の権限、それぞれの領域については絶対に譲れないものがあった。

そもそも広岡を監督に迎えるとき、根本はフロントと監督の職務分担をはっきり示していた。監督の要望は最大限に考慮するが、球団人事、補強、コーチの編成などはフロントの権限。グラウンド上の用兵、作戦は監督がすべて責任を負う――。

当然のことなのだが、それまでの日本球界では両者の境界線が曖昧で、互いに領域侵犯をしてトラブルの原因になっていた。そこで西武球団では言質を取るだけでなく、契約上で両者の権限を明確にした。ゆえにトラブルにならないはずだったが、監督が徐々にフロントの領域を侵していた。就任１年目から最高の結果を出して世間から注目され、西武グループ内での評価も急上昇し、次第に強気になっていたのか。

日本シリーズが閉幕して６日後の11月８日、広岡の辞任が発表された。「健康上の問題」が理由だったが、それは表向きのこと。実際には、根本が球団事務所へ広岡を呼び出し、フロント批判の載った夕刊紙を手に「これは、どういうことだ」と問いただしていた。広岡は釈明することもなく「辞めりゃいいんでしょう」と言ったと伝えられている。

勝ちながらチームを動かしていく

広岡達朗は西武の監督を辞任してから９年後、１９９４年11月、ロッテのＧＭに就任して球界関係者を驚かせた。正式にＧＭを名乗ったのは日本球界では初めてだったが、肩書きのみならず、監督専任からチーム編成の全権を任された。その後の顛末はともかくとして、広岡は西武監督時代からＧＭという職務に就きたかったのではないか。実際、球団社長に監督の権限拡大を望んでも聞き入れられなかったと伝わっているが、じつは広岡は、かつて根本がそうだったように実質ＧＭ兼監督＝全権を求めていたのではないか。これらの問いに対し、後年、根本はこう答えている。

「いや、それは周りが勝手に騒いだことであって、広岡は理解していたんだ。広岡は与えられた材料を訓練し、きちんとした戦略、戦術を立ててよく戦った。西武ライオンズのなかで、一番苦労したのが広岡ですよ。あのとき、西武はまだ戦闘する状態にはなっていなかったんだから。だけど、その後、チームも変化していき、広岡の仕事は終わった。だから、『お前、退け』と言ったまで。ただそれだけのことなんですよ。感情的な問題じゃないんだ」

辞任ではなく解任だった事実があっさりと語られたが、「広岡の仕事が終わった」あとを受け持つ監督はなかなか決まらなかった。西武グループが待望したのは田淵幸一で、オーナーの堤義明も田淵が引退した際、「いずれ監督として戻ってくることを期待している」と言っていた。そのスター性、華やいだ雰囲気を好んでいる様子だった。

だが、田淵に指導者経験はなく、監督としての決断力にも疑問符がついた。そこで根本は、1年前に退団した森昌彦（祇晶）をヘッドコーチにつけることを考える。広岡の参謀としての能力を評価していたからだが、そのつもりで交渉に臨むと、森は監督を希望した。根本自身、トップに立つ森の姿を想像していなかったから一抹の不安はあったが、V9巨人の正捕手で司令塔。西武のチーム事情もよく理解している男として、本人の希望を受け入れた。

広岡は契約を1年残しての辞任だった。突然だっただけに、森に決まるまで一ヵ月近くを要し、発表は12月5日。その間、11月20日のドラフト会議に西武は監督抜きで臨んでいた。

この年、１９８５年のドラフトの目玉は甲子園の大スター、〝ＫＫコンビ〟と呼ばれた桑田真澄と清原和博。ＰＬ学園高のエースと4番だった。西武は清原を1位指名し、6球団が競合したなか、根本が当たりクジを引いた。その前後のスカウティングについては第四章で詳述するが、西武が第二期の黄金期を築いていくうえで、清原の加入は不可欠だった。

黄金期といえば、森の監督就任会見の席で根本はこう言っている。

「西武の最初の3年間は土台づくり。次の4年間（広岡監督時代）は、戦いのときだった。来シーズンからは、勝ちながらチームを動かしていく時期に入る」

この発言の「動かしていく」には、選手を育て、組織を整備して、常勝軍団へ飛躍していく、という意味が含まれていた。動かしていくため、森はまず石毛宏典にキャプテンの称号を与えた。

石毛は学生時代からキャプテンを務め、プロでも1年目から試合中のナインを引っ張っていた。たとえベテランの先輩でも、プロらしからぬプレーでミスをすればベンチ内で注意した。その注意の言葉が常に明るく、溌剌としていたから、変に後に引きずることもなかったという。

キャプテン・石毛はスタッフミーティングにも出席して選手の立場で考えを述べ、反対に監督、コーチの考え方を聞いて選手に伝えるパイプ役も務めた。これは森がそのように仕向けたのだが、その点、根本、広岡以上にマネジメントに長けた監督だったと石毛は言う。

「まず、根本さんがいい素材を集めて、広岡さんはその素材をうまく料理したと言えると思います。つまり、個人のスキルを高めたうえで勝てる確率の高い戦術、戦略を使う。そのためには練習が必要、コンディションづくりも必要と教えてくれた。それから森さんになって、選手も多少入れ替わって、組織として筋が通るようなチームづくりをした。非常にマネジメントがうまい監督でした。だから当時、『おい、今日は大事だ。負けられねえな』と言ったら勝てましたしね。チームみんなが同じ方向を向いているから勝てるんですが、森さんはそっちに向けさせるのがうまかったんですよ」

勝っているときこそ補強に力を入れないと

１９８６年、西武は前年の優勝メンバーが健在なうえに、清原和博が高校出１年目にして打率３割４厘、31本塁打、78打点を挙げて当然の新人王。監督の森祇晶は開幕前、清原の扱いについて「一軍に置いて英才教育を施したい」と言っていた。マネジメントに長けた監督の方針が見事に生かされ、就任１年目でリーグ優勝。広島との日本シリーズでは第１戦で引き分けたあとに３連敗して追い込まれながら、第５戦から４連勝して日本一。根本の「一抹の不安」も解消された。

86年のＭＶＰにはキャプテン・石毛宏典が選出された。打率３割２分９厘、27本塁打、89打点という数字はもとより、攻守のリーダーとしてチームを牽引する高い貢献度が認められた証し。監督の森にとって不可欠の選手だったが、特に就任1年目のミーティングがそうだった。森はミーティングの前に石毛とベテランを集め、その日に話す内容と監督の意図を理解させる。次にチーム全員を集めたミーティングで森が話す。ベテラン、中堅、若手がいるなかで、若手のなかに明らかに不満な顔つきの選手がいたとする。その顔を見た森は「あとは石毛、頼むぞ」と言って去っていく。石毛は不満顔の若手のところに行って、監督の話の意図を説明してフォローする。同じ選手の言葉だからか、多少は素直に聞いてくれる。

そのように、ベテラン、中堅、若手を連結する軸が組織のなかで保たれていたから、86年からの3年連続日本一に始まる第二期黄金期、「常勝西武」の時代が築かれたという。

「勝つことによって、球団職員、裏方さん、みんなが幸せになれる。広岡（達朗）さんが監督のときに、選手たちはそういうことがわかるようになった。でも、球団がファミリーのようになることはなかったです。だって工藤（公康）、渡辺（久信）、清原（和博）、〝新人類〟といわれる若い世代はぷらぷらして、金持って遊びに行きますから、一致団結はないですよね。

だけど、あいつら、好き勝手にやっていても、ポイント、ポイントでオレらの話も聞いてくれて、まとまるときはパッとまとまった。ある面では本当のプロ集団だったと思うし、いわゆる『大人のチーム』だったと思います」

監督時代の根本がしきりに「大人になれ」と選手に叱咤していた、その理想がついに現実化したとも言えるが、西武が「大人のチーム」と呼ばれるのは、90年から3年連続日本一を達成した時代。86年から数えれば日本シリーズに6度出場し、広島、中日、巨人、広島、ヤクルトを倒した。特に90年の巨人は4勝0敗と完膚なきまでに叩きのめし、球界の盟主が交代したも同然。西武王国が築かれていた。

その間、根本は毎年、交換および金銭トレードで選手を入れ替えた。86年から92年途中までの6年間で28人を放出し、19人を獲得。主力選手では外野手の平野謙（前・中日）、投手の鹿取義隆（前・巨人）を獲ったことが大きかった。外国人ではブコビッチ、バークレオ、デストラーデ、その時代に補強した3選手すべてが優勝に貢献。なかでもデストラーデは90年から2年連続で本塁打と打点の二冠に輝き、3年連続で本塁打王、ベストナインにも選出された。

人材が揃い、勝っているときこそ補強に力を入れないと、チーム力はあっという間に落ちる――。それが根本の持論だったから、「トレードの名人」と呼ばれたとおり積極的に動いた。助っ人については、頻繁に渡米する担当者が球団と米球界のパイプづくりを進め、的確な情報をもたらしたことでハズレが少なかった。メジャー志向だった根本自身、選手を見るためによく渡米していた。

ドラフトでは86年1位で森山良二（ONOフーズ）、88年1位で渡辺智男《とみお》（NTT四国）、2位で石井丈裕（プリンスホテル）、89年1位で潮崎哲也（松下電器）、90年1位で長見賢司（伊丹西高）、91年1位で竹下潤（駒澤大）、2位で新谷博（日本生命）と、毎年のように上位で投手を指名。このうち長見は〝外れ1位〟でのちに野手に転向したが、本来の1位は同年の目玉、即戦力左腕の小池秀郎《ひでお》（亜細亜大／元近鉄ほか）だった。

一方、88年限りで東尾修、森繁和、松沼雅之、90年限りで松沼博久が現役を引退。第二期黄金期は投手陣の世代交代期でもあり、まさに「勝っているときこそ」の新人補強と言える。90年前後から球団が補強にかける金額は抑えられていたなか、的確なチーム編成がなされていた。

西武というチームを何十年先まで考えていた人

現役引退後、西武二軍投手コーチとなった森繁和は、根本のチーム編成方針を何度となく耳にしていた。

「根本さんは『現場に口は出さん。でも、与えられた選手で戦え』という方針でした。そのうえで『何年か後にはこの選手が一人前になるように育てろ。そうしたら、そのポジションは10年間、触らない。ほかのポジションの選手を優先的に獲る』と」

10年間、触らないと言っても、固定されたポジションの後釜を準備することも抜かりがなかった。なかでも顕著だったポジションが内野の要の遊撃だろう。

石毛宏典が入団1年目の１９８１年から守り続けている間、84年ドラフト2位で田辺徳雄を獲得。膝の故障もあって石毛が三塁に回った87年から、田辺が遊撃に就いた。その田辺が9年間、定位置としたあと、93年ドラフト3位で入った松井稼頭央（ＰＬ学園高）がレギュラーとなる。田辺も松井も高校出であり、まさに育てて世代交代していた。

当然、世代交代が間に合わないポジションもあるわけだが、その場合はファームでの育成を進めつつ、「2年間はこの選手で穴を埋めてくれ」とトレードによって補強したと森は言う。

「ある意味、西武というチームを何十年先まで考えていた人。例えば、高校から入った新人選手が5年後にショートを守れるとしたら、そこから10年間はショートに新しい選手がいらない。つまり、必然的に15年先のチームを考えていることになる。場合によっては、3年後、5年後と短いスパンで考えることもあったし、常に明確なビジョンを持って、先を見ていた人でしたね」

森によれば、根本が見ていたのは自チームの先だけではなかった。パ・リーグの相手5球団のみならずセ・リーグ6球団＝11球団の戦力を完全に調べ上げ、それぞれの3年後、5年後を見ていたという。実際、根本自身、第二期黄金期の最中にこう言っている。

「常勝するためには、やっぱり相手球団の戦力検討をきっちりするのが先です。そして、相手チームの育ち方によって、補充、補強をどれだけ丁寧にやっていくか。これは企業も一緒だと思うんです。人材の導入を切っちゃいけない。今のチームならこれで持つけれども、3年後によそのチームを検討したときにマイナスになるところと、現時点のいいところを両方合わせながら検討していく。計算よりオーバーにいって、ちょうどトントンぐらいだね」

セ・リーグ6球団の戦力を調べ上げることは、日本シリーズで負けない強さにもつながっていたのではないか――。ついそんな興味も湧く話だが、それにしても、なぜ根本は編成のトップとして相手11球団の戦力検討をできて、それぞれの3年後まで見えていたのだろうか。同じ西武グループのプリンスホテル野球部で監督を務めた石山建一が、真相を明かしてくれた。両者の関係については第二章で詳述するが、それはまだ根本が監督兼球団管理部長だったときのことだという。

「西武線沿線にある根本さんのご自宅とプリンスの合宿所は近かったので、何かあると『ちょっと話があるんだけど、来てくれませんか?』と電話がかかってくるんです。それでお家にうかがうと、奥さんが手料理を用意してくれて、練習が終わったコーチ連中も来て、いろんな世間話をするんですが、行くたびに、12球団すべての情報が根本さんのもとにある。あとで聞いたら、『他の球団にも親しくしているヤツがいるから、毎日、いろんな情報が入るようにしてある』と。これは本当にすごいことで、今でもそんな人は野球界にいませんよ」

12球団すべて、つまり西武球団内部の情報もすべて、ということだが、石山はプリンス監督時代の94年オフ、巨人にヘッドハンティングされている。当時の監督、長嶋茂雄が球団の再編を目指しているとき、球団スカウトを集めて「評判のいい指導者は誰か」と尋ねたところ、全員が石山の名を挙げたことが招聘の理由だった。そうして、球団編成本部長補佐兼二軍統括ディレクターに就任。プロ野球界の内情を熟知した人間として石山は根本のことを「今でもそんな人はいない」と言っているのだ。

すなわち、情報源でもある〝根本人脈〟は当然プロ野球界にも広がっていて、自身の全仕事に生かされた。その成果が西武王国の建立だったわけだが、成果が出て補強が縮小に向かうなか、「根本あっての西武」ではなくなりつつあった。フロントの体制が入れ替わり、自身の仕事が少なくなっていた92年のオフ、根本はダイエーにヘッドハンティングされた。

ダイエー時代

新しい仕事がやりたくなったんだよ

1992年11月1日、根本陸夫は球団取締役兼監督として福岡ダイエーホークスに入団した。このとき、65歳だった。

当時、西武球団における根本の肩書きは取締役編成部長。現場の監督でもそうだが、フロントの中枢部にいた人間が辞めるときは簡単には辞められない。球団の機密保持などのため、顧問やアドバイザーの肩書きをつけ、一定期間は留めておくのが通例だ。

が、その期間なしの移籍は極めて異例で、球団の内情を知る役員が日をおかずにライバル球団に移るなど、過去にほとんどなかった。まして同年9月、根本のダイエー入りが一部スポーツ紙にすっぱ抜かれていた事情もあり、ダイエー球団オーナーの中内㓛、西武球団オーナーの堤義明によるトップ会談まで行われた。最終的に、堤が譲る形で根本の移籍が決まった。

では、ダイエー球団はいかにして根本にアプローチしたのか。その経緯は第十章で詳述するが、根本自身、なぜ自らが築いた西武王国を去り、当時まだ新興だったダイエーに新天地を求めたのか。93年のインタビューでこう答えている。

「まあ、僕は人生の一定しない浪人者だからね（笑）。要するに新しい仕事がやりたくなったんだよ。たしかに西武において、僕はひとつの作品をつくった。しかし、ずっと同じところに留まっていると、自分の人生がマンネリ化してしまう。そういうときに、中内オーナーからお誘いを受けたんです。また西武自体も、僕が去って変革を遂げることが大切だった。人が変わらなければ、チームは新しく生まれ変わることができない」

かつて、広島のコーチに就任したときと変わらず、自らを「浪人」と称している。「人が変わらなければ」という言葉も、広島監督時代から口にしてきたことと同意だ。が、ヘッドハンティングされた根本はチームの一員ではない。勝てるチームづくりができるフロントの人材として評価され、白羽の矢を立てられた。なのになぜ、現場から11年間も離れていながら監督になったのか――。

この問いに根本は、「チームは中へ入ってみないと、手を加えるところがわからない」と答えている。監督としてチームの勝利を目指して采配する、と同時に各選手の真の実力を見定め、補強のプランを練り上げていく、という意味ととらえていいだろう。西武の監督時代と同様、フロントで編成の仕事も兼任するから、必然的にそういう答えになったと思われる。

では、監督としての目標は何だったのか。ホークスは前身の南海時代から15年連続でBクラス。前監督の田淵幸一が就任した90年から6位、5位、4位と着実に浮上はしていたが、92年の4位も首位の西武には24ゲーム差をつけられていた。「優勝」を口にするのは憚られるところだが、オーナーの中内は「2位、3位はあり得ない」と発言。根本もあくまで「日本一」を目標とした。

そのうえで根本は、92年の成績に関して「過去は過去です。昨シーズンのことは関係ない」と言い切り、戦力の内容は悪くないことを強調。「チームのバランスを崩さないように、新人とベテランの力を噛み合わせていかねばならない」と方針を示したが、すぐにこう付け加えた。

「しかし、そういうこと以上に僕が言いたいのは、試合の根本はフロント同士の戦いであるということ。フロントの力関係がすべてを決めると言っても過言ではない。今、私がやっているフィールド・マネージャー（監督）の仕事は、言ってみれば組織の最下部。本当は戦う以前、つまりどういうメンバーを構成してやるかで勝ち負けの大部分は決まっているんですよ。そして、それはフロントの仕事です」

フロントとしての初仕事は、ダイエー移籍から20日後の92年のドラフトだった。1位指名で4球団が競合した松井秀喜（星稜高－巨人ほか）を外すと、投手の大越基《もとい》を指名する。大越は仙台育英高から早稲田大に進み、1年春に優勝に貢献しながら中退し、アメリカのマイナー1A・サリナスで投げていたという異色の存在。いきなりの〝根本流〟だったが、厳密にはドラフトが初仕事ではなかった。中内からの要望を受け、移籍直後からすでに〝一大事業〟に着手していた。

勝つのは基礎をつくってから

フロント・根本の〝一大事業〟とは、監督・根本の後任として王貞治を招聘することだった。折しも、西武時代に監督就任を断られた長嶋茂雄が、１９９２年オフに巨人監督に復帰。一方、西武では王の監督就任も果たせなかったわけだが、84年から巨人で指揮を執った王は87年にリーグ優勝を果たすも、88年限りで退団。野球評論家となっていたから、誘うこと自体に障壁はなかった。

そのとき、根本の頭に浮上したのは、80年オフ、西武・長嶋監督、巨人・王監督による日本シリーズを夢見たことだった。結局、夢は夢で終わったが、巨人・長嶋監督、ダイエー・王監督によるＯＮ対決なら現実になり得る――。その構想を直に聞かされたのは、当時、ダイエー球団の総務部長だった瀬戸山隆三。中内が根本に紹介し、「編成の仕事を基礎から徹底的に教えてやってほしい」と頼み込んだ人材だった。「根本の最後の教え子」と呼ばれる瀬戸山は、こう言われていた。

「まず考えんといかんのは、野球界をいかにさらに発展させるかだ。お前、来年、Ｊリーグができるの知っとるだろ？　このまま行くと間違いなく、野球はサッカーに負ける。もう世の中、世界中がそういう流れになっている。これを巻き返すためには、ON対決しかないんだよ」

93年5月に発足するJリーグが、人気低迷中のプロ野球に追い打ちをかける——。先を見ていた根本は、ON対決によって人気が再興すると考えていた。瀬戸山はその考えに納得する以前に、新たに監督に就任したばかりの根本自身が、次期監督を構想していることに驚かずにいられなかった。「長嶋が巨人の監督をしとる間に、ここにワンちゃんを連れてこんといかんのだよ」と根本が言ったあと、両者の間でこんなやり取りがなされた。

「これから監督をされるのに、何てことですか？」

「いや、オレは基礎をつくる。しかしオレが監督の間は絶対に勝たんからな」

「いやいや、一応、勝ちましょうよ」

「いや、勝つのは基礎をつくってからだよ。それでワンちゃんを呼ぶ。いずれ近々、ワンちゃんを紹介するから、お前が口説くんだよ」

「え〜？　私がですか？」

目標の「日本一」はマスコミ向けの言葉だった。また、中内から「瀬戸山に教えてやってほしい」と頼み込まれていた根本だが、瀬戸山には「お前が自分でどうするか考えろ」と言っていた。ただ、だからといって突き放されたわけではなかったという。

「最初に根本さんから、『お前はチームのことをよう見とけ。そうしてお前が自分でこうしたい、ということを考えてやったらいいんだよ。そのなかで大事なのはスカウティングだ』と教えられました。『本気で強いチームをつくろうとしているスカウトを集めてこい』とおっしゃって、根本さんご自身、スカウトに対して非常に厳しく指導しておられました」

　根本は逆に「本気で仕事をしていないスカウト」の特徴を伝えた。報告にばかり来る者は要注意で、実際に見ていない選手を高く評価するケースがあるとのこと。コーチについても要注意人物の典型が示され、「自分の生計のために選手をうまく利用して、いかにも教えてるというポーズを取っているヤツ」――。そんな無意味な指導がまかり通らないよう、根本はコーチ陣に「選手に聞かれるまでは何も教えるな」と指示した。瀬戸山によれば、これにはコーチも選手も戸惑っていたという。

「秋のキャンプでは最初、コーチは本当に遠巻きに選手を見ているだけですから。もちろんノックとかはするんですけども、『教えるな』と。そのかわり、コーチは選手の動きをしっかり見て、『聞かれたら教えられるように、的確に準備だけはしとけ』とおっしゃっていましたね」

　翌93年、記念すべき福岡ドーム元年だったが、根本率いるダイエーは45勝80敗5分け、勝率3割6分の最下位。それでも、負け続けた監督に心労はなかった。何しろ根本は瀬戸山に「勝つのは基礎をつくってから」と言っていたほどなのだから。

「93年2月のキャンプ初日、根本さんはみんなの前でこうおっしゃいました。『オレは勝つ気がない。でも、お前ら一人ひとりは成長しろ。何年後かには強いチームをつくる』と。ただ、その半面、古くからいる選手たちにはかなり辛辣でした。シーズンが終わると『今のチームは同好会だ。それじゃあダメだ』と言って、『チームを変えるために血の入れ替えをする』なんて言葉を平気で使っておられたし、フロントとしてＦＡの選手の調査などもしていました」

君は福岡ドームの長男にならんか

「血の入れ替え」の象徴か、１９９３年11月、根本は大きな仕事をやってのけた。西武と3対3の大型トレードを成立させ、ダイエーから外野手・佐々木誠、投手・村田勝喜、投手・橋本武広を放出する代わりに、外野手・秋山幸二、投手・渡辺智男、投手・内山智之を獲得。さらには球界で初めてＦＡ宣言した内野手・松永浩美を獲った。

　これらの補強については第九章で詳述するが、根本はその2ヵ月前、球団の取締役専務、球団本部長を監督と兼務することになった。すなわち編成のトップ＝ＧＭとしてオーナーから全権を与えられたわけだが、それよりも前の6月、根本は王貞治に声をかけている。「僕にとって根本さんは野球界の大先輩」という王が証言する。

「以前から球界の行事なんかで会っていましたけど、あのときは驚いた。何たってね、根本さんがダイエーの監督1年目の、夏前ですよ。まだ監督としてやり出して2ヵ月か3ヵ月のときに、『おい、ワンちゃん、オレのあと、来年から監督やってくれ』って言うわけ。こっちはびっくりしてね、『そんな、始まってすぐに何言ってるんですか？　アンタまだ監督になったばっかりじゃないの』って言っちゃいましたよ（笑）」

冗談としか思えなかった。ただ王自身、再びユニフォームを着たい、という気持ちが芽生え始めていたときだった。それでも、パ・リーグで野球をやることは想像もしていなかったし、九州の球団で野球をやる自分も考えられなかった。

その後、根本は同年のオフ、東京で行われたパーティの席で王と顔を合わせると、「ワンちゃん、ちょっと話がある」と言った。パーティを抜け、近くのホテルに連れ出して二人きりになると、「来年、ダイエーの監督をやってくれ、どうだ」といきなり切り出してきた。これは本気なのかもしれない、と感じた王だったが、「やります」とも「やりません」とも言わなかった。

「大先輩に声をかけてもらってありがたい気持ちです」とだけ答えた。

これは本気だと確信したのは、翌94年の1月半ば、東京・銀座のフランス料理店。王と根本、そして球団代表になった瀬戸山隆三と3人で面会したときのことだった。初めて監督就任を〝公式〟に打診された。根本はその席で王にこう言った。

「東京ドームには長嶋茂雄という長男がいる。君は福岡ドームの長男にならんか。補強はいくらでもする」

長嶋が巨人の監督に復帰したことを引き合いに出した言葉だった。すなわち王の巨人復帰はなくなった、という状況を踏まえた言葉でもある。日本シリーズでの〝ON対決〟構想も披露された。それでも王自身、まだまだ巨人以外のユニフォームを着る自分をイメージできず、「この先、いくらお話をいただいてもお受けできません」と答えた。

1ヵ月後の2月半ば、解説者・王がＮＨＫの取材で高知のダイエーキャンプを訪れたときのこと。監督・根本から食事に誘われ、その席でも「どうだ？」と言われ、気持ちが微かに揺れ動いた。

「最初は冗談だと思っていたのが、本気で声をかけてくれているとわかって、根本さんがあきらめずに声をかけてくれたとき、僕はこう考えた。〝生涯巨人〟の思いを断ち切って心機一転を図るとしたら、当時、東京ドームが本拠地だった日本ハムや在京球団ではやりづらいだろうなって。だったら逆に、東京から遠く離れたパ・リーグの球団ならいいんじゃないかって。そうして、ここでユニフォーム着るのもいいんじゃないか、と思い始めた。ただ、僕の周りの人たちは全員、反対だったけどね」

そんな心境の変化を感じ取っていた根本は、自身が現場で指揮を執ることもあり、王との入団交渉を瀬戸山に一任。「ノーと言われるまで、毎月会え」と言って、同じ銀座のフランス料理店で月1回、王と面会するよう命じた。当初は頑なに拒否されていた瀬戸山に対し、根本は、「絶対、ワンちゃんは最後、受ける。野球人だから受けるんだよ。まあ、ぼちぼちやれ」と言って励ました。5回目の面会で、王は瀬戸山に「監督を引き受けます」と返事をした。

「あのときは何だろう。今、自分で振り返ってみると、根本さんは慌てないで一歩一歩、周りを固めていくっていうかね、そうやって、本人をその気にさせるっていうことをやっていたんだと思う。機が熟すというか、タイミング的なものもよかったんじゃないかな。それにしても、まさかホークスから声がかかるとは思わなかった。根本さんから声をかけてもらうまで、パ・リーグも、福岡も、まったく頭になかったからね」

強いチームをつくりたい思いがものすごく強い人

王貞治と言えば、巨人でしかない。周りはそう見ていたし、王自身、パ・リーグも福岡もまったく頭になかった。それが、コペルニクス的転回で東京から遠く離れた福岡へ向かうことになった。

実現は難しい、というより、ほぼ１００パーセント無理と思われていたことも、根本の手にかかると実現してしまう。王のダイエー監督就任はその最高峰と言えるが、王自身、じつは巨人での現役当時から、西武における根本の仕事ぶりに注目していた。高校時代の秋山幸二を筆頭に、巨人が獲得できると見込んでいた選手を、西武に持っていかれるケースが目立っていたのだ。

「あの頃、ジャイアンツが『獲りにいく』って言ったら、だいたいの選手はね、どこかほかの球団に決まりかかっていても『ジャイアンツへ行く』っていうのがあった。けれども、あの、松沼兄弟からかなあ、『もうジャイアンツへ行くだけじゃないんだ』っていうものを見せたのは。彼ら二人がどう思ったかしらんけども、根本さんが編成のトップだった西武はガチッと決めてたよね」

　松沼兄弟の兄・博久は東洋大を経て東京ガスで活躍し、弟・雅之は東洋大のエース。この両投手は兄弟一緒に同じチームでプレーする意志が強く、各球団とも、どちらかを指名しての入団拒否を恐れたため、１９７８年のドラフトでは指名されなかった。そうしてドラフト外の獲得競争になった結果、巨人入団が決まりかけていたにもかかわらず、西武が逆転で獲得したのだ（第三章参照）。

「あとでちょっと時間が経ってから気づくと、松沼兄弟のとき、西武はすごく先行していたんだよね。要するに、ものすごい先を見て、先の先を見てる。まあ、根本さんには先見の明があったのかもしらんけど、先を見て、いろんな根回しをやっているんだよね。これはまた後々の、郭泰源のときもそうだったから」

　84年オフ、西武が巨人と競合して獲得した台湾の郭泰源。同年ロサンゼルス五輪の公開競技で野球が行われたとき、台湾代表チームのエースで出場。１５０キロを超える快速球で〝オリエント・エクスプレス〟の異名を取り、１４０キロ台の高速スライダーで各国の強打者を圧倒し、一躍脚光を浴びた。当時、巨人監督だった王にすれば、即戦力補強になるはずが獲り逃した形だ。

西武が「先行」したきっかけは〝根本人脈〟だった。
67年オフの広島監督就任時、根本は二軍監督に深見安博（元・西鉄）を据えた。この深見を通じ、福岡の食品会社〈あけぼの通商〉社長、池田義定と知り合った。中日でスカウト経験があり、選手を見る目は確かだった池田から、「台湾にいい選手がいる」と郭泰源を紹介されたのが80年。郭の存在がまだ他球団に知られていない頃。その段階から球団代表の坂井保之を中心に、西武は郭一家と密接な関係を築いていた。王が当時を振り返る。

「あのとき、『いいピッチャーが台湾にいる』って聞いて、行こうとしたときにはもう、郭泰源のお兄さんから何から、周りをガッと固められちゃってね。ジャイアンツから話がいっても、なかなか動かなかったんだよ」

もっとも、父親が中国人である王は台湾でも人気が高く、野球人にとっては憧れの人でもあった。郭泰源獲得に向けて巻き返しを図る巨人にとって、監督に就任したばかりの王は切り札だった。実際、郭の周辺に気持ちが揺らぐ人間も出てきて、西武は契約金など条件面の見直しを余儀なくされたほど。そのうえで球団代表の坂井は、王が台湾を訪れて郭と接触することを避けるべく、契約と入団発表を急いだ。王自身、「切り札」としての自覚もあったはずだから、獲得断念となったときの悔しさは相当のものだったに違いない。

「だから、根本さんの力っていうのは、それまで絶対、破れなかったジャイアンツの壁みたいなものを破って、道を切り拓くだけのものがあった。そこが皆さん、当時の野球関係者が『根本はすごい』と言いたくなったところだと思う。ほかの球団はあきらめちゃうところ、あの人は突破したわけよね。あの人なりの顔の広さと、幅広い人脈があって、こっちから行ってダメならあっちからとか、そういうふうに人間を動かす術みたいなものを持っていたんだと思うね」

逸材選手を獲得して巨人の壁を突破した西武は、まさに王が巨人を率いた時代に常勝チームとなった。奇しくも、その監督は巨人出身の広岡達朗、森祇晶だった。

「そういう意味では、結果も伴わないとダメなんだよ。いくらね、いろんな手を尽くしていい選手を獲ったって、チームとして結果が出なきゃ注目されない。ということで、根本陸夫という人は、とにかく強いチームをつくりたい、という思いがものすごく強い人でしたよ」

ちょっと、いたずらしてやろうと思ってんだ

1994年10月8日。球史に残る「10・8決戦」、中日対巨人のリーグ優勝決定試合がナゴヤ球場で行われ、巨人監督の長嶋茂雄が胴上げされた日のことだ。ダイエー監督の根本は、西武とのシーズン最終戦を終えたあとの打ち上げパーティにおいて、自らの退任と王貞治の次期監督就任を発表した。

4日後の10月12日、王の監督就任が正式に発表され、契約期間は5年と明かされた。球団も

根本も「どんなことがあっても、5年は任せる」と腹をくくった。

これで〝ON対決〟が現実味を帯びていくわけだが、実質GMとしての根本は当然ながら、王を後押しするための戦力補強に前々から力を入れていた。

社会人と大学生の1位、2位指名に限り、いわゆる「逆指名」が初めて認められた93年のドラフト。ダイエーは1位で大学NO・1投手の渡辺秀一（神奈川大）、2位で大学NO・1スラッガーの小久保裕紀（青山学院大）を獲得する。ドラフト1位クラスの選手を、一気に二人獲得できる逆指名のメリット。これをダイエーが最大限に生かした形となり、球団の編成トップにして〝球界の寝業師〟と呼ばれる根本が本領を発揮した、というのが周りの見方だった。

翌94年、ダイエーは69勝60敗1分で順位は4位だったが、優勝した西武とのゲーム差は同率2位のオリックス、近鉄と同じ7・5。勝率でわずか6毛差の4位と、攻撃陣に補強効果があって戦力は上向いていた。吉田豊彦をはじめ3人が二桁勝利を記録した投手陣では、ドラフト1位ルーキーの渡辺が8勝を挙げ、パ・リーグ新人王に選出。新人補強も幸先のよさを感じさせた。

94年オフのドラフトでは、超高校級スラッガー捕手の城島健司（別府大付高／現・明豊高）を1位指名。城島は駒澤大進学を表明しているということで他球団は指名を見送り、ダイエーは単独指名を勝ち取った形。だが、強行指名は多くの野球関係者を巻き込むトラブルになった。

そんななかで新監督の王が訪問したことで城島サイドは態度を軟化させ、結果的に入団を決意するに至る。

ただ、このトラブルを機に、翌年からプロ拒否選手は指名できないことが決まり、２００４年度からの〈プロ志望届〉提出につながっていく。また、ダイエーと城島サイドに〝密約〟はなかったと判断されたが、根本はドラフト前、球団代表の瀬戸山隆三にこう言っていた。

「ちょっと、いたずらしてやろうと思ってんだ」

果たして、強行指名が「いたずら」だったのか。だとすれば、野球界は根本に「いたずら」させないようにしたわけだが、これと同じような顛末は西武時代にもあった。

89年のオフ、西武は住友金属の投手・小島弘務をドラフト外で獲得した。小島はほかの新人選手とともに入団発表に臨み、翌年2月のキャンプにも参加したが、パ・リーグは選手登録の受付を拒否していた。というのも、社会人側の日本野球連盟がプロ側へ提出した指名禁止選手リストに小島の名前があった。小島は平安高から駒澤大に進学したが、1年半で中退。その後、住友金属に入社して在籍2年になるところだった。この在籍年数と選手登録が問題だったのだ。

社会人選手の場合、大卒なら社会人在籍2年、高卒なら同3年でプロ入りできる。加えて、大学中退者は大卒扱いとする、というプロ・アマの合意事項があった。ゆえに駒澤大中退の小島はプロ入り可能のはず。ところが、住友金属に入社する際、駒澤大中退ではなく、平安高卒で登録していたため、高卒扱いだった。つまりまだプロ入りできない選手で、ゆえに指名禁止選手リストに名前がある。それを承知で獲得した西武に非難が集中し、小島はキャンプ地から呼び戻された。

最終的に、小島は野球協約違反選手として西武から離れ、コミッショナーは野球協約違反の西武に制裁金50万円を科した。さらに今後も西武と小島が契約することを禁じた。西武は球界からの総攻撃を受けて全面的に非を認め、球団代表と根本に球団から『厳重注意、減俸20パーセント6ヵ月」が課された。じつは西武内部でも小島の獲得に疑問を抱いていた者もいて、推進役の根本が批判の矢面に立たされた。一時、体調を崩すほどに締め付けられた。

そんな苦境でも根本は「小島に悪いことをした。絶対にまた、プロへ入れてやる」と言って、生活面でも練習でも徹底的に小島の面倒を見た。西武に入団できない選手ではあるが、自ら個人練習のサポートまで行った。そうして1年後、90年のドラフト、小島は中日に1位指名されて入団した。

一方、球界は根本の動きを狭めるかのように、ドラフト外での獲得禁止、練習生の獲得禁止を決めた。伊東勤の獲得時のように、練習生にして〝囲い込む〟裏技も使えなくなった。「プロ野球は自分で首を絞めている」と根本は嘆いたが、王が言う「強いチームをつくりたい思いがものすごく強い」からこそ、「いたずら」が過ぎた末のことだった。

ホークスを少しずつパワーアップしてくれた

1994年のオフ、西武からFAの工藤公康、石毛宏典がダイエーに同時入団した。言うまでもなく、この二人の移籍にも根本が絡んでいた。

工藤は西武での13年間で二桁勝利を７回もマークし、最優秀防御率、最高勝率のタイトルが各３回。93年には15勝３敗、防御率２・06でＭＶＰに選出された。石毛は西武からの監督就任要請を断り、現役続行の道を新天地に求めた。全盛期を過ぎた38歳だが、常勝西武で14年間プレーして通算１８０６安打、２３５本塁打を記録したチームリーダー。その実績と経験は何ものにも代えがたく、新監督の王貞治にとって心強い投打の大型補強だった。

迎えた95年、球団オーナーの中内㓛から「とにかく、優勝チームにしてくれ」と言われて臨んだシーズン。しかしチーム成績は54勝72敗４分で５位。外国人補強の失敗も響いた一方、18年連続Ｂクラスという、負けに慣れたチームの体質も問題だった。

ファンの期待も大きかったぶん、下位に低迷すると〈王、辞めろ〉という横断幕が球場に掲げられ、最下位に沈むことになる96年の５月には、ナインが乗るバスに生卵をぶつけられる事件も起きた。巨人時代には考えられなかった屈辱だが、王はこの事件について、「こうして暴れるファンも、勝っていれば逆に大きな拍手をくれたはずだよ。答えはひとつしかない、試合は勝つんだとね」と振り返っている。

勝つために、王の意向を最大限に反映したチームづくりが行われた。選手もコーチも、ダメだと思えば次々に代えた。福岡ドームで育ったホークスの選手が中心にならなければ強くならないだろうという考えのもと、平和台球場育ちや、大阪球場からの選手たちを入れ替えた。と同時に王は、初めて根本の仕事ぶりを間近にして、以前とは異なる印象を受けていた。

「ダイエーでの根本さんは最初、西武のときとは違ってあんまり自由にならなかったようだね。僕が監督になったときも、見ていてそう感じた。でも、だんだんと根本さん自身がいろいろ編成の話なんかをしていったから、オーナーの中内さんも耳を傾けてくれるようになったみたい。中内さんは『自分が一番、何でも自分の思いどおりに』っていうほうだったろうからね。

僕ら現場だからあんまり中内さんと話すことはなかったけど、根本さんはフロント、現場との間でそれぞれの要望を聞いて大変だったと思う。でも、根気よくそういうコミュニケーションを取って、時間をかけてコツコツと、少しずつ少しずつホークスをパワーアップしてくれた。選手たちの意識も変えてくれてね」

王が「時間をかけてコツコツと」と言うとおり、根本は毎年のドラフトで着実に逸材を獲得していた。95年1位はのちのエース・斉藤和巳（南京都高）であり、96年は1位で井口忠仁（資仁／青山学院大）、2位で松中信彦（新日鉄君津）、3位で柴原洋（九州共立大）と、のちに打線の中心を成すことになる打者をまとめて獲得。さらに97年は1位で永井智浩（ＪＲ東海）、2位で篠原貴行（三菱重工長崎）、4位で星野順治（ＮＫＫ）と、99年に揃って二桁勝利をマークし、ダイエー初優勝に貢献することになる投手を獲っている。

半面、ダイエー本体の苦境もあり、選手獲得などで多額の資金を動かしていた根本への批判が内部から出ていた。金をかけても優勝につながらなかっただけに、仕方ない部分はあった。

現に95年は5位、96年は6位と来て、97年も同率4位でBクラスに終わる。そのとき、前年に新設された役職＝球団本部長に就任した瀬戸山隆三は、意外な王の姿を見るようになった。

「王さんが少し弱気になられた時期がありました。97年の終わり頃ですか。私にはいろいろおっしゃったこともあったんですね。オーナーの中内さんもちょっとブレた時期で、『正直、どう思うんや?』と王さんのことを聞かれて、言葉に詰まったときもありました。でも、根本さんにそのあたりの話をすると、『そんなもんお前、5年も契約してるんだから、5年はやらさないとダメだろう』とおっしゃるばかりで……」

実際、ダイエー本社内部では、後任監督の人選をする動きもあった。何人か、具体的に候補者の名前も挙がった。それでも根本は、いかなることがあっても王の5年契約を全うさせるべく、「世界の王を契約切れ前に辞めさせることだけは、絶対にさせない」と言って、オーナーの中内を説得し続けていた。王自身、その動きを如実に感じ取っていた。

「たぶん、本社筋ではね、僕を『代えろ』っていう話がものすごくあったようだけど、根本さんが頑張ってくれたんだと思う。時間はかかっちゃったけど、よく我慢してもらったと思うよ」

この王君はな、ラーメン屋のせがれなんだよ

1997年のシーズンオフ。6球団の選手19名、1球団のコーチ1名が関与する脱税事件が

発生した。ダイエーでも5名が関わり、2名が起訴されたことで、球団本部長の瀬戸山隆三が責任を取る形で解任となった。

翌98年のオフには、ダイエーの3選手が絡むスパイ疑惑事件が起きた。内部告発によって、「サイン盗みを利用した打撃」が地元紙にすっぱ抜かれた。疑惑解明のため、パ・リーグは第三者による特別調査委員会を設置。一方で3選手は終始、潔白を主張し、球団ではオーナー代行の中内正が「選手を信ずるしかない」と言い続けた。

では、その間、根本はどうしていたのか。球団経営陣の一人として、責任がまったくないとは言えない立場だが、沈黙したままだった。なぜなら、この年限りでフロントの第一線から退くことが決まっており、重要な案件からは遠ざけられていた。

96年以降、新人補強は順調だった半面、ＦＡ選手の獲得、トレードによる補強に関しては度重なる不調。球団内部で〝根本陸夫－王貞治体制〟のチーム編成、指導力が糾弾されていた。西武時代の晩年、「根本あっての西武」ではなくなりつつあったのと同じ状況になっていたのだ。

それが、明けて99年1月に激変する。同18日、スパイ事件の調査委員会は「疑惑を完全に払拭することはできない」、「疑惑の存在をうかがわせる心証は得られた」という文言を織り込んだ、調査最終報告を発表。調査に強制力がない、人権の問題があると断りを入れながらも、〝限りなく黒に近い灰色〟と断定したのである。パ・リーグはこの報告を受けて、球団社長の村上弘に戒告と職務停止6ヵ月、球団代表の岸谷靖治に戒告と職務停止1ヵ月のペナルティーを科した。

すると、ダイエーではその日のうちに村上が辞任。事態収拾を図ると同時に、新球団社長に根本が就任することを発表した。

根本自身、球団専務から昇格した形だが、本来、フロントから外されるはずだった。にもかかわらず、ダイエーが球団のトップとして復帰させた背景には、球界への対応などで根本の経験に頼らざるを得ない、という負い目があったのだ。

そして早速、根本の〝力〟が発揮された。あらためて、事件に関して新社長に尋ねようと集まった記者たちに対し、「3人の選手へのペナルティーは一切なし」と説明。あたかも歌舞伎役者が大見得を切るように、記者一人ひとりの顔をゆっくりと見回しながら「ようござんすね。これで終わりです」と言って会見を終わらせた。

ただ、この2つの事件による現場への影響は計り知れない。社長になるまで周りには口をつぐんでいた根本だが、一切、監督の王を戸惑わせることがないよう、気を配ってくれていたという。

「根本さんに言われたのは、『そんなこと気にしないで、自分の野球のことだけやってくれ。そういうのに対する処理なんかは全部、オレがやるから』っていうこと。やっぱり、頑張ってくれていたんだよね。それで98年には初めて勝率5割になって、同率の3位になった。そこまで行ってみると選手たちもだいぶいいほうに変わってきて、根本さんもね、『ああ、やっと実ってきたなあ』という感じだったな」

球団社長に就任早々、根本は王はじめ首脳陣が顔を揃えたコーチ会議でこう言った。

「コーチ連中に言っとくけど、お前ら、監督に遠慮し過ぎなんだよ。『世界の王』だと思って接しているからそうなるんだ。この王君はな、ラーメン屋のせがれなんだよ」

いかにも、王の両親は東京で中華料理店を経営していたが、思い切った言い方に驚くコーチもいた。それでも、この会議をきっかけに監督対コーチの溝が消え、それが選手間に好影響をもたらし、チームに一体感が生まれていく。5年目の契約最終年に臨む王も肩の力が抜けた。

2月にはフロントの改革にも手を付け、編成部からスカウト部を独立させている。それまでは新人、外国人、トレードの担当が編成部のなかで曖昧だった。この改革によって、スカウト部は新人獲得に専念し、根本の直轄になった編成部が外国人とトレードを担当することになった。

球団にとって〝汚点〟のスパイ事件が、思いがけずチームの一体感を生み、チームづくりの根幹となる部署では、責任の所在が明確になった。一気に「根本あってのダイエー」になると見られたが、99年のペナントレースが開幕して間もない4月末、突然に終局を迎えた。

何とかして、お元気なうちに勝ちたかった

５選手が関与した脱税事件で責任を取り、球団本部長を解任となった瀬戸山隆三。事件後は東京の本社勤務となったが、その間もしばしば根本から声をかけられていたなか、１９９９年４月下旬のことだ。球団社長に就任した根本に呼ばれ、福岡に飛んだ。その夜、福岡ドームに隣接するシーホークホテルのイタリアンレストラン。根本を囲んで何人かで食事となった。

「普段はお酒を飲まない根本さんが、珍しくワインをちょっと飲まれて、ご機嫌で。『おう、お前、もう帰ってこい。オレが中内さんに言ってやるから』と言われました。そしたら、その１週間後、根本さんが亡くなられた。ショックでした。それでこの年、根本さんが『５年はやらさないと』とおっしゃったとおり、本当に王さん５年目でダイエーホークスは勝ちました。勝ちましたけど、勝ったときには根本さん、この世にはいなかったと……」

99年４月30日午前０時７分、根本は心筋梗塞のため息を引き取った。72歳だった。同日に福岡ドームで行われたダイエー－西武戦では、両チームの選手がユニフォームの左袖に喪章を付けて戦った。双方に〝根本の子どもたち〟がいた試合は、ダイエーが10対１で勝利した。福岡市内の病院で最期をみとった夫人・隆子の希望で、遺体はその夜に埼玉・所沢の自宅に帰った。根本の交友の広さを示すように次々に弔問客が訪れ、弔電は２０００通を超えた。

5月3日に通夜、4日に葬儀が東京・神田のニコライ堂で行われた。隆子と結婚式を挙げた場所である。通夜には福岡でのデーゲームを終えた王が駆けつけた。「一緒にやろうと誘われ、同じ志を持ってやってきた。それを全うするのが、自分の役目だと思う」と決意を口にして、翌日の試合のためにとんぼ返りした。

葬儀の日は大雨のなか、各界から７５０人が参列。球界関係者はオフのプロ野球コンベンションを思わせるほど、各方面から集まった。

オーナーの中内㓛は弔辞で「基盤づくりをしてくれた根本さんがホークスの優勝を見ずに、志半ばで神のもとへ立たれた。もう頼ることはできないが、九州の福岡のファンに応えるために前進することを誓う」と述べた。

根本の長男・穰介は、4月30日からその日までに感じたことを話して弔辞に代えた。

「我々にとっては、ゴルフとチャンバラの時代劇と、大福、甘いものが好きな普通の父親でした。だから、お父さんはすごいね、とか、立派だね、と言われるのが今ひとつピンとこなかったんですけども、でも、亡くなったあと、周りの方々から父の話を聞いて、報道などを見て、やっぱり偉大な人だったんだなと感じました。野球人として全うできた父は幸せでした」

5月31日には、福岡ドームに隣接したホテル・シーホークで「お別れ会」が行われた。ホークスの首脳陣と選手全員が出席し、地元財界人、ファンなど２５００人が参列。いかに幅広い人脈を持ち、多くの人に慕われていたかが示された。

その後、苦戦続きだったチームは6月に快進撃を見せ、一気に抜け出す。同年は人件費節減のため外国人抜きで臨むはずだったが、王が投打一人ずつの補強を求めた。やはり早くからその必要性を感じていた根本が、開幕後に外野手のニエベス、投手のペドラザを獲り緊急補強。特にペドラザが抑えで活躍したことが大きかった。

そして、9月25日、福岡ドームでの日本ハム戦。チームは5対4で勝ってダイエーとして初の優勝を決めた。王を胴上げする輪のなかで、球団職員が掲げた根本の遺影も一緒に跳ねた。日本シリーズでは中日を4勝1敗で制し、日本一の栄冠に輝いた。王がそのときを振り返る。

「皮肉なものでね、それまで日本一にするために一生懸命に頑張ってくれた人がね、立ち会えなかったたっていうのは、本人が一番悔しかったと思う。ものすごく苦労されていたから、僕らも何とかして、お元気なうちに勝ちたかった。墓前に捧ぐとか何とか言ったって、何にもならないんだから……」

優勝を決めた翌日の同26日。所沢の隆子の元へ、速達の封書が届いた。王からだった。優勝の報告と、根本と隆子への感謝の気持ちがつづられていた。封書はその後、オーナーの中内からも届いた。隆子自身、恐縮するほどに、感謝の気持ちが込められた文面だったという。

次々と高い次元を目指して挑戦を続けていく

翌２０００年、王ダイエーは2連覇を達成。日本シリーズでは長嶋巨人とぶつかり、根本が「それをしないと野球界がダメになる」と力説したＯＮ対決も実現した。それで野球界がよくなったのか否かはともかく、ホークスはパ・リーグの強豪となり、03年にも阪神を下して日本一。04年オフに球団がダイエーからソフトバンクに変わったあとも、20年までに6度のリーグ優勝、7度の日本一を達成している（18年、19年はレギュラーシーズン2位。クライマックス・シリーズを経て日本シリーズに出場）。

ダイエー＝ソフトバンクが強い時代は、根本の死後。西武黄金期のように、自身が裏で支え、後押ししていたわけではない。まして、存命中もなかなかチームの結果が出ず、スパイ事件が起きなければ、フロントの中枢から外れたままになるはずだった。

「根本さんが本気で仕事をしたのは広島のときと、クラウン、西武のときだけだと思います。ただ、それにしても、〈根本陸夫はこのチームをこうしようと考えて仕事していた〉とか書いているマスコミの文章によく接しますが、じつはそんなことは全然なかった。つまり設計者ではないんです。根本さんがものをつくるときというのは、本能かな……、たぶん本能で動いていたと思う。そのなかに、結果的にうまくいったものがあっただけ。帳尻でそうなっただけだったんです」

そう証言するのは、坂井保之である。クラウンライターの球団代表時代に根本を監督に招聘し、西武でも同ポストに就いた坂井は１９８９年5月、コーチの不祥事で解任されると90年にダイエー入り。94年まで球団代表を務めただけに、根本の仕事ぶりを長年つぶさに見ていた。

ダイエーでの根本には年齢的な疲れが見え、西武時代に比べ、先のことにあまり情熱を持たなくなっていた。意気に感じて仕事をするのではなく、いい給料をもらえるからやる、という印象もあり、もう旬を過ぎていた。そもそも、根本がダイエー入りしてからチームが優勝するまで7年かかっているのは膨大なロスタイム——。容赦なく指摘する坂井だが、最後に付け加えた。

「そのなかにあって、もともとセンスがある根本さんの経験と眼力でもって的確に選手を獲り、育てることはできましたね」

ホークスの的確なスカウティングと育成、その背景については第十章で詳述するが、育ったのは選手だけではない。王貞治のあとを継いだ監督の秋山幸二、工藤公康をはじめ、他球団、さらにはアマチュア球界も含めて数多くの指導者が育っている。これは西武時代から変わらない。

しかも、人だけではない。坂井は「先のことに情熱を持たなくなった」と言うが、王によれば、２００３年秋、高知から宮崎に移ったホークスのキャンプ地は根本の立案、構想によるものだ。フロント入りした１９９５年以降、球団代表の瀬戸山隆三とともに月に一度ほど宮崎を訪れ、当時の宮崎市長・津村重光と交渉するなど準備していた。

　瀬戸山によれば、もともと根本は、津村と親交があった。とはいえ、より良い練習設備、野球環境を求め、先の先を見て動いていた。それも、候補地がいくつかあるなかで選んだのではなく「根本さんが勝手に自分でそう考えて動かれた」という。これぞまさに、坂井が言う「本能」の動きではなかろうか。

　当然ながら、動きはすべて、チームを強化し、勝たせるためのものだった。それはおそらく、茨城・水戸の旧制中学で落第生だった頃、ケンカの戦闘員を集めて裏で操っていたときと変わらない。

　晩年、根本は自身の人生観を語っている。本能らしきものが表れている。

「人間、墓場には何も持っていくことができないんだ。人間はゼロから始まってゼロに戻る。だったら、次々と高い次元を目指して挑戦を続けていったほうが面白いんじゃないだろうか。少々、無茶をしても得るものは多いんじゃないだろうか。死ぬ前に〝オレの人生も悪くなかった〟と思えれば、僕はそれでいいと思っている。最後の一瞬、ささやかな自己満足があれば、それで十分じゃないだろうか」

太平洋戦争末期もしくは終戦直後の根本陸夫（右）（写真提供・根本隆子氏）

第二章

オヤジが「オヤジ」と呼んだフィクサーの存在

証言者

愛甲 猛

池袋のプリンスホテルに遊びに行ったとき

１９９４年のシーズン中、６月の半ばだった。千葉マリンスタジアム（現・ＺＯＺＯマリンスタジアム）でのロッテ対ダイエー（現・ソフトバンク）戦は試合前から雨となり、室内で練習中に中止が決まった。ロッテの練習が終わり、入れ替わりでダイエーナインが入ってきたときのことだ。愛甲猛がロッカーへ向かって歩き始めると、すれ違いざま、目が合って呼び止められた。

「お前、まだ投げられるか？　ピッチャー、できんだろ？」

ダイエー監督、根本陸夫だった。室内練習場でなければこんな鉢合わせもなく、唐突に聞かれて驚いた愛甲だったが、とっさに答えていた。

「投げられないことはないですよ。投げろって言われれば、投げられますけど……」

「じゃあ、うちに来いよ、お前。両刀でやれ」

「ほんとですか？　引っ張ってくださいよ」

投手として入団した愛甲が野手に転向して以来、10年が経過していた。88年から一塁のレギュラーに定着して外野もこなし、パ・リーグ記録（当時）の５３５試合連続フルイニング出場も達成。節目の通算１０００安打も記録したばかりだったから、さすがに投手と野手の二刀流――根本に言わせれば「両刀」――に現実味はなかった。

それでも、トレード期限の6月30日（当時）が迫っていただけに、単なる冗談では片付けられない要請とも思えた。プロ14年目を迎えてロッテの選手会長に就任していた愛甲自身、チームに不満を持っているときでもあった。加えて、根本が現場の指揮官という枠におさまらない野球人であることも知っていた。

ダイエー以前、根本は広島、クラウンライターで監督を務め、西武では監督と編成を兼任。フロント入りしたあとは実質ＧＭ（ゼネラルマネージャー）として手腕を発揮し、80年代から90年代にかけての西武黄金期を裏で支えた。ヘッドハンティングされる形で招かれたダイエーでは、監督に加えて取締役専務、球団本部長を兼務。グラウンドでの指揮からチーム編成、フロント業務まで掌握する立場にあった。

愛甲自身、それだけの存在である根本から、なぜ気軽に声をかけられたのか。冗談か否かは別にして、なぜ、普通に会話できたのか。何しろ、愛甲は過去に根本監督のチームでプレーした経験もない。なのに、そのような関係性ができていたのはなぜか。愛甲に聞く。

「僕の親父代わりだった人が、幅《はば》敏宏さんという方で、プリンスホテルの総支配人だったんです。初めて会ったときにもらった名刺にそう書いてあって、『オレが今、担当してるのが池袋、新宿、高輪、品川、赤坂だ』って聞きました。その関係で、池袋のプリンスホテルに遊びに行ったとき、根本さんが来られて、初めてお会いして。もうロッテに入ったあとだったと思いますが、少し話もしました。当時はまだ、根本さんといえば西武の監督をやっている人、というイメージしかなかったんですけどね」

根本さんが「オヤジ」と呼んだ本当のフィクサー

神奈川の逗子に生まれた愛甲は、５歳のときに父・勇夫と別れている。勇夫は大洋漁業で鯨捕りをしていたが、鯨漁が不景気になって退職。代わりに始めた運送業も破綻すると、妻と二人の子ども、そしてトラック数台分の借金を残し、「女をつくって」家を出ていってしまった。ただ、スポーツ万能だった勇夫は大洋漁業の社内野球で活躍し、大洋（現・ＤｅＮＡ）球団のスカウトも視察に来たほど。愛甲が横浜高に進学すると、父を知る人から「やっぱり、猛は勇夫の子だねぇ」と言われたそうだが、「親父代わりの人」とはどういう縁だったのか。

「高校3年、夏の甲子園が終わって、地元に帰ってきてからです。家に電話がかかってきまして、『一度、会いたい。メシを食おう』ということで。どういう人なのか、わからなかったんですけど、池袋のプリンスに呼ばれて、一緒に食事をして。『まあ、泊まっていきな』と部屋まで用意してくれて、というのが最初の出会いです。

それで聞いてみたら、その幅さんの自宅が鎌倉逗子ハイランドっていう西武グループが造成した高級住宅地にあって、僕の家から歩いて10分ぐらいのところだったんです。『近いから一緒に帰ろう』って、タクシーで一緒に帰ったこともありました」

西武グループのプリンスホテルは、１９７８年9月に硬式野球部の結成を発表。翌79年の日本社会人野球協会（現・日本野球連盟）加盟に向けて、プロ球団も狙っていたドラフト上位指名候補を獲得していく。代表的な一期生は内野手の石毛宏典（駒澤大）、捕手の中尾孝義（専修大）、堀場秀孝（慶應義塾大）で、総勢34名の大学生、高校生が集結した。

そして、プリンス野球部結成の直後に西武ライオンズが誕生したのだが、同一資本がプロとアマの野球チームを同時に持つのは初めてのケース。そのため既存のプロ球団に大きな脅威を与え、「西武は大学や高校の有望選手をプリンスに入社させて、ドラフト外でトンネル入団させるのではないか」、「西武はプリンスを実質的なファームにするのではないか」といった疑惑が真剣にささやかれていた。

１９８０年夏の甲子園優勝投手で、同年のドラフト上位指名候補だった愛甲。総支配人という立場ながらプリンスホテルから声をかけられたわけで、事実上、野球部にスカウトされたということだったのか。

「10月頃から頻繁に、ハイランドの自宅に遊びに行くようになったんですね。息子さんが二人いて、お兄ちゃんは僕より年上でした。だから、お付き合いさせてもらっているうちに『幅家の次男』って言われるようになって。僕は僕で『オヤジ』と呼ばせてもらって。そしたら『プリンスへ来い』って話になったわけです」

幅は同ホテル生え抜きの取締役総支配人。立場的には、ほかの総支配人と変わらない。例えば、東京プリンスホテルに配属された石毛宏典の所作を見て、「お前はホテルマンとして見込みがある」と期待したという古川澄男もその一人。ただ、古川が東京プリンスグループの総支配人だったのに対し、幅は愛甲が言うとおり５つのプリンスグループを取り仕切っていた。すでに故人だが、最終的には副社長にまで上り詰めている。

「プリンスがいろんなところからいい選手を獲ってきたり、西武にいい選手が入ったり。全部、裏で動いていたのがオヤジだったんです。表向きは根本さんがフィクサーで、いろんな裏工作をしていたように見えて、じつはさらにその裏で動いていた。だから、その当時の根本さんにとって幅さんは親分的な存在で、本当のフィクサーですよね。だって、根本さんが『オヤジ』って呼んでたんですから」

僕をプリンスに入れたあと、西武に引っ張る

実質ＧＭとして辣腕を振るった一方、根本は親分肌で面倒見がよかった。それゆえ、根本に薫陶を受け、信奉する野球人から「オヤジ」と呼ばれていた。ところが西武時代、じつは根本自身が「オヤジ」と呼ぶ存在として、プリンスホテル総支配人の幅がいたのだ。どんな人物だったのか。

「オヤジはものすごく太っ腹で、任侠映画に出てくるヤクザの親分みたいなタイプの人でした。社員の間では『マムシ』と言われるぐらい、恐れられていたそうです。顔は根本さんに近い雰囲気もあって、背は小さくて、声が太くてよく響いて。そんなオヤジにあるとき呼ばれて行ってみたら、僕とドラフトで同期になるプリンスの石毛さん、中尾さんも来てました。するとオヤジが石毛さんにポーンと、封筒でお金を渡して、『お前ら、これで吉原にでも行ってこい』って（笑）」

愛甲はこの幅から同ホテルでの食事に何度も誘われ、宿泊には常にスイートルームを用意され、自宅でも家族同然に可愛がられた。幼い頃から母子家庭に育ち、ほとんど父親を知らない18歳の愛甲にとって、幅と親子のように付き合える時間は貴重だった。そうして、その時間が濃密になった頃に「プリンスへ来い」という話が出た。出会った当初は入社に関する言及はなかったという。

「まず最初に『支度金はそんなに出せないけど』って言っていましたが、当時、『プリンスは支度金を２０００万ぐらい出してくれる』と噂されていました。それにオヤジの自宅があるハイランドは高級住宅地ですが、『そこの一軒を提供してあげるから』と言われて。オヤジとしては、僕をプリンスに入れたあと、そこから西武へ引っ張りたい、という考えだったみたいです」

まさに、西武グループにおけるプロ野球のライオンズと社会人野球のプリンスホテル、両者の関係性が浮かび上がる。これこそ、他球団が問題視し、マスコミが揶揄した「トンネル入団」計画ではなかろうか。その点、プリンスにおいて、幅のように裏で動く人間が必要だったことはわかる。ただ、幅自身の野球経験、知識、選手を見る目はどうだったのか。

「中学のときに野球をやっていたとは聞いていたんですけど、詳しい話をしたことは全然なくて。一度、『オレも野球は大好きだった。でも、こんな背が小さくて、それ以上は無理だった。息子にやらそうと思ったけど、二人とも野球のやの字もない世界に行ったから』と言っていました。まあ、そこに僕が現れたようなもので、だから『幅家の次男』って呼ばれたんですね」

幅の年齢はそのとき50歳。根本は54歳だったから、本格的な野球経験もない年下のホテルマンを「オヤジ」と呼ばずにいられないとは、人間性も仕事ぶりも高く見上げるものがあったはず。そのあたり、プリンスの野球の現場ではどう見られていたのだろうか。

野球に興味のない管理職はここから出てけ！

プリンスホテル硬式野球部は、西武グループ総帥・堤義明の意向で誕生した。

当時、早稲田大野球部監督だった石山建一が、同大の先輩でもある堤から直々に命を受け、１９７７年からチーム編成に着手。石山は78年秋のリーグ戦で早大を優勝に導いて辞任すると、プリンスの助監督に就任した。監督には日本通運で都市対抗優勝の実績を持つ稲葉誠治が就任したが、チームづくりは石山に一任され、采配面も任された。85年から監督となり、その現場を熟知していた石山に、幅との関係性を聞く。

「幅さんは野球部ができたときの総支配人でしたから、私はしょっちゅう会って野球の話をしていました。人間的には結構、太っ腹でね。だから年齢に関係なく根本さんと合うんじゃないか、とは思ってましたよ。それでプリンスが獲りたい選手のリストアップは私が一人でやっていたんだけど、幅さんにはスカウトを頼むことがあった。当然、愛甲もリストに入っていて、幅さんがかわいがっているというのでお願いして。あとは中尾、堀田（一彦）もそう、瀬戸山（満年）もそうでした」

石山によれば、札幌プリンスホテルの開業時に幅が「大将」として携わったときのこと。建設に関わった旭川の塗装業者が専修大校友会のOB会長で、野球部関係者と親しかった。それが縁で専大の捕手・中尾、投手・堀田とスムーズに交渉できた。さらに幅は中京高（現・中京大中京高）の監督だった杉浦藤文とも親しく、捕手・瀬戸山の入社につながった。

杉浦との縁は、もともと上京の際にプリンスホテルに宿泊したことで生まれたようだが、人が集まり、滞在し、会合して飲食するホテルならではの人脈が野球に生かされたのか。そこには石山でも把握し切れない広がりがあった。何よりも総支配人という立場ながら、率先してスカウトに行く幅には、野球の現場にいる人間以上の熱が感じられた。

「でも、熱は幅さんだけじゃないんです。何しろ総支配人が全員集まる重役会議でね、『野球に興味のない管理職はここから出てけー！』って議長が言うんですから（笑）。しかも会議では『今年は都市対抗に出られるかどうか』が一番の議題なんです。私は『ここは野球会社だ……』と思いましたよ。

今にして振り返れば、あの当時、プリンスの野球部ができて、ライオンズも持って、社員一丸でメラメラと燃えていました。普段は各ホテルでバラバラな社員が野球でひとつになって、我々のチームを応援する。みんなで勝たせようと思って、ものすごい団結力が生まれていました」

総支配人をはじめ社員が一丸となった「野球会社」。その背景には「プロが大騒ぎするような選手を獲ったんだから負けるわけがない」という思いがあり、石山自身、「プロ以上のアマチュアチームをつくろう」と意気込み続けた。ここには純粋な気持ちしかなく、実際に東京の強豪チームとなり、89年には都市対抗で優勝を果たすのだが、創設当初は、同一資本のライオンズが存在する限り「トンネル入団」の疑惑は晴れなかった。現に、それを前提に「野球会社」の重役＝総支配人が裏で動いていたことは、愛甲が証言したとおり。

さらに、のちに根本がプリンスの選手獲得を目指したとき、石山にこう言って頼んだという。

「石山さんとオレと、給料の出どころは同じだね。オレは堤さんからもらってて、石山さんも堤さんからもらってる。だから、アマチュアの石山さんが西武に協力しても、誰も怒る人いないね」

たしかに、石山をつかまえて「怒る人」はいなかった。が、結果的に、愛甲の西武への「トンネル入団」計画は頓挫することになる。

とりあえず指名された球団に行っとけ

1980年11月26日、東京・九段のホテルグランドパレスでドラフト会議が行われた。同年の最大の目玉だった東海大の原辰徳は1位指名で大洋、日本ハム、巨人、広島が競合。抽選の結果、巨人が交渉権を獲得した。一方、大洋入りを希望していた愛甲はロッテから1位指名。「大洋でなければ社会人のプリンスホテルに行く」と決意していた愛甲だったが、結局、ロッテに入団する。

その経緯には幅の暗躍があったようだが、いったい何があったのか。愛甲に聞く。

「オヤジは最初、僕をプリンスに入れたあとで西武に引っ張るつもりだったみたいですが、ドラフト前になってこう言われました。そこにはプリンスの石毛さん、中尾さんもいて、『石毛はもう西武の1位指名が決まっちゃってるし、お前と中尾を獲りたくても絶対、2位、3位じゃ残ってない。だから、とりあえず指名された球団に行っとけ。いずれトレードでこっちへ引っ張ってやる。それは根本のほうに言っておく』って」

幅が根本と密接につながり、西武球団の編成に深く関わっていた事実がうかがえる。しかしそのときの愛甲には「根本さんは西武の監督」という印象しかなく、内情はどうあれ、いつの間にかプリンス入社の話がなくなっていたことが問題だった。では、なぜ立ち消えになったのか——。答えは、ライオンズのドラフト戦略そのもの、と言っていいだろう。

80年のドラフトは、プリンスホテルの選手が初めて指名されるドラフトだった。必然的に、同じ西武グループの社会人チームであるプリンスと、プロのライオンズの動向に注目が集まっていた。他球団が「トンネル入団」へ疑惑の目を向けていたからである。

疑惑が持ち上がることは、ライオンズとプリンスがほぼ同時に誕生した当初から懸念されていた。そのため、西武グループ総帥の堤が「ライオンズの宮内（厳）社長には、プリンスの選手を獲るのはまかりならぬと命じた」と公言。トンネル入団敢行の疑惑を振り払おうとすると、実質ＧＭの根本も「ライオンズとプリンスホテルは別の会社」とアピールした。

が、アピールは建前であって、じつは根本自身、同一資本のメリットを利用する意向があったことは、石山が証言したとおり。なおかつ愛甲が明かした幅の意向どおり、プリンスを経由してライオンズに入団するレールはしっかりと敷かれていた。

現実に80年ドラフトでは、石毛が「西武ならプロ入り」と発言。西武以外ならプリンス残留を決めていたなか、阪急（現・オリックス）があえて石毛を1位指名。西武と競合して抽選となった結果、根本が当たりクジを引いた。

すると、阪急は外れ1位で松商学園高の投手・川村一明を指名するも、川村は拒否してプリンス入り。日本ハムが外れ1位で指名した秋田商高の投手・高山郁夫も拒否してプリンスに入り、巨人が4位で指名した中京高の捕手・瀬戸山も拒否してプリンスに入った。のちに瀬戸山は正捕手となり、89年の都市対抗優勝時には橋戸賞（ＭＶＰ）に輝いたが、川村は83年ドラフト4位、高山は84年ドラフト3位で西武に入団した。愛甲がそのときを振り返る。

「僕がロッテに指名されて『プリンスへ行く』ってなったとき、僕よりも先に川村と高山の入社が決まってたんです。それでオヤジはあらためて僕も獲ろうとしてくれたんだけど、『高校生3人を、しかもドラ1を獲るのはまずい』と。堤さんが『これで愛甲まで獲っちゃったら社会問題になる』って言ったわけです。

そしたらオヤジから電話があって、『まずロッテの契約金を聞いたうえで連絡しろ』と。金額を伝えると『高校出ではトップだからとりあえず行っとけ』と言われて、『わかりました』と。だから僕、ロッテに行く行かないの最終決断はオヤジのひと言だったんです」

二人のタッグが西武という球団を強くしていった

他球団の疑惑の目を多分に意識し、調整を施したようなライオンズのドラフト戦略。ゆえに愛甲のプリンス入りは立ち消えになり、幅の指示どおり、ロッテに入団。中尾も単独1位指名された中日にすんなり入団した。あたかも他球団に対する〝緩衝材〟のような中尾のプロ入りだったが、背景には、前年ドラフトの一件もあったとみられる。

1979年のドラフト前、盛岡工高の投手・田鎖博美が、快速球左腕として東北の高校球界で高評価を得ていた。各球団スカウトが田鎖にプロ入りの意志を確かめると、プリンス入りの意志が固いということで指名を断念。すると、いざドラフトでは西武が2位指名し、まんまと獲得した。

同年のドラフト指名人数は4人に限られていたため、どの球団も入団拒否を恐れていた事情もあった。そもそも、まだ〈プロ志望届〉など存在しない当時だから成立したことだが、〝密約説〟が取り沙汰され、より一層、西武が疑われる要因になったのは間違いない。そして愛甲によれば、密約を取り仕切っていたのは根本ではなく、幅だったという。

「工藤（公康）のときもそうだったと聞きました。ドラフト前にオヤジが、『今年、うち、工藤行くから』って言ってて。工藤には『熊谷組へ行きます』と言うように伝えていて、熊谷組ともきちんと話が決まっていると。そのかわりドラフトは下位指名だけど、契約金はドラフト1位と同じ金額を出す、ということまで決まっていたと。表向きは全部、根本さんがやっているように見えていたけど、裏で動いていたのはオヤジだったんです」

81年11月のドラフト会議を前に、社会人野球の熊谷組入りが内定した名古屋電気高（現・愛工大名電高）の工藤は、プロ入りの意向を打診してきた9球団に〝指名お断り〟の手紙を出していた。

のちに工藤本人が語っていたところでは、当時、プロ入りはまったく考えておらず、熊谷組への入社を決意したとのことだった。ドラフトで西武に6位指名されたあとも意志は変わらず、工藤の両親はスカウトが来ても断っていた。

が、工藤と父親が出席する交渉に根本が臨んだ12月28日以降、事態が転じていく。その後、紆余曲折を経て最終的に西武入団が決まったのは、「親父が根本さんを気に入って、コロッといってしまったから」と工藤は明かしている。たしかに最終局面では、交渉事に長けた根本の存在が不可欠だったのだろう。ただ、そこに至るまでの過程では、幅というフィクサーも不可欠だったのだ。

「ロッテに入団したあと、オフに池袋のプリンスホテルに行ったら根本さんがいて、『なんだ、今日もオヤジのとこか、お前』って声をかけてくれて。僕は後々、根本さんのすごさを知って、そんな人に『オヤジ』って言わせるのか……と思いました。でも、根本さんとオヤジと、二人でいろいろ話し合って決めていたと思うし、二人のタッグが西武という球団を強くしていったんだと思いますね」

実際、愛甲は二人が話し合うシーンを目撃している。

「プリンスの部屋で食事していたときのことです。オヤジが一緒にいて、僕がステーキを食べていたら、後ろからいきなり『なんだ、美味そうな肉、食ってんなあ』って言いながら部屋に入ってきたのが根本さんでした。それでオヤジのところへ行って、何かボソボソ耳元でささやいてて。その絵面がもう、完全に任侠映画の世界なんです（笑）。お互いにしかめっ面してしゃべってるし、なおさら、怖いなあと思って」

二人揃って強面だったが、根本は、愛甲に対してはいつも笑顔だったという。

「僕の顔を見るといつもニコニコして、ちょっと猫背気味で、下から見上げるようにしゃべるんですよね。『お前ー、元気してんのか？』って。西武の管理部長になってからはよく二軍も視察されたそうですけど、僕がファームの試合に出ていた頃、根本さん、たまに球場にいました。顔を見るとやっぱりニコッとして、含み笑いをするんです。で、『オヤジは元気にしてるか？　連絡してるのか？』って、いつも幅さんのことを気遣っていました」

決して表には出なかった総支配人の名前

あらためて、４歳年上の根本でさえも、幅のことを「オヤジ」と呼んでいた――。なぜなら、当時の西武グループでは根本自身にできなかった仕事を、裏で遂行できる人材だったからに違いない。さらには、西武グループ総帥にして球団オーナー、堤との関係性もある。当時の堤はプリンスホテル社長でもあったから、根本がオーナーの意向を知りたいとき、格段に立場が近い総支配人の幅は頼りになったことだろう。

その点、プリンス野球部の監督を務める前から堤と親密な関係にあった石山によれば、「最初の頃、根本さんはオーナーの前でビビっていた」という。それだけに堤がどう考えているか見えないとき、根本は石山にいろいろと聞きに来た。すなわち、石山は堤と根本の間に入っていたのだが、それは幅も同様だった。愛甲はそんな関係性を「二人のタッグ」と表現したのだ。

「西武がドラフトで誰を指名するとか、ドラフト外で誰を獲るとか、オヤジが平然と言っていたのは、要はそれだけの権限を堤さんからもらっていたから。新人補強にかかるお金に関しても、ほとんど事後報告だったんじゃないですかね。『お前に任せてるから』と言われていて。だから、堤さんと根本さんの間にオヤジがいた、というのはそのとおりだと思います」

1979年1月発行の雑誌に、プリンスホテルとライオンズの運営について語る堤のインタビューが載っている。聞き手は元NHKスポーツアナウンサーの岡田実。自らが社長のプリンスは「直轄」で、ライオンズは「球団社長に任せてある」と言う堤に対し、「チームづくりに関しては、根本監督が球団社長から全権を任されているわけですね？」と岡田が尋ねる。堤はこう答えた。

「だからそれは、私が決めるんです。球団の社長はこういうことをやりなさい、監督はこういうことをやりなさいと。監督の下にはスカウトがいる、コーチがいる、そのスカウトとコーチの人事権は監督にある。これは支配人と同じです、機構的には」

監督の話から「支配人」が出てくるのは何とも象徴的だが、当時、表向き、根本を後押ししたのは球団運営実務のトップに立つ戸田博之だった。戸田は「西武グループのナンバースリー」

といわれ、堤の考えを知り抜いた参謀タイプ。それでも球界の内情には詳しくなかったため、ホテル関連でアマ球界とつながりを持つ幅が、裏で動く必要があったのだろう。

　では、それだけの存在だった幅の名が、表に出なかったのはなぜなのか。プロが恐れたプリンスのスカウト網については再三マスコミに取り上げられたが、幅敏宏という名前が出たことはまったくなかった。その理由を愛甲に聞く。

「オヤジは絶対に『自分が表に出よう』という人ではないんです。だから当時、プリンスにいた人でオヤジを知らない人はいないし、プリンスの選手でも知らない人はいないんだけど、その人がフィクサーだった、と知ってる人は少ないんです。それはやはり、オヤジがあくまでも根本さんをトップに置いて、動かす、という形を取ったからでしょう。しかも『じつは自分はその上にいますよ』という素振りも一切、見せない人でしたから」

　根本自身、旧制中学時代から裏で動くことを好む男だったが、幅も同好の士だったということか――。

　プリンスのホテルマンだったとき、幅の目の前で直立不動になった経験もある石毛は西武入団後、根本を「オヤジ」と呼ぶ信奉者となった。その石毛によれば、「幅さんはべらんめえ調の人だったから、そこが根本さんと合ったんじゃないかな」とのこと。そして「あらためて思い出しても、二人はよく似てました」と言う愛甲が続ける。

「根本さんは現役のときはそんなに活躍された方ではないですけど、その後、コーチ、監督になられたときはかなり努力されて、勉強もされたと思います。そのうえで、ＧＭという言葉がまだ使われていなかった頃から、実質的にＧＭの仕事をしていたこと自体、先見の明ですよね。たぶんそこには、幅さん、オヤジの影響力も少しはあったんじゃないかな、と思います」

この人は普通の人じゃないんだな

１９８１年４月６日、川崎球場での対西武戦。ロッテ入団１年目の愛甲はプロ初登板を果たした。３対７と劣勢の８回、三番手で敗戦処理だったが、山崎裕之に本塁打を浴びるなど３失点。６月25日には同じ西武戦で初先発するも、初回から乱調で２回もたずに降板。２０００年まで20年間続いた現役生活は、根本が監督を務めるチームに痛い目に遭いながら始まっていた。

実際、新生ライオンズに対し、愛甲はどんな印象を持っていたのか。

「まずユニフォームから斬新でしたよね。ベルトが野球用の形じゃなかったり、手塚治虫さんのレオがペットマークだったり。それで僕は最初、ファームの試合でよく投げてたんですけど、西武のバッター全員、手袋してなかったんです。聞いてみたら、『素手でバットを振る感覚がわからないで打てるわけがない。わかってから手袋するようにしろ』って、根本さんから通達があったらしくて。そういうところまでちゃんと管理されてるのか、と思って見てました」

同じファームで驚かされたのが、81年にドラフト外で西武に入団した二人の新人選手だった。

秋田・金足農高出身で投手の小野和幸と、熊本・八代高出身で外野手の秋山幸二。いずれも愛甲とは同世代で、小野はイースタンで歴代最多の15勝を挙げ、シーズン終盤に一軍登板を果たす。一方の秋山は、バットに当たれば途轍もない飛距離を見せていた。

「どこまで飛ばすんだ？　こいつ……って言いたくなる打球ですよ。よその球団だったら、いきなり一軍でしょう。でも西武は二軍でみっちり鍛え上げて、アメリカの1Aで野球留学も経験させて、4年目から本格的に一軍でゲームに出したらもう下に落とさなかった。スターをつくる、育てる、チームの人気を高めていくうえでの戦略もすごかったと思います。それはロッテにはなかったし、瞬間的な気分で『ファームに落とせ』って言う監督もいたぐらいで」

ドラフト1位で入団した愛甲にすれば、「西武はこれだけの選手をドラフト外で獲るのか」という驚きもあった。と同時に「よそのスカウトが目をつけない選手に目をつけて発掘してくるんだな」と想像するほど、弱冠19歳にして球団の戦略を興味深く見ていた。それも「オヤジ」こと幅の影響だった。

「根本さんは西武の監督、管理部長、という印象が変わったのは、オヤジと僕が一緒にいて、根本さんもおられるとき。面会に来た人が根本さんに接する態度を見ていて、この人は普通の人じゃないんだな、と思って。だんだんと球界内での根本さんの立ち位置がわかってきたら、とんでもない人なんだと気づきました。僕ら西武と対戦した選手の立場からすると、広岡（達朗）監督、森（祇晶）監督でさえ、全然、頭が上がらなかった人、というだけですご過ぎるんですよ」

フロント入りした根本に代わって、広岡が監督に就任した82年から西武は２年連続で日本一。広岡に代わって森が監督に就任した86年からは３年連続日本一になると、１年おいて90年から再び３年連続日本一、リーグ５連覇。まさに黄金期を迎えた一方、ロッテは低迷し、Ｂクラスが続いていた。

その間、落合博満の助言もあって打者に転向した愛甲は、徐々に打力が向上。落合を師と仰いで技術を高めると、86年からレギュラーに定着。88年から92年にかけて５３５試合連続フルイニング出場も達成（２０１８年に西武・秋山翔吾に破られるまでパ・リーグ記録）するなど、ロッテの中心選手となった。そうして迎えた93年＝ＦＡ制度導入元年、権利を取得した愛甲に一本の電話が入った。シーズンオフ、ロッテが中日と合同で韓国遠征に行っているときのことだ。

「電話は西武の森監督からでした。『うちはＦＡで獲れないけど、レフトを空けておく。いったんロッテを自由契約になってうちに来い』と。僕はもともと、幅のオヤジに『とりあえずロッテに行っとけ。あとで西武に引っ張ってやる』って言われていたし、当時、根本さんはもう西武にいなかったけど関係あるのかな、と思いました。結局、実現しなかったわけですが、オヤジと根本さんの顔が思い浮かんで悩みましたね。ＦＡ宣言するかどうかも悩んでいたので」

野球界でも情は必要、義理も大事

最終的にロッテ残留を決めた愛甲だったが、１９９５年、広岡がＧＭに就任し、監督に８年間レンジャーズを率いていたボビー・バレンタイン（元・ドジャースほか）を招聘した。チームの体制が大きく変わったなか、愛甲自身、広岡との間に確執が生じる。ＧＭの立場を超え、まるで監督のように選手を管理する広岡に疑問を持ったのが原因だった。周りは「日本球界初のＧＭ」に注目したが、チーム内には険悪なムードが蔓延していた。

「チームをどうやって強くしていくか。ＧＭはそこに尽力しなきゃいけないにもかかわらず、ストッキングのはき方を注意しに来たり、キャンプでベテランの調整方法を認めなかったり。アリゾナ・キャンプに行ったときには、現地の知り合いの店の商品を選手たちに買わせたり……。何をしたいのか、わからなかったです。僕は日本のプロ野球で初めてＧＭの仕事をしたのは根本さんだと思っているし、その根本さんと比べたら雲泥の差ですよ」

愛甲に限らず、選手間で疑問を持たれたのは、ＧＭ補佐の高木益一。「広岡の子飼い」だった高木は、スポーツ紙記者出身でありながら監督然とした態度で選手に接し、技術的な物言いをしては練習に口を出していた。広岡ならまだしも、プロ野球経験もない人間に指示されるなど若手でも納得がいかない。主力選手の多くは高木に反発し、必然的に広岡との関係も悪化した。

シーズンに入って6月、愛甲は二軍降格を命じられた。理由は理不尽なもので監督のバレンタインに不満を述べると、「すまない。私にはあなたを守る権利がない」との返答。明らかにGMが人事権を握っていると判明し、その後、ヘッドコーチから「打撃不振が理由」と告げられたが、ロッテには戻らない覚悟で二軍へ向かった。オフには「予想どおり」自由契約になると、中日に移籍。ロッテで指導を受けたコーチが中日に在籍しており、愛甲のロッテ退団を当時の監督、星野仙一に伝えていた。

「星野さんは試合に勝つとミーティングで『今日はありがとう』って言うんです。僕は20年で8人の監督に仕えましたけど、星野さんだけです、選手に『ありがとう』って言った監督。大抵は〝上から目線〟で『今日、お前らよくやったな』です。それでも選手は嬉しいんですけど、『今日はありがとう。お前らのおかげで勝てた』と言われたら、明日も頑張ろうって思えますから。

まあ、星野さんの場合、負けたときとのギャップは激しいですけどね。負けたらみんなボロクソに言われるし、ぶん殴られるヤツはいるし、物を壊すし（笑）。だけど、そのあたりの人心掌握術はすごかった。きっと、根本さんもそうだったと思うんですよ」

実際、根本も選手に「ありがとう」と言う監督だった。逆転サヨナラで負けた試合後のミーティングでさえ、「今日は私のミスで負けた。すまなかった。集まってくれてありがとう。以上！」と、ひと言だけ発して解散となった。

「選手に対するリスペクトがある監督なら『ありがとう』って言えると思う。しかも、星野さんはそこで信頼関係を構築するのが本当にうまい方だから、この人についていこうって強く思う選手が何人もいたんですね。当然、根本さんもそうだったでしょうし、幅のオヤジもプリンスでそうでしたから。ただ、オヤジの場合、部下との信頼関係が最終的に社内の派閥問題につながってしまって、副社長になったあと、それが嫌でプリンスを辞めたんですよね」

退職後、幅は韓国でホテル事業を展開した。ビジネスパーソンとして成功した背景には、情があり、義理を重んじる姿勢があった。これも根本、星野との共通項だと愛甲は言う。

「やっぱり、野球界でも情は必要で、義理も大事だと思うんです。たしかに、ビジネスとしてきちんとしたこともやらなきゃいけないですが、今は儲けることが先行してしまったり、何でもアメリカの真似をして変にドライになったり。僕はそうじゃないんじゃないかなって思うし、根本さん、星野さん、たぶんオヤジも、今ここにいて話してたら同じことを言うと思います」

第三章

120パーセント巨人入りだった兄弟獲得の裏側

証言者

松沼博久

そもそも巨人というよりプロ入り拒否ですから

暮れも押し迫った１９７８年の12月28日、都内の東京ガス本社を二人の青年が訪れた。一人は同社のエースで、同年の社会人ベストナインに選ばれた松沼博久。もう一人はその弟、同年の「大学ナンバーワン投手」と評され、東京ガス入社が内定していた東洋大のエース・松沼雅之である。

この日、兄・博久は退社届を、弟・雅之は入社辞退届を会社に提出している。理由は前日、兄弟揃ってドラフト外での西武入団が決まったからだった。周りの声は「１２０パーセント、巨人入り」だったところ、なぜ一転したのか――。そこは当時の西武監督兼球団管理部長、根本陸夫の存在が大きかったと伝えられているが、入団交渉に至るまでの経緯を兄・博久に聞く。

「そもそも、巨人というより、プロ入り拒否ですから、オトマツ（弟・雅之）も。ドラフト前にはほかの球団から『本当にプロに行かないんですか？』って電話が入りました。そういうときには『いや、兄弟で東京ガスに行きます』って答えてたんです。そこまで言ったらね、ドラフトで指名はしないでしょうから。それで何で東京ガスかといったら、僕はチームの江口（昇）監督をめちゃくちゃ慕っていたので。『この人のために頑張りたい』っていう思いが入社当時からあったんですね」

東京ガスとの関係は高校時代にまで遡る。松沼家が東京・墨田区から千葉・流山市に転居したあと、博久は千葉・柏市立柏中野球部の先輩が入っていた茨城・取手二高に進学。のちに甲子園で全国優勝を成し遂げることになる監督、木内幸男と出会ったなか、投手コーチの本田有隆が東京ガスの出身だった。

「2年の夏が終わったあと、本田さんにピッチングを教わりました。ただ、ピッチャーが足りないから木内監督に『お前やれ』と言われただけで、まさか自分がやるとは思ってない。上から投げる投げ方もわからない。それで生き残っていくにはアンダースローかなと。僕はもともとショートで横から送球することも多いから、そのほうがスムーズで、ストライクも入ったし、もうこれでいいやって」

嫌々ながらの投手だったが、アンダースローで快速球を投げるだけの高い身体能力はあった。父親は野球経験がなかったが足は速く、母親も学生時代は陸上部。それだけに博久にも脚力があり、俊足を生かすために木内から左打ちに変えさせられたほど。一方で4つ年下の弟・雅之は中学時代、仕方なく野球部に入るぐらい好きではなかったのに、木内に誘われて入った取手二高では1年時からエース。兄弟ともに実力はあったが、いずれも後付けのように投手になっていた。

「大学のセレクションも最初は内野手として行きましたから。でも、東洋大に行って周りを見てすぐ『無理だな』って思った。自分では自信のあったバッティングが、実際には高校生レベルでしかないと気づかされました。それで東洋でピッチャーになって、僕が2年のときに就任した監督の高橋昭雄さんがやけに買ってくれて。かなり投げさせてもらいましたけど、実際に自信を持って投げられるようになったのは東京ガスに入って3年目、4年目ですよ」

4年目の78年夏、博久は都市対抗に出場すると、1回戦の丸善石油戦で毎回の17奪三振を記録。平松政次（日本石油）が持つ16奪三振の大会記録を塗り替える。さらに秋の日本選手権では、4試合連続完投勝利を挙げて11月5日の決勝に進出。拓銀に0対1で惜敗したものの、一気にプロの評価を上げた。が、試合後、博久は「仮にドラフトで指名されてもプロ入りする気はない」とコメントした。

同じ日、東洋大の弟・雅之は明治神宮野球大会の準決勝、東海大戦に先発。2年生の原辰徳（元・巨人）にソロ本塁打を打たれるも、延長11回を一人で投げ切ってチームは3対2で勝利。試合後には「兄も頑張っているし、負けられません。今日投げたから、明日はもっと調子がいいと思いますよ」とコメントしている。

結局、翌日の同志社大との決勝戦では敗れたが、東洋大での雅之は2年時の76年秋季リーグ戦で8勝を挙げ、チームのリーグ初優勝に大貢献した本格派右腕。77年から2年連続で日米大学野球選手権大会の代表に選出され、78年は同大会で3勝を挙げて日本の優勝に貢献。リーグ戦通算39勝を挙げ、防御率1・84、376奪三振を記録し、最高殊勲選手2回、最優秀投手3回、ベストナインにも3回選ばれた。ドラフトにかかれば1位指名は確実だった。兄もその実力を認めていた。

「たしかにオトマツは大学4年のとき、プロに行けるレベルになってたね。でも、東京ガスで二人でやると決まってたんです、本当に。親父も『プロには行くんじゃない。社会人で堅く行くのが一番いい』って言ってたから。西武が『東京ガスに決まった』と言わせていた、なんていうことはないです（笑）。ただ、オトマツはね、プリンスホテルに声かけられてるんです。それでも東京ガスだと」

じゃあ、プロの話も聞いてみようか

日本選手権と神宮大会が行われていた最中の11月2日。西武グループのプリンスホテルは記者会見を開き、同社社長にして西武球団オーナーの堤義明が自ら第一次入社内定メンバーを発表。慶應義塾大の捕手・堀場秀孝をはじめ、ドラフト上位指名候補選手が揃っていた。発表は第二次、第三次と続き、駒澤大の遊撃手・石毛宏典、専修大の捕手・中尾孝義と1位指名確実の選手も内定。すると、同14日に行われた第三次内定メンバー発表の会見で堤が言った。

「プロに行きたがっている優秀な選手を一人でも二人でも多くアマ野球界に引き留めたい、という狙いで、今回、3回にわたる試験で計30人を獲った。狙って獲れなかったのは松沼君だけ」

まさに博久の言うとおりだったのだが、雅之にとって石毛、中尾、堀場は全日本で一緒だった選手。皆が行くプリンスに魅力を感じていたという。

　そもそも、プリンスが有望選手を次々に獲得できた背景には、「最高２５００万円」とも言われた破格の支度金もあった。何しろプロのベテラン選手の年俸が４００万円ほどだった時代。普通ならアマチュア規定に触れる金額だが、チームはまだ日本社会人野球協会（現・日本野球連盟）加盟前。協会がクレームをつけることもできなかったのだ。

　大半のプロ球団は、ドラフト前に有望選手を獲られる形となって困惑。内定なので指名は可能だったが、拒否を考えれば手を出しにくい。そのうえで同じ西武グループのライオンズへのトンネル入団も危惧され、マスコミの論調も批判的だった。ある球団代表は「これではドラフトをやる意味がなくなる」と発言したが、11月22日のドラフト前日、プロ側でも「意味がなくなる」ような事件が起きる。巨人が「空白の一日」を主張し、江川卓との契約を発表して大騒動となった。博久がそのときを振り返る。

「江川問題で巨人がドラフトをボイコットしたでしょ？　それがなければ、99パーセント、僕らがプロに行く可能性はなかったわけです。でも、ボイコットしたから巨人が誘いに来たわけだけど、じつは東京ガスでもね、僕らの気持ちが揺れ動く変化があって……」

　ドラフトから２日後、都内で行われた東洋大優勝祝賀会の席上、弟・雅之は「絶対、プロには行きません。２年後、自信が持てたら考えますが、兄と一緒に頑張ります」と発言。報道されていた巨人の誘いを拒否すると、東洋大ＯＢとして出席していた兄・博久も間近に結婚式を控えていたため、「準備に忙しくて巨人の方と会う暇もありません」とコメントを残している。

「結婚式は12月の9日で、その2日後、東京ガスの納会。このときはオトマツも来て『来年、よろしくお願いします』ってあいさつしてるんだけど、それが変わったのが、会社の方針で江口監督を替えるっていう話を聞いたとき。え？　江口さん辞めるんかって。オトマツにも『江口さんがいるからここで頑張ろうや』って言ってたんだけど、慕っていた監督が辞めるって知って、一緒にやろうと思ってるのが違っちゃった。じゃあ、プロの話も聞いてみようか、という流れだったんです」

その頃、各球団のスカウトは「松沼兄弟は１２０パーセント、巨人入り」との情報をつかんでいた。西武のスカウトだった毒島章一（元・東映ほか）によれば、球団では「巨人が松沼兄弟の〝囲い込み〟をやっている」と断定。毒島が松沼兄弟一本に絞って担当となり、〝反撃〟が開始されたという。

「毒島さんはいつも交渉の席にいて、人がよくて、僕たち兄弟をずっと見ている方でした。メインは球団社長の宮内（巌）さんだったり、戸田（博之）さんだったり、堤オーナーの下で三本指に入るような人で、そういう人たちの横についているのが毒島さん。たぶん、球団にいろんな報告はしていたんでしょうけど、決定権はなかったと思うし、口説かれた、っていうイメージはないですね」

仕事として行くんだったら根本さんのとこだよね

戸田は堤にとって早稲田大の後輩であり、「ナンバーワンの腹心」であり、球団運営実務のトップ。のちに西武の球団社長となって根本のプランを後押しすることになる。この戸田、根本、毒島の３人で松沼兄弟獲得作戦が練られたときのこと。兄と弟、どちらを先に口説くかが議題になると、「おっちょこちょいなのは弟のほうだから、弟を口説こう」と決まった。

兄・博久に「口説かれたイメージ」がないのは、ある意味、必然だった。さらに博久が明かしたとおり、ずっと兄弟を見ていた毒島は、弟・雅之が巨人との交渉の話をした瞬間を聞き逃さず、インプットした。そのうえで雅之だけを呼び出して一対一で面会。対話していくなかで毒島が契約金の額を提示しつつ、「うちはこうなってるんだけど、来るか？」と問うと、雅之はすぐ乗り気になったという。

そしてその後、12月24日に巨人との交渉の席が設けられたとき。当時の球団代表・長谷川実雄とともに、監督の長嶋茂雄が初めて同席した。兄弟と父親、３人で向かい合った。もともと野球自体が好きではなかった弟・雅之はそれほどでもなかったが、子どもの頃から巨人ファンだった兄・博久は憧れの人を目の前にしてオーラを感じていた。

「長嶋さんに『来いよ。オレの胸に飛び込んで来いよ』って言われたんです。大きく両腕を広げて、笑顔でね。でも僕は、『ちょっと待てよ、お前、派手過ぎるよな?』ってオトマツに言ってるんですよ。普通はだいたい、長嶋さんがそこまでやったらコロッといくじゃないですか。そこでいかないところが、僕たちの少し変わったところで。もちろんすごい人だっていうのはわかってるんだけども、オーラが強過ぎて、入り込みづらいところがあって……」

プロ野球の新人獲得が自由競争だった時代。巨人がその選手を獲りに来たら、他球団は手を引いた。その力関係はドラフト制度の導入で解消されたようでいて、ドラフト外という名の自由競争では不変だった。が、そのとき、巨人の大スターだった監督が口説いても決め手にならない、「少し変わった」選手が出現していた。

長嶋は約1時間、ほぼ一人でしゃべりまくり、巨人がいかに兄弟二人を必要としているかを力説したそうだが、本来、交渉は監督の仕事ではない。話し終えて去ったあと、代表の長谷川が条件面の説明を始めた。

仲の良い兄弟が二人一緒に入団できる、という点では希望する条件に見合っていた。が、「社会人出身のお兄さんは即戦力として、大学出身の弟さんは1年間、二軍で鍛えて。特別扱いはしないから、しっかり這い上がってきなさい」との方針が伝えられた。長嶋のオーラが消え、途端に現実に戻されたような印象があった。

「ファームは嫌だったんです、オトマツは。それに、片方が一軍で片方がファームだとすると、僕にとってはキャッチボールの相手がいなくなる。いや、あの、うちは4人姉弟でお姉ちゃん二人いるんです。だから僕は3番目の長男で、いつもお姉ちゃんにくっついてて。性格的には〝お姉ちゃん子〟で弱虫なんです、どっちかっていうと。それで人見知りするし、キャッチボールの相手を選ぶのも面倒くさいから、オトマツがいつも一緒だったら楽でいいなと思ってたんです」

兄弟はじつは姉弟であり、巨人入団後の現実は、兄も弟も本当に望むものではなかった。父親もどちらかがファームに落ちている状況を嫌がった。すると、翌25日、西武との交渉が行われることになり、宮内、戸田、毒島に加え、根本が初めて同席。東京・新宿区の魚料理店で向かい合ったなか、兄弟にとって最もインパクトがあったのが、根本の言葉だった。

「頼むから、新生西武ライオンズを手伝ってくれ。オレが監督で、お前ら二人を使うから」

派手な長嶋に比べれば根本は地味で、見た目も華やかではなかった。が、親分のような雰囲気があって貫禄は十分。そんな男が発した言葉は、決して大風呂敷を広げるものではなく、切実なお願いであり、明確な起用の方針だった。

「何しろ『手伝ってくれ』ですからね。ああ、この言い方は絶対に二人とも一軍だ、と思ったんです。そもそも僕ら、プロとして、仕事として、試合に出なければ何にもならないという考えがあった。だから華やかなところに行くよりも、仕事として行くんだったら、根本さんのとこだよねって話したんです。で、どうせ行くんだったら、契約金を比較してもいいほうに行こうとなった。ただ、西武を選んだというより、根本さんに口説かれたから、っていうほうが強かったんです」

「新しい！」っていうイメージに惹きつけられた

年が明けて、１９７９年。正月早々に発売された野球週刊誌が、全国の書店から一斉に回収された。同誌には〈江川に続く大逆転！　巨人松沼兄弟獲得〉との記事が掲載されていたが、その1週間前の78年12月27日、博久と雅之は西武入団を決断。すでに新聞各紙が伝えていたから、記事は誤報となってしまったのだ。結果、次号には〈松沼兄弟　大逆転で西武入団〉と題したお詫び記事が載ったが、版元はなぜ見切り発車したのか。真相を博久に聞く。

「週刊誌の記者の人がオトマツ（弟・雅之）と知り合いだったんです。日米大学野球のときからね。それで僕らが巨人の長嶋監督に会った、という話を聞きつけて取材に来た。『長嶋さんと交渉したんだったら、決まりだろ？』って言われて。ただ、そのときはまだ西武と交渉する前だったから、僕は肯定も否定もしなかった。オトマツは肯定したみたいだけど」

実際、記事にも、〈締め切りが昨年暮れの25日午後。このギリギリ時点で、当事者である松沼兄弟に念を押し、巨人入りを確認した〉とある。弟・雅之から〈26日か27日には巨人と契約する、年内にも発表されるでしょう〉と伝えられたことも記されている。だが、その直後の西武との交渉。「新生西武ライオンズを手伝ってくれ。オレが監督で、お前ら二人を使うから」

と言った言葉が〝殺し文句〟となった。

もっとも、文中では西武入団の〈決定打〉として、契約金の違いが強調されている。巨人の提示額1億円に対し、西武は1億５０００万円だったことで〈松沼兄弟は一も二もなく降参してしまった〉と。この金額は兄弟二人の合計額だが、一人７５００万円としても、当時の一流選手の年俸の倍近いから、破格の金額だったことは間違いない。一方で、西武グループとしての戦略も〈大逆転〉につながったと伝えられてきたが、実際にはどうだったのか。

「家族とか親戚とか、選手の周りを固めるってヤツでしょ？　その点、親父は砂利屋なんですね。もともと東武開発さんと懇意にしてもらっていて、そちらと仕事のやり取りがずっとあったんです。それで西武グループには西武建設があって、たぶん『一緒にやりましょうよ』って声がけはあったんでしょうね。でも、親父は義理人情に堅いから、『いや、それはできない』ってお断りしてるんですよ。だから僕たち、本当に『根本さんのとこに行こう』って言って決めたんです」

交渉の場所は東京・新宿で、最終的に決断したのは千葉・松戸だった。じつは西武との交渉を終えたあとも、社会人の東京ガスのことが頭にあってなかなか踏ん切りがつかず、帰路、二人で松戸のスナックに立ち寄った。それぞれの自宅から近い店で相談したのだが、埒が明かない。

そこで、当時流行し始めたインベーダーゲームで決着をつけることにした。博久が勝ったらプロ、雅之が勝ったら社会人、と決めて勝負した。が、雅之が勝つと、どちらが言うともなく「もう1回やろう」となった。結局、5回ほど対戦したあとに「二人とも本当はプロに行きたいんだろ」となって、西武入団を決めたのだった。

「クラウンライターライオンズでスカウトに来られてもね、僕たち入ってなかった、と思うんですよ。それが西武ライオンズは、レオのマークが示したとおり、みんなが喜びそうなチームに仕上げようとしてたじゃないですか。華やかさを出そうとしてたじゃないですか、パ・リーグのくせに（笑）。その『新しい！』っていうイメージには惹きつけられましたよね。

でも、入団したとき、まだ西武球場ができあがってなかった、全然。それは仕方ないとして、新人合同自主トレをやったのは高輪プリンスホテルの駐車場ですよ（笑）。コンクリートの上で何ができるの？　と」

高輪で可能な限りの練習をしたあとは、新宿・高田馬場のトレーニング施設に行った。その後、静岡の伊豆・下田で第一次キャンプに入っても、野球場ではないグラウンドでの練習。不満を漏らす選手もいたなか、根本が言った。

「道端でもキャッチボールはできるじゃないか」

命までは取られやせん、好きに投げろ

すべては急造された新生球団ゆえの準備不足。博久自身、「プロっていうイメージと重ならない、変なスタート」と感じていた。それでも、米国フロリダ州ブラデントンで行われた第二次キャンプは、博久にとって快適で楽だった。

「日本のキャンプと比べてですけど、練習時間が短くて、グラウンドコンディションによっては練習できなかったり、メジャー球団が来たら途中で明け渡さないといけなかったり。目いっぱいにやることがなくて、投内連携みたいな細かい練習もあんまりやらなかったし、サインプレーもほとんどやってない。根本さんから何か言われることもなくて、ミーティングもない。本当に。僕たち新人なのに、プロに入っての心構えみたいなのも教えられず、『お前たち、大人なんだから自分で管理しろ』ですからね」

快適な理由がもう一つあった。チームには田淵幸一を筆頭に「超有名人」もいて、「こんなすごい人たちと野球するって、知らない世界でどうなるんだ……」と不安があったが、常に弟・雅之が一緒で助かった。周りと口を利かなくても、兄弟でチーム内の様子うかがいができた。キャンプ宿舎も、3人部屋ながら雅之とはずっと同室。そんな環境のなかで、アマチュア時代よりも楽な調整を続けられた。

とはいえ、チーム全体としては準備不足が続いていたも同然だった。フロリダ・キャンプは3月28日まで続き、西武は現地でメジャー球団と対戦したものの、日本でのオープン戦はなし。試合の日程を組む時期に球団譲渡で混乱していた、という事情があり、他球団の生きた情報を得られないまま1979年の公式戦に突入した。

すると、開幕12連敗（引き分け2つをはさむ）のプロ野球ワースト・タイ記録。そうして4月24日の南海（現・ソフトバンク）戦。先発した博久が好投してプロ初勝利を挙げ、新生西武に初勝利がもたらされた。

「打てると思ったら、そうでもない。守れなかったし、走れなかった。でも、なぜか僕のときだけ打線がけっこう頑張ってくれて、そんなにエラーが出なかった。キャッチャーは野村克也さんと組むことが多かったんだけど、あまり細かいことを言わないんです。インサイドいっぱいというんじゃなくて、大雑把なリードで僕には投げやすかった。その点、根本さんも細かいこと言わない人で、連敗中も『さあ行こう、レッツゴー』だけでしたね、その『レッツゴー』がやけに心に残ってるんだけど」

プロ1年目、博久は34試合に登板して16勝10敗という好成績を挙げ、チーム勝ち頭になった。27歳のオールド・ルーキーが即戦力の期待にしっかり応え、新人王に選ばれた。当時は前期後期制のパ・リーグで前期は6位、後期は5位、通年では最下位に沈んだ西武だが、弟・雅之も39試合に登板して4勝5敗3セーブと結果を残した。入団交渉における根本の言葉が、ものの見事に現実になった。

「2年目、僕が苦しみ始めたとき、マウンドで野村さんに『しっかりせんかい！』と激励されてるんだけど、根本さんもマウンド来たことあるんです。そのときの、『おい、命まで取られやせんよ。好きに投げろ』って言葉が忘れられない。普段はあまり話さなかったけど、『お前たち、好きなようにやって大丈夫だから、オレが責任取るから』と言ってたのは憶えてる。あと、『人間ってのはな、3時間、寝れば十分なんだ。それ以上、寝たら馬鹿になるから』っていうのが口癖で。そうは言っても、バス移動のときは寝てますから、布団に入ってるのが3時間だったのか」

頼りになる、親父以上の存在

9勝14敗と負け越した2年目の１９８０年に続き、3年目の81年、博久は5勝13敗とさらに苦しんだ。その年のオフ、監督を退任した根本が管理部長となってフロント入りし、広岡達朗が監督に就任することを告げられた。

「根本さんから『いいか？　厳しいぞ。広岡は厳しいからな』って。それだけは言われました。実際、厳しい広岡さんだから優勝できたようなもので。根本さんが自分で連れてきた人だけど、やっぱり見る目がしっかりしてたんだと思います。ただ、僕自身は1年目から広岡野球だったら潰れちゃう可能性あったんだけど、それまで3年間、厳しくない根本野球だったのがよかったんですね」

ただし、博久にとっての広岡は、厳しいどころか「救いの神」だった。右肩痛を訴えた博久に痛みの原因を解き明かし、投げ方の改良に向けて助言。指導されたとおりのフォームで投げると肩の痛みが消え、キレのあるボールが低めに決まるようになった。必然的に変化球も生かされた。

そうして迎えた82年、博久はルーキーイヤー以来の二桁勝利となる10勝。リーグ優勝に貢献すると、中日との日本シリーズでも第1戦、4戦に先発。同年から4年連続で二桁勝利を挙げ、83年は対巨人、85年は対阪神の日本シリーズでも活躍した。しかし監督が森祇晶に交代した86年以降は成績が伸びなくなり、各年の勝ち星は5勝、8勝、6勝止まりだった。

「年齢的に35歳を過ぎて、どうなるのかなあ、っていう不安のほうが大きくて。それでもクビだとかいう話まではいってないんです。実際、89年は久しぶりに二桁勝って、まだいけるかなと思ったんだけど」

弟・雅之が89年限りで現役を引退。80年から5年連続二桁勝利を挙げたが、故障の影響で85年以降は活躍できず。10年間で通算69勝51敗12セーブ、という成績を残した。

翌90年、兄・博久も不振に陥り、15試合に登板して4勝7敗。勝ち星も投球回も自己ワーストに終わると、スポーツ紙に〈松沼引退〉と出た。博久は慌てて根本のもとへ足を運んだ。

「こういう記事が出ちゃったんですけど」

「まだやるのか？　まだやりたいのか？」

「いや、まだやりたいかどうかっていうより、新聞にこういうふうに出てるんですけど」

「まあまあ、森じゃあ、お前のことは『いらないな』って言うに決まってるから、やるなら、ダイエーを紹介する。ダイエーでやるか？」

「ダイエー……、九州……」

「お前なあ、向こうへ行ったところで、やっても1年か2年だぞ。今ここでやめるんだったら、テレビ局、ラジオ局を紹介するけど、どうする？」

一瞬、現役続行を考えた博久だったが、体の状態を踏まえると、もう一度、二桁勝ちにいくイメージが湧かなかった。細々と続けるぐらいしかないなら、もう潮時だと思ったとき、「じゃあ、根本さん、すいません、お願いします」と発していた。12年間で通算１１２勝94敗1セーブという成績を残して現役を引退。程なくして、テレビ局とラジオ局での解説の仕事が決まった。

「根本さんはどこにでも紹介できるだけの人脈を持ってたんですよ、絶対。だから睡眠時間、3時間しか取れなかったんでしょう。だいたい、神出鬼没でしたからね。いつもいないな、と思えば、『なぜか広島にいた』とか、『何で今あそこにいる？』とか、言われてましたから」

その人脈を頼りにした博久にとって、根本は不可欠の存在だった。今の球界においても、根本のような人間は必要とされるだろうか。

「必要じゃないですかね。そもそも僕は、根本さんじゃなかったら相談に行ってないです。根本さんなら何でも言える、という思いがあった。頼りになる、親父以上の存在——。特に、実績があって引退間近の選手にとって、その後の行き先を示してくれる人。僕は絶対に必要だと思います」

西武ライオンズの監督時代（写真提供・根本隆子氏）

第四章

ドラフトはすべて「右腕」に任せていた

証言者

浦田直治

神宮の食堂でカレーをご馳走してくれた先輩

1950年、秋の明治神宮野球場。東京六大学野球の秋季リーグ戦、試合開始前のことである。「球都」と呼ばれる群馬・桐生市からやって来た中学生の一行が、当時、法政大でプレーする根本陸夫を訪ねた。

一行は、桐生市立境野中の野球部員。主将の浦田直治（元・西鉄）は後年、プロ入りして「根本の右腕」と称されるのだが、このときが最初の出会いだった。それにしても、なぜ、群馬の中学生が根本に会いに行ったのか——。スカウト部長、球団本部長として、長年、西武の新人補強に尽力した浦田に聞く。

「野球部の監督、村谷先生が日大で野球をやってまして、根本さんの2年先輩でした。それで先生が、キャプテンの僕に言ったんです。『オレの後輩に根本っていう選手がいた。今は法政大学に変わって、キャッチャーをしている。オレが根本に頼むから、みんなを連れて六大学を見に行って、野球の勉強をしてきなさい』と」

根本宛に手紙を書くよう命じられた浦田は、野球部全員で行くこと、試合観戦を希望することなどを記して投函した。ただ、根本という選手について、先生は何も教えてくれなかった。日本大から法政大に移った事情も知らされなかったそうだが、神宮球場で初対面となった根本に、どんな印象を持ったのだろうか。

「練習中で、根本さんはユニフォームのまま出てきて、『おおっ、よう来たな！』と。もう最初から親しい間柄のように会話してくれたんです。それで『お前ら、まだ昼メシ食ってないだろ？』って言って、球場の食堂に連れて行ってくれた。そしたらカレーライスが出てきて。戦後間もない頃、カレーなんてご馳走中のご馳走でしたから。それは美味しかったですよ」

先生からの口添えがあり、自分から手紙を出しているにしても、想像を絶する歓待ぶりに浦田は驚いた。まして、「食べ終わった頃に迎えに来るから。スタンドに案内する」とまで言われ、なぜ、この人はここまで面倒を見てくれるのだろうと思っていた。

「でも、そのうちに大学の理事長が来て、怒るわけです。『何でお前らがこんなとこで食ってるんだ？』と。そこで僕が根本さんのことを話したんですが、『ここはお前らが入れるところじゃないんだ』と。言われたときに、練習に行っていた根本さんが戻ってきた。途端に理事長と言い合いになってました（笑）」

大学にも連盟にも断りなく、勝手な振る舞いだったのだろう。根本にすれば、野球部の先輩からの依頼に最大限の誠意を持って応える、ただそれだけの思いで取った行動だったに違いない。試合が終わり、浦田が代表して礼を述べたあとも、より早い電車での帰り方を指南するなど、最後まで親切にしてくれたという。

そのとき、新チームになったばかりで浦田はまだ中学2年生。大下弘（元・セネタースほか）

に憧れてプロ野球選手を目指していたから、3年生になって、プロ入りに有利と思われる高校を探した。調べてみると、地元では桐生高から10人以上が入団。同校は甲子園にも春夏合わせて15回の出場を誇り（当時）、春に準優勝していたから進学を決断した。

「難関校でしたから、一生懸命に勉強して何とか入りました。僕らのときは甲子園に行けなかったですが、キャッチャーとしてプロでやれるだけの自信はついていました。自分としては、国鉄（現・ヤクルト）に入って金田正一の球を受けたかった。セカンドの中村栄さんが高校の先輩だったので、この方を通じて入ろうと思っていたんです」

ところが、桐生高監督の稲川東一郎から社会人入りを勧められる。大昭和製紙が浦田を獲りに来ていたのだが、ショートを守っていた監督の息子の事情があった。浦田が入社を承諾すれば息子も一緒に入れる、という条件を提示されていたのだった。

監督に口説かれた両親に説得され、浦田はやむなくプロ入りを断念した。が、「2年後にはプロに行きますよ」と宣言して入社。すると実際、2年目の56年に都市対抗で活躍して注目され、西鉄（現・西武）からの誘いを受けて入団する。監督に三原脩が就任して6年目、ライオンズが初の日本一に輝いた年のオフだった。

福岡・小倉の球場から始まった「長いお付き合い」

1957年、西鉄入団1年目の浦田は、近鉄の選手として最晩年の根本と再会を果たす。神宮球場で別れて以来、面会する機会はなかったが、浦田の頭から根本が消えたことはなく、社会人野球からプロ入りしたことも知っていた。4月2日、福岡・小倉豊楽園球場での最初の近鉄戦、試合前にあいさつに行った。

「1回しか会ってないのに、いっぺんも連絡しなかったのに、根本さん、憶えていたんでしょうねえ。『あっ、お前、もうプロに入ったんか』と言われましたから。たぶん、顔が印象に残っていたと思います。僕は鼻が大きいし、個性的な顔してるから（笑）。で、そこから、長いお付き合いが始まったんです」

次に会うことになる69年、浦田は西鉄のバッテリーコーチ兼スコアラー、根本は広島の監督になっていた。

「僕は当時、コーチとスコアラーと、契約更改のときの査定も担当していました。ある日、球団の上の人が『広島は大リーグの査定システムを採り入れているらしい。誰か、広島で知ってる人がいたら聞いてもらえないか』って言う。それで僕が『広島なら根本さん、知ってますよ』と。『え？　お前、根本さん知ってるの？』となって会いに行くことになったんです」

当時、広島のオーナーだった松田恒次の長男、松田耕平がオーナー代理を務めていた。耕平はアメリカ式の球団経営をよく研究しており、監督とGMとの権限を分けた運営をすべき、という点で根本と意見が一致していた。査定システムの導入も研究の一環だったと思われる。その日、浦田が広島市民球場内の球団事務所を訪ねると、根本が待っていた。

「朝早くに行ったら、あれはオープン戦だったか、呉でゲームがあるってことでバスが停まってて。『お前、一緒に乗ってけ。ゲーム一緒に見ろ。ここに座れ』って言われて、根本さんの横に座らされて。呉まで連れて行かれて……。査定の書類の話なんてひと言も出ないんです（笑）」

広島市に隣接する呉市とはいえ、バスに揺られて1時間強。想定外の〝遠征〟に浦田は辟易としかけたが、初対面から尊敬の念を抱く先輩にお願いする立場なのだから、何事も従うしかない。それでも試合が終わって戻るとすぐ、根本が無言で書類を持ってきた。

「なかには関係ない書類もあって、『査定のとこだけでいいんです』と言ったら、『いやいい。全部持ってけ』って。ちゃんと球団の上のほうに話を通してくれてたんですね。おかげさまで、西鉄も同じように査定をし始めたんですが、それがずっと伝わって、今も西武はそれを使っていると思います。査定の方法って、そんなに新しく考えたり、変えたりできないものですから」

ライオンズの本拠地が福岡から所沢に移転してからしばらく、前身球団である西鉄と西武の関係はファンには見えづらかった。そんななかでも、浦田が明かすとおり、球団内部においては西鉄から西武に継承されたものもあったのだ。

が、2008年、西武が球団史を振り返るイベントを開催するまで、西鉄とのつながりは断たれていたも同然だった。球界を襲った八百長騒ぎの〝黒い霧〟事件が1969年の西鉄に端を発していたため、球団オーナーの堤義明がその穢れたイメージを嫌ったのだ。

事件当時、影響を受けて西鉄球団は弱体化し、浦田の人生も変わることになる。70年、八百長に絡んだとされる6選手が出場できなくなり、戦力ダウンした西鉄は4月末から最下位に低迷。同年の浦田は先乗りスコアラーになっていたが、どれだけ相手のデータを集めて分析したところでチーム浮上の見通しが立たない。夏場になった頃、監督の稲尾和久に相談した。

「稲尾にね、『もう先乗り要らんやろ?』と言ったら、『そうやなあ……』と。それで球団に理由言って『辞めます』と伝えたら、すぐスカウト部長から電話がかかってきて『手伝ってくれ』と。夏からスカウトを手伝ったんです」

うわっ、これはもう、こき使われるわ

1971年、浦田が正式に西鉄スカウト部の一員になると、球団専務から部署全員に「12球団の練習を見て来い」と指令が飛んだ。手分けしてキャンプを視察することになった。

「僕は南海と広島を見に行くことにした。広島は根本さんがいますからね。で、宮崎の日南ま

で行ったら、『お前、オレんとこへ一緒に泊まれ』って（笑）。『いや、いいですよ、自分でホテル取ってますから』って言ったんですが、本当にいつも歓待ぶりがすごかったんですよ」

順調に始動したつもりの浦田だったが、71年のドラフトは無残な結果に終わる。1位指名の吉田好伸（投手・丸善石油下津）、2位指名の柳俊之（投手・電電北海道）、3位指名の永尾泰憲（内野手・いすゞ自動車）と、上位3人が揃って入団拒否となったのだ。

「八百長問題の影響もあったと思います。ただ、僕が担当した1位指名の選手については、調査不足が一番の原因でした。その選手が小児麻痺で股関節を痛めていたこと、股関節を治してくれた医者が最後までプロ入りに反対していたこと、僕は知らなかったんです」

入団拒否した吉田は、69年ドラフトでもロッテに7位指名されながら断っている（和歌山工高時代）。その理由を浦田は調べ上げていなかった。医者がプロ野球界をよく知らず、「プロの練習で股関節を無理に広げられたら再発する」と吉田に助言していたことも知らずにいた。

「それからはもう、調査不足だったのを頭にこびりつけておいて、絶対、不足がないように。この選手を獲りたいと思ったら、徹底的に調査しました。だから僕はそのあと、担当した選手を獲り逃したことが一度もなかった。後々、根本さんが僕を信頼してくれたのは、それがあったんだと思います」

失敗の経験が「根本の右腕」を誕生させる契機となった。ただ、浦田はこの年、ドラフト外で加藤初を担当して獲得している。浦田も在籍した大昭和製紙のエースで、ドラフト1位候補の加藤だったが、同社のチーム事情によってどの球団も指名を回避するしかなかった。が、加藤本人にはプロ入りへの強い意志があることを浦田が確認し、両親を説得して契約となった。

「ただ、加藤は獲れたけど、ドラフトは失敗したわけです。僕は球団社長に辞表を出しました。そしたらすぐ呼ばれて。『お前、これ、辞表じゃないか』と社長が言ったと思ったら、『ここで破るぞ』って目の前でビャッと封筒を破った。『1位で指名しようとした選手が入ったんだから、辞表なんか出す必要ないし、絶対、受け取らない』と言われて残ったんです」

72年、加藤が1年目で17勝を挙げて新人王に輝くと、球団内で浦田の評価が一気に高まった。シーズンオフに西鉄の身売りが決まり、球団が太平洋クラブライオンズに変わったあとも、浦田が担当して獲った選手が次々に一軍で活躍していく。

太平洋クラブとはスポンサー契約した企業名で、親会社を持たない球団。財政難がネックだったが、無名でも実力ある選手を獲りにいく新人補強、その中心に浦田がいた。すると、スポンサーがクラウンライターに変わった77年、浦田はチーフスカウト就任を要請される。

「最初、球団には『嫌だ』と断ったんです。スカウト連中はみんな年上で、コーチ経験ある人ばっかりで、当時41歳の僕より下は一人しかいなかったですから。そうしたらオーナーに呼ばれて、『お前な、代表やら専務がやれって言ってるんじゃないんだ。オレが浦田にさせろって言ってるんだ』と。そこまで言われたら断り切れないですよ」

会議という名目で全スカウトを呼び寄せた浦田は、球団からのチーフ就任要請を断っていることを伝えた。「僕は皆さんより年下だから」と言うと、「いや、そんなことはない。お前が適任だ。オレら応援してやるからチーフをやれ」と返す者がいた。すぐに全員が賛同した。

実際、浦田のスカウト経験は丸６年と誰よりも長く、実績も積み上げているから球団の評価も高い。反対する理由はなかった。それでも浦田自身、年齢の違いは気になるため、仕事以外では先輩として立てることを条件に引き受けた。

そして、その年のオフだった。浦田が尊敬する先輩、根本の監督就任が決まったのである。

「びっくりしましたよ。それでとっさに、『うわー、悪いのが監督になるんだ』って（笑）。いや、悪いっていうのは、人が悪いとか、柄が悪いっていうんじゃない。根本さんが僕のことをよく知ってるから、『うわっ、これはもう、こき使われるわ』と思ったんです」

悪いけども、江川は獲れないですから

１９７７年11月14日、クラウンライター（現・西武）新監督に根本が就任した。ドラフト直前、初めて根本が出席した編成会議。チーフスカウトの浦田は、スカウト経験のある監督から何を言われるか、戦々恐々としていた。が、根本は「私が監督になりました。スカウトの仕事も手伝うときはあるから、よろしく」とあいさつしただけで、個別の指示もない。浦田に対して先輩風を吹かすような態度も一切なく、助言などもなかった。

「何も言われなかったのは、根本さんが全部知っていたからでした。僕がチーフスカウトをしていて、どういう選手を獲ってきたか、全部。そのうえでクラウンのスカウティングに関して、こうせえ、ああせえ、とは言わなかったですね。ほかのスカウトには何か言ったかもわかりませんが、僕には何も。で、一番最初に二人で行ったのが江川だったんです」

監督就任から1週間後のドラフト会議。クラウンは同年最大の目玉である剛速球右腕、江川卓（法政大）を1位で指名した。当時のドラフトは12球団がまず指名順を抽選で決め、それに従って順次、希望選手を指名する方式。抽選の結果、指名順は1位がクラウン、2位が巨人となって江川を指名できたわけだが、獲得が極めて難しいことは浦田もわかっていた。

江川は作新学院高3年時、73年ドラフトで阪急（現・オリックス）に1位指名されるも、入団交渉すら拒否。以降も〝巨人志向〟の姿勢を崩さず、77年ドラフトの3日前には江川サイドが記者会見を開き、「江川は巨人入りを強く希望している。よって、他球団による指名は回避してほしい」と宣言。それでもクラウンが果敢に指名した背景には何があったのか。

「指名順位だけ決まって、12球団、各テーブルで昼食を取っているときです。パ・リーグ5球団のスカウト部長、5人がみんな揃って僕のところに来て、『江川、行くんだろ？』って言う。『いやいや。それはオーナーが決めることだから』と返したら、『江川、行ってくれ。来なくてもいいから行かないと、パ・リーグの灯が消える』って言うんですよ」

あらためて、浦田がオーナーの中村長芳に問うと、「いや、江川行くよ」という回答だった。

が、断念するしかない現実問題があることを、浦田は独自の調査でつかんでいた。伝えると中村も一度は断念しかけたが、結局、江川指名に踏み切った。ドラフトの精神を守り、不当な巨人入りを阻止するための強行。浦田の頭の中では「パ・リーグの灯」が響いていた。

「終わってからすぐ、根本さんと二人で江川のとこにあいさつに行ったんです。法政大学の合宿所にね。根本さん、法政の先輩ですから。ただ、そのときは『悪いけども、江川は獲れないですから、口出ししちゃダメですよ。あいさつだけにしてください』ってお願いしてました。変に口出しして、根本さんの責任になったらいかんから。僕が責任取るということで」

監督とはいえスカウト経験があり、交渉事に長け、「寝業師」と呼ばれた根本の言動と行動をあえて制限する。普通ならあり得ない、と思えるが、獲れないとわかっている特別な選手。浦田とすれば、チーフスカウトとして当然の行動だった。根本は「わかった」と受け入れた。

「スカウト歴は僕のほうが長いんです。そのときで7年してましたけど、根本さんは2〜3年しかしてません。だからだと思います。スカウティングのことで何やかや言われたことは一度もないし、江川のときもすぐわかってくれた。新人補強については全部、信用してくれました」

12月3日、江川本人による「入団拒否」が正式に発表された。と同時に、根本を尊敬する浦田が、根本から信用される関係性がここに生まれた。ところが、翌78年2月のキャンプイン早々、不測の事態が起きて関係性も急変する。投手コーチの江田孝が脳卒中で倒れ、54歳にして急逝したのだ。根本が近鉄のコーチだったときのスカウトという間柄で、親交も厚い野球人だった。

「江田さんは前の年で辞める予定だったんですが、根本さんのたっての希望で残留したんです。だから相当にショックを受けていました。でも、チームは前に進まないといかん、ということで、お通夜の後、『お前が手伝え』と根本さんに言われまして」

根本さん、いい加減にしなはれ！

にわかに根本は先輩の顔になっていた。捕手出身の浦田なら投手のこともわかる、という考えだったのだろう。チーフスカウト兼投手コーチとなった浦田だが、当初はキャンプ中のみの就任。その間に正式なコーチを見つける予定だった。が、最終的には「見つからんから1年手伝え」と言われる始末。しかも、スカウティングに口を挟まない根本も、コーチングにはうるさかった。

「当時は選手に対して厳しい根本さんでしたけど、コーチにはもっと厳しかった。特にピッチャーの指導にはうるさくて、気がついたことをどんどん言ってきましたよ。しかも自分で『これを育てよう』と思ったら付きっきりですから。当然、ピッチングコーチの僕もいるんですけど、何時間でもやるんですから（笑）」

そうして迎えた１９７８年のシーズン。当時のパ・リーグは前期後期制だったなか、クラウンは前期4位で後期5位。トータルのチーム成績は51勝67敗12分、勝率4割3分2厘で5位に終わり、10月、西武への身売りが決まる。

「最初に西武に呼ばれたのは、根本さんと僕の二人だけだったんです。『お前、オレと一緒に行くぞ』と言われましてね。根本さんは監督として、僕はチーフを務めていたスカウトとして呼ばれた。ドラフト会議も近かったし、江川の件もあったからだと思います」

江川は前年に「入団拒否」を発表したが、クラウンが得た交渉権は西武に引き継がれ、78年のドラフト開催日の前々日まで有効だった。入団が実現すれば戦力向上につながるだけでなく、新生球団西武の華になる。オーナーの堤は自信ありげに獲得宣言を発した。

が、球団社長の宮内巌までが動いても江川を翻意させるに至らない。西武も獲得を断念するしかなく、いわゆる〝空白の一日〟に端を発する江川事件へとつながっていく。

一方、ドラフト前、浦田にとって喫緊の問題はトレードだった。阪神の田淵幸一を獲得するための交換要員として、若手有望株の真弓明信が挙がっていることを知り、根本の自宅に押しかけた。

「根本さん、いい加減にしなはれ！　田淵は股関節をケガして、もうキャッチャーできないんやで。それで真弓はあんた、ショートのレギュラーを獲ったばっかりや」

「ほかに誰か、ショートおらんのか、お前」

「前に守ってたのが足を悪くした。だからオープン戦で真弓を使ったんやないか。それからずっとレギュラーで、しっかり守るし、足から何から全部いい。それで３割近く打って一人前になったのを、阪神が『くれ』と言ってるからって。それはダメだって」

新人補強専門の浦田だったが、編成の一員として猛反対した。すると、根本が言った。

「お前なあ、よう考えてみ。新しいチームやで。新しく西武になったはいいけど、今のライオンズでお客さん呼べるか？」

そう言われたら、「呼べない」と答えるしかなかった。実際、当時の真弓の知名度は、全国区の田淵と比べものにならなかった。トレードは成立し、同じような理由でロッテから野村克也、山崎裕之が加入する。根本に命じられ、浦田は山崎のトレードを担当したが、立場はスカウト兼投手コーチのままだった。

「ずっと言ってたんです、根本さんに。『ピッチングコーチ、早く探してくれ』って。『強いチームをつくるのにコーチも大切だけど、オレをスカウトに変えてくれ、早く』って。で、２年経ったら、『浦田よ。いた。八木沢荘六や』って。それで八木沢がピッチングコーチになることになって、僕はスカウトになって、伊東と秋山に取りかかったんです」

１９８０年のドラフト前――。熊本の有望な高校生、八代高・秋山幸二と熊本工高の伊東勤にはそれぞれ担当スカウトがついていたが、聞いてみると、ドラフト外で確実に獲得するための戦略が何もなされていない。そこで、スカウト専任になった浦田が自ら動くことになった。

どうしても獲りたい有望選手がプロ入りを拒んだり、入団交渉が難航したりした場合、担当スカウトに代わって、浦田の長年の経験と実績が生かされた。その点、4番兼エースの秋山、主砲で正捕手の伊東は是が非でもほしい逸材ながら、いずれも獲得は難航必至だった。いかにして動いていったのか。

「まず秋山は進学希望が強いと聞いていたので、調べてみたら、東京の名門大学を目指しているとわかりました。でも、学業の成績を見たら入学は難しい。そこで本人側に『九州産業大学への進学を考えてみませんか？』と伝えたんです」

今持っていかなきゃ、持っていけないんだ

浦田は他球団よりも早く本人側と接触し、秋山本人の希望を聞いていた。九州産業大を紹介したのは浦田自身、同大野球部と接点があり、秋山が4年間、大学で野球を続けたあとに指名してもいい、と考えたからだった。どうしても大学に行きたかった秋山は、ドラフト前、進学予定を公言していた。

この「進学予定」を、周りは真に受けなかった。まだプロ志望届もなく、ドラフト外での入団が認められていた時代。他球団にドラフト指名をあきらめさせるための〝裏技〟として、「進学予定」を仕掛けるケースが多かったからだ。特に西武は、同じグループの社会人チーム＝プリンスホテルを利用した裏技を疑われていた。

そのため、秋山の場合も西武が仕掛けたと見られ、マスコミは実質ＧＭで編成責任者の根本を追及した。が、根本は断固として仕掛けを否定する。

結局、１９８０年のドラフトで秋山を指名する球団はなく、ドラフト外になった。途端に巨人、広島、阪急（現・オリックス）のスカウトが動き始めたものの、浦田はその先を行っていた。

「秋山はね、九産大のセレクションを受けたんです。それで帰ってきたあと、大学側に聞いてみると、『もうプロに入りたいって』と言うわけです。僕はもともと、『もしも秋山の気持ちが変わったときには入団交渉させてもらいます』と大学側と約束していたのですが、実際、野球部の部長から『浦田さん、獲りにいってもいい』と言われたので交渉に入ったんです」

浦田によれば、八代高は県立の進学校でもあり、秋山は自身の実力を過小評価していた。80年夏の熊本大会、自らがチームを牽引して決勝に進出し、伊東がいる熊本工高と対戦したものの、まさか自分がプロに？　という思いがあった。それがいざドラフト外になって西武以外の球団も誘いに来ると、こんなに来るならオレもプロでやれるかもしれない、と気持ちが変わったのだった。

「よその球団、巨人の動きは気になりました。ただ、西武はドラフト外の選手でも、1位指名クラスの力があると見れば同じ条件を提示していましたからね。それと、秋山の場合、ほかの11球団はピッチャーとしての評価でしたが、西武は当初から野手として評価した。『ピッチャーではなく、最初から野手で』と、僕が本人側に伝えていたことも決め手になりました」

ただ単に「背が高いから」という理由で投手になった秋山にとって、西武独自の評価は魅力的だった。条件面も他球団よりはるかに上だったのだろう。とはいえ、浦田が真っ先に動いていなければ、大学進学希望からドラフト外となってプロ入りへ翻意、という流れもできなかった。このスカウティングのスピードは、伊東の獲得においても生かされることになる。

「伊東の担当スカウトは島原（輝夫）、それに坂井（保之）代表も一緒に動いていました。その二人が伊東の後見人、熊本県議会議員の八浪《やつなみ》（知行）さんに接触していたから、僕はその関係性に頼っていたんです、最初は。ところがなかなか前に進まない。『どうなってる？』って島原に聞いたら、『いや、まだ全然』って言うから、『お前ら、退いとけ。オレ一人でやる』って言ったんですよ」

後見人の八浪県議は母校・熊本工高の元監督で、伊東が2年生のときまで指導していた。しかも外野手として西鉄でプレーしており、同じ西鉄出身の浦田は入れ違いだったが、八浪の家族との接点があり、会えば気楽に話せる間柄になっていた。そこで伊東の話を持ち出すと「ゆっくりでいいじゃないか」と八浪が答えたので、浦田は「ゆっくりじゃダメなんだ」と返した。

ただ、「ゆっくり」には理由があった。伊東は80年夏の甲子園に出場し、強肩とキャッチングのよさを高評価されたうえ、2本塁打を放ってドラフトの目玉選手になった。

が、伊東は熊本工高定時制の3年生。卒業までに1年を残していたため、ドラフト指名対象選手にはならない。ゆえに各球団とも翌年に指名する意向を伝えていたから「ゆっくりでいい」だったのだが、浦田は違った。

「僕は八浪さんに『今持っていかなきゃ、持っていけないんだって』と言ったんです。いつ、よその球団が動き出すか、わかりませんからね。それで『悪いけど、八浪さんも退いとって。オレ一人でするから』と言ったら、『わかった』と。そうして僕一人で攻めることになったんですが、両親はもう社会人の電電九州（現・NTT九州）に決めているんです。兄貴もそこで野球やってましたから」

この際、本人のために1位で指名しよう

伊東の2歳年上の兄・修も熊本工高出身の外野手で、プロ入りの話もあったが駒澤大に進学。東都大学リーグでプレーして卒業後、電電九州に入社していた。弟の勤も同じ会社に入る、と決め込んでいた両親の元へ、浦田は何度も訪ねた。よくよく聞いてみれば、電電九州に誓約書を差し出しているから断るわけにいかない、という返答。そこで浦田は、誓約書は法的な効力を持たないことを説いた。

「以前も『誓約書を出したからプロは無理』と決めつけた親御さんに説明したら、入団に変わったことがありました。社会人も優秀な選手がほしいから、そんな工作をやっていたんです

ね。ただ、伊東本人の気持ちがどうなのか、わからない。そこで両親の目の前で、学校から帰ってきた伊東に聞くことにした。『電電九州に行く』と言ったら、僕はその場からすぐに消え去るつもりでした」

正座して答えを待った。結果、「本当は今、プロに入りたい」と伊東が言った。「どこへ入りたい？　オレは西武だけども、どこへ入りたいのか」と問うと、「浦田さんがこんなに何度も来てくれてるから、西武に入りたい」との返答。驚いた両親に面と向かった浦田は、「電電九州の件は私と八浪さんに任せてください」と伝えつつ、ドラフト1位クラスの好条件を提示した。

とはいえ、入団が決まったわけではない。翌1981年、西武は伊東を球団職員に採用し、地元の埼玉・所沢高定時制へ転校させた。この転校に当たっては、根本が「かわいがっていた」所沢商高の野球部監督・高鍋尚典の尽力があった。こうして卒業までの1年間、西武は練習生として伊東を囲い込み、他球団が手を出しにくい状況をつくった――と周りには見られた。まさに〝裏技〟だと。

もっとも、練習生は支配下選手ではない。81年のドラフトが近づくと、巨人など数球団が「伊東を指名できないものか」とコミッショナー事務局に打診。コミッショナーの見解は、「球団職員とはいえ、選手契約を結んでいない練習生は西武の支配下選手ではない。指名は自由」だった。

「その年、僕はスカウト部長になったんですが、12球団のスカウト部長が集まった会合のときに伊東の話になって、みんな『伊東を指名する』って言うんです。実際、指名できるわけですからね。そこで僕はドラフト前、『もしもよそが指名したら、伊東はまた1年、待たないといかん。だからこの際、本人のために1位で指名しよう』と根本さんに言ったんです。

そしたら『おう、それがいい。オレがオーナーに言うから1位で指名しよう』と言ってくれて、ＯＫになったので1位で指名しました。他球団でそこまで伊東を高く評価して、どうしてもほしいところはなかったので、1位なら確実、ということです。世間体もいいですからね」

この81年のドラフト、西武は最後の6位で工藤公康を指名している（当時の規定で1球団の指名選手人数は6人以内）。同年夏の甲子園、チームを準決勝まで牽引した名古屋電気高（現・愛工大名電高）の左腕エース。この逸材もまた、社会人の熊谷組への入社が内定しており、〈プロ入りする意思はないので、ドラフト指名お断り〉という「おふれ」が全球団に回ってきていた。

そのため、他球団は指名しなかったなか、西武だけが指名した。たしかに、プロ志望届がなかった当時、獲得できるか否かわからない選手をひとまず下位で指名しておくのは、各球団ともよく使う手だった。が、西武のドラフト戦略には常に疑いの目が向けられていたから、このときの工藤側による〈指名お断り〉も西武の裏工作ではないか、と見られた。実際にはどうだったのか。

「根本さんも言っていたとおり、断じてそれはないんです。僕が愛知大会で工藤を見て1位指名候補に挙げたあと、東海地区担当スカウトの西（三雄）に調べさせたら、熊谷組に決まっている、とわかりました。そのあとに『おふれ』が来たわけですよ。工藤本人、工藤の父親、熊谷組の野球部長と3人の署名が入っているのを見てびっくりしました（笑）。

で、ドラフトの日。お断りされてもどこかの球団が指名するかな、と思っていたら、ついに5位までどこも指名しない。それならひとまず、と思って、根本さんに『残ってるから最後、6位で指名しましょうか？』と言ったら、『そうせえや』って言われて、名前書いて出したんです」

根本さんが自分で交渉したのは松沼兄弟だけ

「プロには入らない」と言っている工藤側を口説き上げるには、オレが行くしかない――。そう思った浦田が「行こうか？」と根本に打診すると、意外にも「いや、西にやらせ」と返ってきた。根本が浦田に行かせないのはこのときだけだったが、これは同年、二軍投手コーチから転身し、初めてスカウトに就任した西に経験させる意味合いもあったようだ。

「根本さんもね、さすがに工藤は獲れない、と思ったんでしょう。それならスカウトを育てよう、ということで西に行かせたんですね。ただし、僕が一生懸命、西に教えるわけですよ。親がこう言ったらこう返答せえとか、金を最初にポンと出しとけとか、工藤のところに行って帰ってくるたんびに、ずーっとメモを書いてやって（笑）」

裏工作がないだけに、最後の最後まで難航した交渉には根本も浦田も同席した。根本が初対面で工藤の父親に気に入られて話が前進し、浦田は条件面の詳細な説明をして父親と本人の納得を得た。一方で根本は熊谷組との話し合いを続け、名古屋電気高との連絡も欠かさなかった。まさに、根本とその「右腕」による大仕事と言えそうだが、浦田によれば、これは極めて稀なケースだったという。

「西武の新人補強で、根本さんが自分で交渉したのは松沼兄弟のときだけです。それ以外はもう僕が交渉して、決まったら、『根本さん、できたで』と電話して、来てもらう。来たら、根本さんと僕と二人で入団の内定発表をするわけです。難しい選手は全部、そうでした」

秋山、伊東、工藤――。常勝西武に欠かせなかったこの3選手の獲得は、いずれも一人の男のスカウティングによって成し遂げられた。その男とは、「球界の寝業師」と呼ばれた根本ではない。「根本の右腕」と呼ばれた敏腕スカウト、浦田だったのだ。

当然ながら、編成責任者の根本がいないと新人選手の獲得はできない。最終的なゴーサインを出すのも、契約を完了させるのも根本の役割である。しかし浦田によれば、西武の新人補強において、根本自身が交渉したのは松沼兄弟のみ。それ以外、ドラフト外も含めて交渉が難航した選手はすべて、浦田が率先して動いて口説き落としていた。

そんな浦田と、現場との関係がおかしくなりかけたときがあった。１９８２年、根本に代わって広岡達朗が監督に就任し、球団が西武となってから初のリーグ優勝、日本一が成し遂げられたあとだった。

広岡はスカウトのことボロクソに言っとる

甲子園のヒーロー、早実のエースだった荒木大輔が話題をさらった1982年のドラフト。1位指名でヤクルトと巨人が競合した荒木は、強運の球団社長だった相馬和夫が「黄金の左手」で引き当て、ヤクルトが交渉権を獲得する。外した巨人も、のちに大成し、20勝エースとなる斎藤雅樹（市立川口高）を獲得することとなった。

西武の1位指名は野口裕美（立教大）。東京六大学で戦後最高となるシーズン96奪三振を記録（当時）するなど、即戦力を期待された左腕だけに阪急（現・オリックス）、中日と競合した。

結果、西武が交渉権を得たのだが、会議に出席した広岡は、野口の指名が決まると同時に席を立った。ドラフトはフロントの仕事ゆえ、現場の監督は必ずいなくてはならないものではない。特に問題があるわけではなかったが、その後、しばらくして、浦田はスカウト部長として聞きたくない話を耳にした。

「根本さんがね、『広岡はスカウトのことボロクソに言っとる』って言う。そしたら坂井代表も言う。ほかの人間も言う。何だ？　と思いましたよ」

12月に入って、球団の総合的な会議が始まる前だった。出席する広岡を浦田は呼び止めた。

「ヒロさん、5分でいいんで、二人でちょっと話があんねん」

広岡は浦田よりも4つ年上だった。選手寮の広間に連れて行き、そこで話し始めた。

「あんた、スカウトのこと、ボロクソに言っとるらしいね」

「僕はそんなこと言っとらん」

「いや、ちゃんと聞いてる。ヒロさんなあ、オレとケンカしても、オレ勝てんで」

「どうしてだ？」

「わからんの？　それ。オレがあんたとケンカしても勝てないって理由、わからない？」

「わからん。何でお前がオレとケンカして勝てんのだ？」

「勝てないんだって。わからんのか？」

「わからん」

「あのな、ヒロさん。あんた、日本のプロ野球界で、吉田義男と二人でナンバーワン、ナンバーツーって、どっちが上かわからんショートで。日本中のプロ野球ファンが知ってるし、日本中のプロ野球に関係してる人が知ってるよ。だから、広岡っちゅう名前はプロ野球ではすごい名前なんだ。浦田っていう名前は、全然わかんないよ。そのわかんない、プロ野球で何してんのかわからんヤツとケンカして、どっちが勝つ？」

ふっとそらした視線を斜め上に送った広岡が、再び浦田の目を見て言った。

「わかった」

「わかった？」

「わかった。悪かった。オレ、謝るわ」

「わかるならいいんです。謝らんでいい。これから、スカウトのことをボロクソに言う前に、オレと話をしましょうや。オレと話してからボロクソに言ったらいいじゃないですか。何か気に食わないんだったら。スカウトのことで何かあったら必ず連絡して、それから、話をすればいい。これからそうしましょう」

「そうする」

　浦田にすれば、監督の職域と権限をはっきりさせるつもりだった。特にその年、広岡の手腕を称える声が巷に満ちあふれていたから、仮にマスコミにスカウト批判でもされたら、浦田もスカウトも立つ瀬がない。スカウト部長として、当然のことを言ったまでだった。

「広岡っていったら選手で抜群、コーチとしてもよかった。監督としてもよかった。なおかつ、西武に来たら一発で日本一になってる。僕が勝てるわけないんですから。でも、それから変わりましたよ。『浦田』『浦田君』だったのが、『浦田さん』になった（笑）」

桑田と清原、二人ともほしかったんですよ

広岡に釘を刺した形の浦田だが、2年連続日本一になった１９８３年のドラフト。このときに限って、広岡に助けられることになる。その顛末は第八章で詳述するが、獲りたい選手本人と周囲まで徹底的に調べ上げることから始まる浦田のスカウティングに変わりはなかった。

加えて、いち早く選手本人側に接触し、本人の本当の気持ちを確かめることに重きを置くことも同様。常に浦田を衝き動かしていたのは、「早く動かないとよそに持っていかれる」という危機感だった。これは85年の、いわゆる〈ＫＫドラフト〉のときもそうだった。

この年、西武はＰＬ学園高の清原和博を1位指名して獲得する。6球団が競合した末、強運の根本が〝当たりクジ〟を引いた。プロ1年目から主力となった清原もまた、常勝西武に欠かせない選手だった。が、浦田がいち早く動いたのはもう一人の〈Ｋ〉、桑田真澄のほうだったという。そこにはどんな事情と背景があったのか。

「僕はね、桑田もほしかったんです。西武も巨人と一緒で、桑田と清原、二人ともほしかったんですよ。だから春の大会が終わって5月の終わりか6月の初め頃、桑田の家に電話したんです。そしたら〈この電話番号は現在使われておりません〉って。電話局に頼んでつながらないようにしちゃってる。それで、あらっ、どっかもう動いてるな、と思って調べ始めたんです」

85年のドラフト会議当日。直前まで「1位指名は清原」と見られていた巨人が、早稲田大進学を希望する桑田を1位で指名した。会場は驚きの声でどよめいたが、その裏には西武の挑戦があった。というのも、浦田が「二人ともほしかった」と言うとおり、「巨人は両獲りを狙っている」と根本が確信。「うちは清原か桑田のどちらかを獲る」と公言したのだ。

プロ志望届はまだなかった時代。大学進学を明言している選手でも、ドラフト指名は可能だった。強行指名で入団拒否となるのを避け、ドラフト外で獲ることもできた。現に「大学進学予定」の秋山が西武に入団した経緯がそうだった。すなわち、桑田の早大進学は１００パーセント決まりではない、という前提で、西武サイドは巨人の戦略を見定めたのだ。

浦田の推理によれば、巨人は当初、ドラフトで清原を1位指名し、2位指名またはドラフト外で桑田を獲ることを考えていた。あわよくば両獲りができて、たとえ1位で競合必至の清原を抽選で外しても、桑田が獲得できる。ところが、根本が「清原か桑田」と言ったことで、桑田を1位指名せざるを得なくなった――。

「僕もバンバン言ったんですよ。『清原を外したら、嘘も隠し事もなく桑田を行きます』って、新聞記者にもどんどん言って。それで巨人は怖くなっちゃって、清原をやめて、桑田に行ったわけですよ、決まってるヤツを。もうね、調べたら決まってることがわかりましたから。巨人のスカウト、〝伊藤の菊〟の息子が、1年生でＰＬの野球部に入ってたんです。ああ、やられたな、と思いました」

あんな強いチームをもういっぺんつくりたい

巨人の辣腕スカウト、伊藤菊雄。関西在住で息子の敬司をPL野球部に入れ、選手の親の立場で学校に出入りできる特権を得ていた。後年、引退後の桑田が雑誌のインタビューで「菊さんは、僕の本心を含めてすべてを見抜いていたような気がする」と発言している。「僕の本心」とは、「早稲田が第一希望だが、巨人だったらプロへ行く」というもので、伊藤はその意志を確信していたようだ。

「僕は〝伊藤の菊〟とは年も近いし、会えば冗談を言い合うような仲だったけど、仕事にかかったら別でした、まったく。向こうもそう思ってただろうし、僕もそう思ってたから。永遠のライバルだ、と思って、張り合ってましたよ。だからそのときも、ほしかったけど桑田は獲れないだろう、でも巨人に清原と両獲りだけはさせない、と心に決めていました」

そうして結局、清原の交渉権を得たわけだが、本人は巨人からの1位指名を確信していたなかでチームメイトの桑田が指名され、大きなショックを受けていた。当時の監督、王貞治がドラフト前、「うちは清原で行く」と発言し、スポーツ紙の記者経由で王のサイン色紙が届けられていたから、なおさらだった。

まして、清原自身、プロ入りしなければ社会人の日本生命に入社することが内定していた。

ゆえに、西武が交渉権を得たといっても難航は必至。そこで、近畿地区の担当スカウトに代わり、当時は大阪に住んでいた浦田が交渉に臨んだ。

ドラフト直後こそ、清原の両親もショックを口にしていた。が、しばらくして母・弘子が、「初恋の女にふられたからと言って、いつまでクヨクヨしているの。今夜から毎日９００回、腕立て伏せをしなさい。王さんの８６８本塁打を超えて見返しなさい」と言った。清原自身、この言葉に救われたこともあって西武入団に前向きになり、交渉は金銭面に絞られた。

全4回となった交渉は、記者が取り巻く自宅ではなく、弘子の弟の家で行われた。根本は交渉に参加せず、契約内定のときに限って同席し、マスコミにも対応。ゆえに、表向きには根本が両親から入団合意を取り付けた、と見られたが、実際には浦田が完遂していた。

ライバルの〝伊藤の菊〟に桑田を獲られても、清原は獲り逃さなかった。その根底には、巨人への強い対抗意識があったのだろうか。

「それはそうですよ。巨人の天下が続いて戦力が違ったら、いつまでもパ・リーグが日本一になれないでしょう。だから現場はもちろん、僕たちスカウトもね、いい選手を獲って、常に頂点を狙って、日本一になる、という目標を持って仕事に当たってました。ただ、それは僕自身、西武ライオンズに始まったことじゃないんです。西鉄ライオンズでスカウトになったときからなんです」

浦田が捕手として西鉄に入団し、プロ1年目を迎えたのは１９５７年。３年連続で巨人と対戦した日本シリーズ、西鉄が3連覇したときの2年目だった。チームの主力としては日本一に貢献できなかったが、黄金時代の強さを肌で感じていた。

「だから僕は、引退してスカウトになったとき、あんな強いチームをもういっぺんつくりたい、日本一のチームをつくろう、と思ったんです。それがやっと、西武で、中学の頃から尊敬する根本さんと一緒にできたんですから、僕はもう満足でした」

西武には一人も新人を獲り逃したことがないヤツがいる

前身球団であり、同じライオンズでありながら、〝黒い霧〟事件の影響もあって見えづらかった、西鉄と西武のつながり。しかしそれは単に周りから見えづらかっただけで、じつは連綿とつながっていた。常勝西武は、西鉄黄金時代を知るスカウト＝浦田の強い思いなくして築かれなかった、と言っていい。そして、実質ＧＭとしての根本の功績も、浦田なしには挙げられなかったのだ。

「でもね、僕だって、根本さんがいなかったら、自分の思いどおりにスカウティングできなかったですよ。嘘は言わないで、おだてないで、ダメなものはダメ、いいものはいいって、はっきり言う根本さんがいてくれて初めて、西武を強くする新人補強ができたんです。

だいたい、根本さんはね、肩書きは管理部長だったけども、実際にはＧＭというよりも社長と一緒でした。だって球団の業務は全部、根本さんがいなきゃできなかったし、現場との話もできない。これは西鉄のときからそうでしたけど、球団社長って、みんな本社から来る素人なんです。球団代表にしてもそう。それこそ肩書きだけで、野球を全然、知らないんですから」

ＧＭというよりも球団社長――。まさに根本は、のちにダイエーで球団社長に就任するのだが、じつは西武でフロント入りしたときから「社長」だった。では、その「社長」、当時は取締役編成部長になっていた根本が、ダイエーに移ることが内定した１９９２年10月、長く一緒に仕事をしてきた浦田はどんな思いだったのか。

「最初、根本さんから僕に話は何もなかった。当時、住んでいた大阪から球団事務所に行ったとき、初めてダイエーに行くんだって知ったんです。それでその日はホテルに泊まって、翌朝、根本さんの家に電話したら、一人でいた。『まだ朝メシ食べてない』って言うから、所沢の駅の近くで根本さんが好きなパンと牛乳とコーヒー買ってね、『今から持ってってやるわ』って言って」

浦田は事の真相を知りたかった。「オレもダイエーに連れてってくれるんですか？」と聞きたかった。所沢市の小手指にある根本の自宅までタクシーを走らせ、到着するなり尋ねた。

「あんた、一人で行くんか？」

「おお、一人で行く」

「何でやねん」

「いや、オーナーに訊かれたんだ。『根本、お前、一人で行くのか？』って。そしたら、誰々を連れて行きますとか、そんなこと言えないじゃないか。だから『はい。一人で行きます』って言っちゃったんだ」

オーナーの堤は、82年の初優勝以来、根本を高く評価してきた。新人争奪戦やトレードで名を馳せ、二人の勝てる監督を招いた編成トップ。それだけ有能な男がライバル球団に引き抜かれる事態になって、最終的にはダイエー球団オーナーの中内㓛と会談。堤が譲る形で根本の移籍が決まりはしたが、さらなる人材の流出を恐れて「一人で行くのか？」と問いただしたのだ。

「連れて行く、と言うなら、僕は一緒に行ったけど、それでその話は終わり。もうオーナーに言っちゃったからって（笑）。でも、ということは、根本さんには連れて行く気があったんだと思います。もしも一緒に行ってたら、ダイエーはまた違うチームになってたかもわからない。で、根本さんはもうちょっと、長生きできたかもわからない」

浦田を連れて行かなかった根本だが、ダイエーに移籍後、西武のスカウティングをフロントに話す機会があった。そのとき、「西武には『これを獲る』って言ったら絶対に獲る、一人も新人を獲り逃したことのないヤツがいる」と言って、浦田の名前を出している。

「その話、ほかの人から聞いたことあります。あらためて、獲り逃したことがないから信用してくれて、任せてくれたんだなと思いました。西武にいるときはそんな話、まずしませんからね」

根本が去って3年後の95年、浦田は球団本部長に昇格。自身は「最後までスカウト部長として最高のチームをつくりたい」という願望が強かったが、以降は球団全体の運営を統括すると同時に監督・コーチの人事にも携わった。最後の大仕事は、伊東を監督にすることだった。

「伊東は監督でも日本一になったけど、根本さんがダイエーに持っていった秋山、工藤までが監督で日本一になっとるでしょ、ソフトバンクになってから。もう根本さんが亡くなったあとのことだけど、それは大したもんだと思います」

浦田が獲り逃さず、常勝西武に欠かせなかった3選手は、指導者としても成功した。伊東を監督にしたとき、二軍投手コーチに任命した渡辺久信も２００８年には監督として日本一。退任後はフロント入りし、のちにＧＭとなった。

05年限りで勇退、退団した浦田は、現在のソフトバンクに根本の遺産を見ている。17年から20年までの4年連続日本一は特にそうだという。

「ソフトバンクがそれだけ連覇できるチームになったということは、やっぱり、根本さんが行ったからなんですよ。その遺志がずーっと続いてきて、これからも続くでしょう」

第五章

球団マネージャーが傍らで見た「おっさん」

証言者

島田正博

なんだ？　このおっさんは……

スーツ姿の男たちが、荒れ地のようなグラウンドでVの字に並んだ。

1979年1月、建設中の西武球場。腕を組む監督の根本陸夫を先頭に野村克也、田淵幸一、東尾修、土井正博、森繁和ら選手15名全員が腕を上げ、拳を握っている。当然ながら、VはVictoryを意味する。

このマスコミ向けの写真撮影を、球場準備室の島田正博は傍《かたわ》らで見ていた。当時を振り返って「あのVは空振りだよ」と笑う島田は、のちに西武の名物マネージャーとして知られた男である。国土計画から西武球団に手伝いに来て、当初は球場広報も務め、82年から二軍マネージャーとなった。チームと密接に関わり続けたなか、最も強く印象に残っているという根本の思い出を聞いた。

「初対面のときはね、何だ？　このおっさんは……と思いました。そりゃそうですよ。見た目は任侠映画の世界そのまんまで、実際、法政のときは硬派学生でしょう？　一度、根本さんとコーチの浦田（直治）さん、城戸（則文）さんと一緒に新宿を歩いたら、反社会的勢力の連中がよけて頭下げましたからね、本当に。何か、自分が偉くなったような気になりましたもん」

戦後の焼け跡、闇市の時代。ヤクザが暗躍し、硬派学生も絡み、東京のあちらこちらで大小の争いが起きていた。根本は法政大野球部に所属しながら硬派学生気取りで渋谷で暴れ回り、新宿でも顔を知られていた。その名残が、70年代から80年代にかけての新宿にはまだあったのだ。

もともと資産家の跡取りとして生まれたこともあり、根本は決定的な悪党にはならなかった。ただ、根本と同年代で、互いに意識する存在に元安藤組の安藤昇がいた。「インテリヤクザ」といわれ、俳優として芸能の世界でも名を上げた安藤のことを、根本は球界の人間にもよく話した。なかでもケンカの仕方を好んで伝えたそうで、島田も常に興味津々で聞いていた。

「会わせてほしかったですよ、安藤さんに。オヤジに頼んだら『わかった』って言ってくれたけど、結局、そのままになっちゃった。でも、そういう話を聞いていたらね、オヤジもそうなんだ、と思っちゃいます。で、変な話、プロ野球は興行じゃないですか。だからオレ、やっぱり興行にはその世界の人たちが絡むものなんだなって、当時は真剣に思いましたよ」

ほかの信奉者たちと同じように、島田も23歳年上だった根本のことを「オヤジ」と呼んだ。もっとも島田の場合、監督対選手の関係が原点にある野球人とは違って、初めからチームスタッフという立場。「根本さんは球界の先輩」という意識は希薄だから、時に言葉がエスカレートした。

「たまに、何か気に入らないことをオヤジに言われて頭にきたら、『おっさーん!』って怒鳴ってました。選手とは違って、オレはそれを言ってもよかった、というか、言えた。たしかにコーチだって言えなかったと思う。まあ、オレも言ったあとで『ヤバいな』と、何回も思ったけどね（笑）」

度胸十分の島田は、当時30代前半。都立高の軟式野球部が〝最終球歴〟ではあったが、それでも「野球の経験がある」ということで、西武ライオンズ誕生と同時に球団に関わった。クラウンライター＝福岡野球から来た経験者はごくわずかで、国土計画のほか西武グループの鉄道、建設、不動産各社から寄せ集めた人間がフロントに入っていた。

そもそも、オーナーの堤義明はスキーやスケート、アイスホッケーといったウインタースポーツを好み、選手の育成にも力を入れていた。が、野球自体はほとんど知らない。球場広報だったときの島田は、まさに西武球場でその最たる場面を目の当たりにしていた。

「義明さんが試合を見に来ていて、ツーアウト、ランナー一塁で盗塁したんです。タッチアウト。そしたら『次の回、バッターどうなるんだ？』と秘書に聞いた。秘書は元スキージャンプの選手で、『バッターはアウトです』と答えて『おお、そうか』。で、ちょっと間を置いて、『それだったら4アウトになるだろ。おかしいじゃないか』って。それぐらい周りも知らなかったんです」

なぜ怒られているのかわからない

　周りの人間とは違って、島田にはプロ野球の現場を覗いた経験もあった。家庭の事情で広島に住んでいた中学時代、広島市民球場でボールボーイを務めた。プレー中のグラウンドを注視しつつもベンチの雰囲気が伝わってきて、選手と些細なやり取りをするだけでも性格を感じ取れる。ゆえに、西武では根本を「何だ？」と思った以外、違和感なく関わることができた。

「でもね、違和感はともかく、オヤジには初めからかわいがってもらってましたよ。しょっちゅう、『ちょっと来い』、『ちょっと来い』って呼ばれてね。飛んで行くと、『気の利いた、メシ食うところ探せ』と頼まれたり。で、オヤジの行きつけの店はあったんです。新宿の寿司屋と小料理屋。この二軒はもともと、コーチ陣のために使っていたんですね」

　根本が埼玉・所沢市の一軒家に住んでいた一方、大半のコーチは、球団が手配した西武建設の社宅に住んでいた。その社宅が新宿にあり、単身で来ているコーチたちの食事の負担を軽くするために二軒を使っていた。いずれも、根本が不在のときでも使っていいことになっていた。

「オレもよくオヤジ抜きで連れて行ってもらったんだけど、そのときは勘定がえらい安い。というのは、安くなったぶん、あとからオヤジが払ってくれていたわけです。そのあたり、全部は面倒を見ないから、こちらは次の日でも行きやすい。これがまったくのタダだったら甘えちゃうし、かえって行きづらいです、次の日。だから、そういう細かい配慮がうまかったと思います」

根本自身、アルコールはワインを少し飲む程度でも、コーチやチームスタッフを酒席に連れて行くことを好んだ。麻雀にしても、「わざと負けてるのか？　と思うぐらい下手くそ」だったが頻繁に卓を囲み、常に真剣に打っていた。ゴルフもさほどうまくはなかったものの、それなりに楽しんでいる様子だった。

「同じ大会に出て一緒に回ったことがあるんだけど、あの人、まず素振りしないんですよ。ボール置いたらすぐポーンと打っちゃう。オレも下手だからボロカスに言われたけど、アンタがどれだけうまいんだよ、って思ってたから（笑）。ただ、ゴルフと言えば、オヤジは木のシャフトのクラブが入ったゴルフセットを持ってて。それを『お前にやる』って言われたんですよ」

二軍マネージャー就任が決まったとき、島田はほかのチームスタッフとともに根本の自宅に招かれた。食事を終えたあと、年代物の貴重なゴルフセットが披露され、いきなり進呈されることになった。根本家から島田の自宅まで徒歩5分、そのまま持ち帰ればいいはずだった。

「本当に歩いてすぐなんだけど、ちょっと酒も入ってたし、めんどくさくなっちゃって（笑）。『今度、車で受け取りにうかがいます』って言って、そのまま取りに行けなかったんです。もう今さら、うかがえないです。まだあるのかどうか、わからないですけど。でも、『やる』って言われたときの嬉しさは忘れられないね」

それほど根本にかわいがられていた島田だが、二軍マネージャー1年目は戸惑いがあった。国土計画時代は同社のアイスホッケーチームと付き合いがあり、マネージャー経験もあったから、仕事自体に支障があったわけではない。が、プロ野球界の常識と一般常識の違いが理解できず、コーチに怒鳴られ、根本にまで怒られたときがあった。

「オレはどちらかと言えばサラリーマンの一般常識でものをしゃべる。コーチ連中は野球界の常識でしゃべる。ものすごいギャップがあって、あの頃、オレもまだ若かったから、『それは違うでしょー！』って怒ったことがあったんです。そしたら、あるコーチに『島田、ちょっと来い！』って怒鳴られて。『お前はどんなつもりでいるんだ？』って、散々、怒られました。怒られても意味がわからないわけです。なぜ怒られているのかわからない。細かい内容はもう憶えてないのですが、この人たち、何てわがままなんだ？　と思ったのはたしかです。それで頭にきて、オヤジならわかってくれる、と思って根本さんに電話したら、またそこで怒られてね」

選手を集めるのはうまいけど技術を教えたらダメ

一般社会では非常識でも、野球界では常識――。すべて納得するまで数年かかったというが、そのなかでも島田は根本に頼りにされた。例えば、絶不調に陥った選手がいると、どこか気分転換できる場所に連れて行くように言われる。あるいは選手の行きつけを尋ねられ、思い当たる店を教える。1982年からフロント入りした根本にとって、同年に二軍マネージャーになった島田が情報源になっている面もあった。

「二軍マネージャーって、あの頃、ありとあらゆることをやる必要がありました。やっぱり、若い選手はいろんな面でトラブルを起こしがちですから、医者、警察、弁護士といった人たちをとにかく押さえておかないといけない。選手の行動半径はもとより、健康状態を把握しておく必要もありました。時には〝反社〟が絡んだ事件も起きて大変でしたよ」

ファームのある選手が所沢市のスナックで飲んでいるとき。腕に墨が彫られた男と殴り合いのケンカになりながら、表沙汰にならずに済んだことがあった。この事件、一夜のうちに根本が解決したと伝えられているのだが、じつは陰では島田が動いていた。

「ケンカもそう、女性関係もそう。本当にめんどくさかったけど、たまたま対処できる人間を知っていたから事なきを得たんです。あとは交通事故、交通違反と……、写真週刊誌の女性問題もあったな。あれは出版社から事前に連絡が来るので、そこで『ちょっと待て』と、写真を差し替えてもらう。その借りをつくったら返さないといけないわけだけど、あれは返したのかどうか……」

一方で二軍の現場では、根本の行動を疑問に感じるときもあった。しばしば練習の視察に来るのはいいとして、行き過ぎた指導がなされていた。

「ひょこっと来て、若いピッチャーつかまえて。二軍のコーチ、関係なしに教えるんです。それで暗くなるまで投げさせる。当然ですけど、それはもうコーチが嫌がってね。で、投げさせられた選手、誰も伸びてない。かえってつぶれるんじゃないか、と思ってました。

たしかにオヤジは選手を集めるのがうまくて、選手を伸ばすためのコーチを育てるのもうまいし、うまく使うのも得意でした。でも、本人が技術を教えたらダメ。監督としての采配もダメでしたね。１００年やっても勝てないですよ。戦術がいい加減だから」

西武監督1年目、根本は開幕当初から三塁に山村善則、遊撃に大原徹也を起用し続けた。いずれもミスが目立ち、守りで大きな穴になっているにもかかわらず交代させない。若手成長株だった遊撃の真弓明信は阪神に移籍し、内野のリーダーになるはずだった二塁の山崎裕之が負傷離脱中という事情もあった。

とはいえ、引き分け2つをはさんで開幕12連敗となっても代えないのを見て、島田は「何やってんだ、このオッサン……」と思っていた。のちに一軍マネージャーとして監督の東尾修に仕え、ベンチ入りしてからは「根本監督で勝てるわけなかったか」と気づかされた。

「東尾には勝負師の勘がありましたよ。例えば、ピッチャーの交代とか代打とか。ベンチの選手たちが『何でここで代打？　違うだろ』とか小声で言ってるときがあるんです。でも、そこで成功すると『やっぱり監督は大したもんだな』ってなる。根本のオヤジにはそういうのがないですから。オレみたいな素人にもわかるぐらい、はっきり違いました」

81年10月、監督を辞して球団管理部長となった根本が、ヤクルトを初優勝に導いた広岡達朗を新監督に招聘した。このとき、島田は「これで勝てるな」と確信した。実際に翌年は西武として初の日本一を達成し、年々強化されたチームは常勝軍団になっていく。その間、島田は徐々に根本の存在の大きさを感じることになる。

「ファームなのに、キャンプでも試合でも客人が多いんです、やたらと。特に、広島時代からオヤジの子分だった岡田悦哉さんが二軍監督のとき。岡田さん自身も顔が広かったから関係者が多かったけど、それに加えてオヤジの関係者が来るわけですよ。試合で地方に遠征に行けば、必ず『知り合いです』って地元の人が来る。いちいちおべんちゃらを言わないといけないし、めんどくさいなあと思いながら、これが人脈ってヤツなんだなと」

オレが新聞記者に言えば、書きはせん

全国に６０００人とも言われた〝根本人脈〟。近鉄のスカウトだった当時、逸材を探し求めて各地を回ったことが始まりだった。訪れた高校だけでも１０００校近くに上り、必然的にそれぞれの地域で球界以外の「知り合い」も増えていく。そうした人と人のつながりが貴重な情報源となり、大きな財産になった。まして、西武では新たな情報網を自らつくっている。

根本は毎年、引退した選手全員に「家族証」を送った。西武球場へのフリーパスだが、球団

ＯＢにとっては西武に在籍した証しとなる。それぞれの地元で飲食店経営や営業職など他業種に転身しても、客であれ、取引先であれ、元選手と気づいた相手にパスを見せる。野球話に花が咲くうちに「地元の逸材」の話が出れば、ＯＢは自費でその選手を見に行き、球団に動向を知らせてくれるのだ。

近年の話になるが、２０２０年６月、巨人が「ＯＢスカウトを発足させる」と発表した。全国各地の球団ＯＢに有望選手の情報提供など協力を求め、正規のスカウト活動につなげるというもの。対象は少年野球チームの指導に当たっているＯＢで、〈日本球界初の取り組み〉と報じられた。が、形は違えど、西武は約40年前から実践していたわけである。

ともあれ、これらの情報網が新人獲得戦略に生かされ、球団の黄金期を築くことにつながっていった。その間、根本が以前にも増して「怖いもの知らず」になっている、と島田は感じていた。時代が昭和から平成に移り変わった頃、ひとつの事件が起きかける。

「西武球場での一軍の試合開催日です。昔あった第三球場で『高校生を見る』ってオヤジが言い出したんです。プロ、アマの関係がよくなりかけていたときだけに、もう、ちょっと勘弁してくれ……と思って。準備するように言われましたけど、『やめてくれ』って言いました」

同じ敷地内の本球場で一軍の試合があり、マスコミが数多く集まっている。いつ規定違反が知れ渡ってもおかしくなかった。

「オヤジには『オレが新聞記者に言えば、書きはせん』と返された。まったく平気なんですよ。

それでもう泣きながら、『今は時代が違うんです』と言わせてもらいました。そしたら聞いてくれて、その場は何事もなく済んだんです」

ところが、どこからどう漏れ伝わったのか、後日、「西武は高校生を練習に参加させている」との噂が球界内に流れ、夕刊紙に報じられた。ドラフト外で獲ろうとする選手を西武が密かに調べている、という記事内容だった。にわかにパ・リーグが調査に乗り出した一方、日本高等学校野球連盟（高野連）は、疑惑を持たれた二つの高校を事情聴取した。

結果、「練習参加の事実はない」とされたが、高野連会長は二校に対し、「アマ規定違反の疑惑を抱くような行動は取らぬように」と通達を出す。島田が証言するとおり、西武球団にも根本にもペナルティーは科されなかった。

もっとも、文献資料によれば、程度の差はあれど、他球団も密かに同じようなことをしていたという。にもかかわらず、西武だけがマスコミにつつかれたのはなぜか。まさにそれまでの新人獲得戦略によって、「球界の寝業師」と呼ばれた根本の存在が目立っていたからなのか。

「目立った、というより、オレが言えば記者は抑えられる、何でもオレが通す、という人だったからです。とにかく怖いもの知らずで、こっちはハラハラするだけ。ただ、そんな怖いものなしがいいほうに出たときもあるんです。１９８８年ドラフト1位の渡辺智男。右肘が壊れているのを知っていて獲ったわけです。それでスカウトの楠城（徹）がずっと智男について、治療よりも調整の仕方で、半年かけて見事に治した。それで勝てるピッチャーになりましたからね」

上の人間とケンカするときは資料を持っていけ

渡辺は１９８５年、高知・伊野商高のエースとして春の選抜甲子園大会に出場。準決勝で桑田真澄、清原和博を擁するＰＬ学園高を圧倒し、決勝では帝京高を完封して優勝投手となった。卒業後は社会人のＮＴＴ四国に進み、３年連続で都市対抗に出場するなど活躍。88年にはソウル五輪日本代表に選ばれたが、右肘痛を理由にプロ拒否を宣言していた。

実際に肘の状態は深刻――。球界内にそう伝わると、どの球団も指名を見送った。が、西武は指名したため、肘痛は〝やらせ〟ではないかと見られた。ドラフト前、西武のチームドクターが渡辺の肘を診断したとも伝えられているが、「本当に壊れてました」と島田は証言する。ただ、それ以前にもプロ拒否を宣言した選手の獲得がよくあったため、西武＝根本のやり口には裏がある、と思い込まれていたのだ。

「智男を獲るとき、立教大から82年のドラフト1位で入った野口裕美を思い出しました。３球団が競合して根本さんが当たりクジを引いた左ピッチャー。彼は2年生のときがピークで肩を壊してたんだけど、治す自信があって獲った。そしたら、治らなくて働けなかった。だから、野口で懲りてるだろうに……と思ってたんだけど、それでも智男を獲ったのはすごいことですよ」

根本の新人獲得戦略は、結果的に大失敗するケースもあった。それでもチームは結果を出し続けていたから、成功例のほうが際立つ。実質的なＧＭとはいえ、決して単独で動いているわけではないのに、いろいろな〝手柄〟が根本一人に集約していく。それは面白くない……、と妬む者が周りに出てきているのを島田は感じていた。

「だんだんと、オヤジの立場が危うくなっているような印象はありました。球団のなかでは力を持っていても、本社、西武グループの中では、あの人のやり方を快く受け入れられない雰囲気が出てきていましたから。でも、絶対、手放すべき人じゃなかったですよ」

新人を含めた選手補強に関して、西武グループの財力を生かしづらくなっていた。島田自身、根本と個人的な話をしていたなかで、何となく言葉が冷めているように感じる瞬間があった。真剣に感じたわけではなかったが、以前と同じではなかった。それから1年も経たない92年秋、根本は西武を退団してダイエー（現・ソフトバンク）に移った。

「オレはそのとき、一瞬、オヤジのことが嫌いになったんです。実情はどうだか知らないんだけど、土地で失敗したか何かで借金があったらしく、金のためにダイエーに行くんじゃないかと思ったから。でも、あとから考えたらそんな人じゃないし、実際にそうじゃなかったみたいね」

根本が去って1年後の94年、島田は二軍マネージャーから一軍マネージャーに昇格。森祇晶に1年、東尾修に7年、両監督に仕えてベンチ入りした。２００２年からは営業部長、球場長を務め、12年まで35年間、西武ライオンズに貢献し続けた。そのなかで特別な存在だった根本に言われた、今も忘れられない言葉がある。

「あるとき、『資料を持ってケンカしろ』って言われたんです。会社内、球団内、『上の人間とケンカするときはいつでも必ず資料を持っていけ。で、ケンカするなら負けるな』と。要するに、自分の考えを裏付ける材料、相手を言い負かすだけの材料が必要だと。感情じゃなくて、理性、理屈だと。その点、アンタこそ、そうしなきゃ、と思ったけどね（笑）」

感情を爆発させる姿に、偶然、出くわしたことがあった。ホテルでの優勝報告会の最中、宴会場の控室で、ある二軍コーチに手を上げていた。島田が目撃した根本の鉄拳はそれきりだったそうだが、祝いの席でさえもそこまで真剣にチームのことを考えていた、ということなのか。

「そのコーチは『口答えしたらやられた』と言ってました。人事の話だったようで、たしかに、常にチームのことを考えていたと思います。でも、野球、楽しんでました、あの人。自分なりに。それが結局は、選手を育て、コーチを育て、チームを育てた。逆に、自分で意識的に育てようとしたら育たないけど、あの人が行った3球団、全部、強くなってるもんね」

広島、西武、ダイエー。すべて低迷中に根本が監督を引き受けたあと、時間がかかっても必ず強化され、連覇できるだけのチームがつくられた。その功績に島田は注目してきた。長年、プロ野球の現場に携わった立場で見れば見るほど、「大したものだ」としか言いようがないという。

「技術的な指導はできない、采配もできない。そういう面では、あまり野球のことは褒めたくないけど（笑）。やっぱり、偉大な男ですよ」

第六章

巨人以上に西武が強くなっていた

証言者

鹿取義隆

誰とでも交換しやすいトレード要員

１９８９年のオフ、11月に入って間もなく、あるスポーツ紙が大型トレードの可能性を一面で報じた。西武が巨人・鹿取義隆、山倉和博のバッテリー獲得に乗り出し、交換要員として工藤公康の名前が浮上したとの記事。西武の編成責任者、根本陸夫の談話が載っている。この年、根本はコーチが起こした不祥事の責任を取り、管理部長からスカウト部長へ降格していた。

「巨人とのトレード？　今年の前半戦の最中にあったのを、今になって騒いでいるんだろう。シーズン中に出た話だよ。動きは止まっているし、巨人は米国キャンプへ行くんだろう？　動くとしても、もっと先だよ」

対して巨人サイドは「両選手とも来季の戦力と考えている」とコメント。一方で西武・工藤については、２年連続の成績不振ゆえに名前が出たと見られたが、その５日後、「トレードは絶対にない。出すわけがない」と根本が断言。「どこのチームも左投手が不足している。１年目のフォームを思い出せば、すぐ復活する」と付け加え、事実上、残留が確定した。

もっとも、根本が明かしたとおり、鹿取については同年６月にトレード話が持ち上がっていた。そして最終的には西武に移籍するわけだが、それまでにどんな経緯があったのか。

現役引退後は古巣に戻り、一軍と二軍のコーチを歴任。侍ジャパンのテクニカルディレクターなどを経て、巨人ＧＭまで務めた鹿取に聞く。

「実際、6月頃にトレードの話はありました。僕が聞いたのは西武じゃなくて、西日本の都市を本拠地とする球団だったけど。ちょうどゲームに使われなくなっていた時期で、自分では状態はいいと思っていても、周りから見てよくなかったんだろうなと。結局、その球団との話は破談になったけど、またトレード話かよ……、でもそろそろかな……、という思いもあったね」

鹿取は入団3年目以降、毎年のようにトレード要員として名前が挙がっていた。ゆえに慣れていたわけではないが、そこまで出てくる原因を自分なりに考えると、「ドラフト外の選手としての扱いだったからか」としか思いつかなかった。とはいえ、鹿取自身、初めからプロを目指していて巨人に入団したわけではなかった。

78年のドラフト前、明治大の投手陣で二番手として東京六大学で活躍した鹿取は、社会人の日本鋼管入社が内定していた。一時は「プリンスホテル一期生になる話があった」というから、じつはこの時点で西武グループで野球を続ける可能性もあった。その可能性は明大監督、島岡吉郎の猛反対で消えたが、ドラフト直後、日本鋼管入りもなくなった。

というのも、巨人が〝江川問題〟でドラフト会議をボイコット。社会人内定で指名がなかった鹿取を獲りに来ると、島岡が日本鋼管に断りを入れた。巨人スカウトの沢田幸夫が明大ＯＢで、島岡とは気心が知れた間柄だった。高知の実家に帰った鹿取は家族と相談のうえ、入団を決めた。

当時のドラフト制度では、指名枠（78年は1球団４人以内）から漏れた選手を「ドラフト外」で獲得できた。が、ボイコットした巨人は一人も指名していないため、アマ球界からの新入団すべてが「ドラフト外」。鹿取の場合、指名枠から漏れたわけではない。にもかかわらず、入団から間もなくトレード要員になってしまうとは……。

「プロの世界、それはあるかなと思う。しかも僕の場合、あまり期待されていなかったわりに、1年目から一軍でそこそこ投げていたから。たぶん、そういう面でも出しやすい、誰とでも交換しやすい選手、と見られていたんじゃないかな」

もし放出が事実ならすぐにも交渉に入りたい

入団5年目まで中継ぎ中心、〝谷間の先発〟もあった鹿取だが、１９８４年、王貞治が監督に就任すると勝ちゲームのリリーフとしての地位を確立。18セーブを挙げ、優勝に大きく貢献した87年には、リーグ最多63試合に登板。それだけ王が交代を告げたことから「ピッチャー鹿取！」が流行語となり、酷使される状況を指して「鹿取《かと》られる」という造語まで生まれた。

翌88年も鹿取は17セーブを挙げたが、オフには王が辞任。89年は藤田元司が監督に復帰すると、先発完投を重視する藤田の投手起用方針と若手の成長もあり、鹿取の出番は減少する。そのなかで途中トレードの話があり、６月、鹿取ではなく角三男（盈男）が日本ハムに移籍。前年には西本聖《たかし》が中日に移籍し、鹿取と同学年の投手二人がチームを去っていた。

「当時、32歳。だから、そろそろ順番が来たかな、世代交代かな、と思っていた。このときの経験が、後々、自分がＧＭになって編成の役に立つとは思わなかったけど、ともかく、結果が出なくて使われないのは仕方がない。チームは優勝して日本一になったけど、日本シリーズに入る前に新聞に〈鹿取を放出へ〉と出たからね。藤田さんに『どうなるんですか？』って聞きました」

藤田の返答は「もうひと花咲かせたかったら出てもいいよ」。鹿取はこの言葉に自身の立場をはっきりと悟り、「わかりました。出ます」と答えた。その後、西武の動きが大々的に報じられたのだが、鹿取はアメリカでの秋季キャンプに同行。投手コーチの中村稔が放出に反対し、抑えで期待される投手が肩を痛めた事情もあり、11月半ばには〈残留決定〉と伝えられた。

ただし、記事では、７球団が鹿取獲得に動いたことが明かされ、まだ正式な残留決定ではない事実が強調されていた。いかにも、鹿取はその後も藤田に意思確認され、「気持ちに変わりありません」と返答。そうして11月末日、トレードを直訴する鹿取の意思を藤田が尊重する形で放出が決まった。他球団関係者では、根本のコメントだけが新聞に載った。

「うちも一度は獲得に動いたが、鹿取は出さないという方向だったので打ち切りになっていた。もし放出が事実ならすぐにも交渉に入りたい」

本当に「すぐ」だった。翌日、１対１のトレードで外野手の西岡良洋が交換要員となり、鹿取の西武移籍が正式に決定。この年、89年の西武投手陣は抑えが不在で、前年までリーグ4連覇、3年連続日本一のチームが3位に下降していた。監督の森祇晶はもとより、森をバックアップする根本としても、鹿取はどうしてもほしい補強戦力だったのだ。

12月7日、所沢の西武球団事務所で行われた入団記者会見。鹿取は巨人への愛着と感謝の気持ちを示しながら、「今日から西武ライオンズを一生懸命好きになります」と言った。「球界の盟主」と称される伝統球団から移った新天地は、本拠地移転後11年間でリーグ優勝6回、日本一5回。どのようなイメージを持っていたのか。

「西武は僕がプロ入りした79年に誕生した新しいチームだから、早く強くしなきゃいけない、っていう意識があったと思う。そこでいろんな選手をトレードで獲ってきて、チームを変えていったよね。他球団で主力だったベテランでまず補っておいて、その下をつくろうっていう考えがあったんじゃないかな。で、徐々に生え抜きを軸としたチームになっていった」

リーグが違う巨人にいても、「新しいチーム」だけに注目していた。そのなかで監督を務める根本が、編成の仕事も兼ねていることは伝え聞いていた。

「西鉄から太平洋、クラウンと名前が変わったけど、実質、同じ福岡で同じチームだったと思う。それが、根本さんがクラウンに監督で入って、西武になって、所沢に移ったことで一気に新しく変えられた。で、それを最初は根本さん一人でやったわけだから。先を見て、絵を描いて。ようし、この選手出すから、この選手くれよと。すごいな、と思って見てました」

チーム関係者じゃなければ避けて通りたい凄み

いざ西武に入って、「すごい」と思って見ていた根本に初めて会った。そのときに言われた言葉を、鹿取は今もはっきり憶えている。

「おお、よく来たな。今、うちのチームは抑えがしっかりしてないから、そこらへんを頼むわ。今までのいろんな経験を生かして、チームのために頑張って。何かあったら、いつでも相談に来いよ」

どこかのタイミングで、この人と「深い話」ができればいい。そう思わせるものがあった。結局、相談に行くような問題も悩みも生じることはなかったが、常に遠くから見てくれている、という実感があった。では、第一印象はどうだったのか。

「それはもう『怖い』のひと言です（笑）。ご本人だけじゃなくて、根本さん一家というかファミリーの人たち、特にスカウトの浦田（直治）さんは見た目に怖くて。チーム関係者じゃなければ避けて通りたいような、目をそらして歩きたいような感じだったと思う。それだけ凄みがあって、なおかつ選手を見る目を持っていたわけだよね。

それで直感したのは、スカウティングに関して、何か別のところを見ているのかな、ということ。巨人の場合、全国区の選手を見に行って獲ってきたところがあると思うけど、西武は目の付けどころが違ってて、草の根を分けて獲りにいく。『街を歩いて、いろんな人に話を聞いて選手に接触していた』という話を聞いて、そこが巨人との差なのかと思ったね、当時」

　鹿取が言う「別のところ」とは、チームの近未来を見据えると足りないところ、という意味合いもある。その不足を補うため、無名でも将来的に伸びる可能性のある選手を探して獲っている――。巨人から西武に移ったことで、とみに感じたという。

「巨人のスカウティングに関しては、西武の選手から『いっつも最後に持っていくよね？』なんて言われたこともあった。例えば、何球団かで獲り合いになっても、巨人が出ていくとそこで決まる。たしかにそうかな、と思ったんだけど、それでも西武が獲りにいっていたのは、根本さん、浦田さんのすごさなんだろうなと感じたね」

　ドラフト外の松沼兄弟、秋山幸二、さらには「オリエント・エクスプレス」といわれた台湾の郭泰源――。西武は巨人と〝争奪戦〟になった大物を次々に獲得していく。それまでは「巨人が獲りにいくなら手を引く。競り合っても負ける」という球団ばかりだったが、西武は違った。スカウト経験豊富な根本が中心になって号令をかけ、従来とは違った方法で選手を獲りにいった。

　例えば、選手の親や親戚、恩師と親密な関係を築いていく。さらにはアマチュア野球関係者のみならず、高校、大学、社会人チームの先輩・後輩から自治体の首長や地元の名士まで、全国に広がる人脈をフル活用する。そうして巨人よりも先行して獲得する。鹿取自身、一選手の立場でも、「また西武に獲られた」といった空気を感じることはあったのだろうか。

「そこまではなかったし、球団としても、獲れなかった影響は特になかったと思う。言い方は悪いけど、巨人が最後にお金を積んで、いい条件を出せば、まだいい選手を獲れた時代だったから。ただ、郭泰源は巨人に入ると思っていたので、何か変わってきたのかな、とは感じていた。実際、チーム内で『西武はいい選手獲るよね』とか話していたから」

野手のレベル高いな……と思っていた

１９８３年、巨人は初めて日本シリーズで西武と戦い、３勝４敗で敗れた。２度目の87年は清原和博と桑田真澄の〝ＫＫ対決〟が注目されたなか、巨人の守備のスキを突く西武の好走塁が光るなど、野球の違いを見せつけられて２勝４敗。鹿取自身、マウンド上で苦い思いをしたが、このときは力の差を感じていなかった。

「たしかに巨人に勝って、86年から３年連続日本一になったけど、89年は近鉄に負けてるんだよね。それで２厘差で３位になって、森（祇晶）さんがオーナーの堤（義明）さんに言われたのが、『監督をやりたければどうぞ』みたいな言葉だった。たぶん、そこから森さんは捲土重来を期したと思う。それなりの弱点がチームにあったわけだから」

89年10月19日、東京・原宿の国土計画本社。森はオーナーの堤を訪ね、シーズン終了報告を行った。同行した根本と球団代表が「来季も森体制で行きたい」とフロントの決定事項を伝えたあと、記者会見で堤が言った。

「根本から聞きました。監督がやりたいんだったら、おやりになればいいんじゃないですか。どうぞ。バックアップもやります」

森の続投はこのひと言で決まったが、近鉄と最後まで優勝を争ったことへのねぎらいはなく、最大11ゲーム差を縮めたことにも「11ゲーム離れたほうがおかしいんですよ」と放言。さらに「熱パといわれて、パ・リーグの人気が上がったということは、森監督はリーグ表彰されていいでしょう。私は優勝できなかったことが不満ですが……」と痛烈な皮肉をぶつけた。

以来、堤は〝冷徹な経営者〟というイメージがマスコミで取り沙汰されたのだが、常勝を宿命づけられたチームが1年でも優勝を逃すと厳しい、という現実が浮かび上がった。そこで敗因のひとつである「抑え不在」という弱点を補い、リリーフ陣を補強すべく、根本は鹿取の獲得を目指した。

「優勝を逃した近鉄との直接対決。郭泰源のリリーフに先発要員の渡辺久信を起用してたからね。誰の目にも抑え不在は明らかだった。だから、森さんがオーナーにも文句を言われないチームをつくろうとしたとき、僕が候補の一人になったんだろうな、と推測しました」

加えて、89年のドラフトでは、1位で8球団が競合した目玉の野茂英雄（新日鉄堺）をあえて狙わず、右腕の潮崎哲也（松下電器）を単独指名。リリーフで即戦力と見込んでの新人補強で、チームの弱点を確実に補おうとする方針が見て取れた。

迎えた翌90年2月、ハワイ・マウイ島での西武キャンプ。鹿取は初日から強い視線を感じることになる。球場にはフィールドとブルペンしかなかったため、ピッチングを始めると、野手陣が練習の手を休めて見に来る。日本シリーズで巨人に勝っていた西武ナインも、「強い巨人から来た選手」として鹿取の一挙手一投足に注目したのだ。

「投内連係、バント処理、牽制、すべて見られるんだよね。それでいざ、野手と一緒にチームプレーの練習をすると、巨人も西武も関係ない、同じ野球をやってきたんだもんな、と感じた。ただ、そう感じながらも、野手のレベル高いな……と思っていた。で、シーズンに入ったら、そのレベルの高さに自分が助けられたわけだよ」

巨人以上に西武が強くなっていた

1990年4月20日の近鉄戦。鹿取義隆が初めて西武球場で登板したときのことだ。8回から二番手でマウンドに上がり、打たれた打球が右中間に飛んだ。瞬間、スリーベースと判断した鹿取はベースカバーに入るため三塁方向にダッシュ。ライトとセンターが必死に飛球を追うシーンが思い浮かんだが、振り返るとセンターの秋山がグラブを構えている。ライトの平野謙がしっかりバックアップに入っている……。本当かよ⁉ と鹿取は驚いた。

「それまでのキャリアだったら間違いなくスリーベース。だからカバーに走ったんだけど、秋山が捕りに行ってて、えっ？　平野さん、え？　バックアップ？　これはもう投げている者にしかわからないけど、完全な長打コースがアウトだから。すごいチームに来たな、と思った」

新たに西武の抑えを任された鹿取だが、数多く三振を取るタイプではなく、バックの力に頼らざるを得ない。その点、当時の西武は内外野ともに鉄壁の守備力を誇り、鹿取とすれば「ホームランとフォアボールさえ避ければいい」と考えて登板できた。結果、移籍1年目に27セーブポイントを挙げ、最優秀救援投手のタイトルを獲得。2年ぶりの優勝に大きく貢献した。

「2年目のキャンプのとき、夜のミーティングでみんなに話す機会があって、『守備範囲にしても肩にしてもすごい。スローイングも正確だし』って言ったんだよ。そしたら『いやいや、普通ですよ』って返してくるから、『あなたたちはわかってないと思うけど、普通じゃないから』ってやり取りをしたことがある。

彼らは『当たり前のことをやってるだけ』なんだよね。でも、外から来た僕は『すごい』、『うまい』となる。別に巨人のレベルが低いと言うわけじゃなくて、セ・リーグのなかで高いほうだったと思うけど、それよりも西武は高かった。内野も清原だってうまかったし、辻（発彦）、田辺（徳雄）、石毛（宏典）、キャッチャーの伊東（勤）、みんなすごかった」

そう思える選手たちをしっかり獲ってきたのが西武のスカウトであり、その一番上にいるのが根本、浦田――。例えば、全国的には無名だった若手が第一線で活躍すると、鹿取は同僚にスカウティングの話を聞いていた。すると決まって「根本さん」「浦田さん」と名前が出るので、いつも感心しきりだった。これも外から来た選手ならではの感覚だろう。

「当時の西武、強さの要因は守備力だと思うんだけど、これはもちろん、スカウティングの段階から守れる選手を獲っていたということがある。それプラス、選手を育てていく過程で、守備に関するコーチの指導もよかったんだと思う」

90年の日本シリーズは巨人が相手となった。敵地・東京ドームで連勝スタートとなっても、「いやいや、こんなチームじゃないよ」と鹿取は言った。前年まで巨人でプレーした選手としてナインに忠告したのだが、結局、４試合で終わってしまった。

「勝って嬉しかったけど、巨人に対しては、こんなチームじゃないはずだ、と思うだけだった。だから、巨人以上に西武が強くなっていたと思う。90年から日本シリーズ３連覇、リーグ５連覇だからね。で、それほど強い西武に入ったことで僕自身の集中力が増して、コンディションはずっと現状維持ながらも長く頑張れたと思う」

GMって本当はこんな仕事じゃないはずだ

巨人で11年、西武で８年。通算７５５試合登板で91勝46敗１３１セーブ、防御率２・76という成績を残し、鹿取は１９９７年限りで現役を引退。翌年から古巣の巨人に戻ってコーチとなり、二軍では自らパソコンで選手のデータを管理し、動作解析プログラムを導入して技術指導に活用。今ではどの球団も採用する合理的かつ科学的な手法を、先走るほど早くに取り入れた。

２０００年、02年と巨人の日本一に貢献し、01年にはドジャース傘下１Ａでコーチ留学。06年は第１回ＷＢＣ日本代表の投手コーチとして世界一を支え、14年から侍ジャパンのテクニカルディレクターに就任すると、Ｕ－15代表監督も務めた。さらには、定期的に大学生投手を指導するなどアマチュア野球への理解も深いことから、17年４月、巨人のＧＭ特別補佐に任命された。

「そのときはスカウトと一緒に球場を回ったんだけど、ネット裏にはもちろん他球団の人間もいる。そのなかで西武だけが少し離れた場所にいて、いろんな所から見ていた。もちろん巨人も他球団も正面で見たり、横で見たりしてるんだけど、西武だけ最初からネット裏にいないんだよ。これはやっぱり、今でも根本さんの教えが続いているんだろうな、と思った」

根本はスカウトたちに告げていた。「他人がいたら一緒に見るな。一人で見て、自分の判断で評価しろ。絶対に群れるな」と。この教えは、「根本さん一家は何か別のところを見ている」という鹿取の直感にも通じる。当時から30年が経過しても、西武のスカウティングの基本は変わっていない、と気づかされた。

そんな出来事があって２ヵ月後の６月半ば、鹿取は巨人のＧＭ兼編成本部長に就任した。シーズン途中で編成部門のトップが交代するのは極めて異例だったが、前任者はチーム不振の責任を取る形での退任。「球団初の選手出身ＧＭ」として鹿取は注目され、周りの期待は高まった。まず、何から着手していったのか。

「チームに入って中を見て、どういう状態なのかを把握する。例えば、名前があっても実際にはかなりへばっている連中もいれば、若手で伸びているけどチャンスがない、っていう選手もいる。そのへんをどうやってうまく入れ替えて、チームをどう変えていくか。変えたときに、誰を入れないといけないのかを考えて、必要ならばトレードしなきゃいけない。

それはもうチームを俯瞰して、人を見て、年齢を見て、結果を見ていくと、ある程度、答えは出てくると思う。ただ、答えが出ても、獲った選手が機能しなかったり、時間がかかったりする。絵を描いても、すべてそのとおりにならないから難しい。そこで何が一番大事になるかというと、若手をしっかり育成することなんだよね」

当然ながら、ドラフトから育成の方針まで、鹿取には明確なビジョンがあった。ただ、就任直後に１件、翌年のシーズン中にも２件、選手の不祥事が発覚。その間にはチーム内でのトラブルも数多く起きていた。それらの後処理に時間を取られてしまい、「ＧＭって本当はこんな仕事じゃないはずだ」と嘆かずにいられないときもあった。

「でも、そこを改善するのもＧＭの仕事だと思い直してね。やっぱり、不祥事とかトラブルが多いのはそこまでの体制が悪かったからであって、チームを変えなきゃいけないときだった。悪くなった責任は現場にもあるけど、戦っている監督に負担をかけるわけにはいかない。記者会見で頭下げるのもフロントの仕事で、最終的には、チームを運営するＧＭの仕事だなと」
17年は4位に終わり、投打とも即戦力補強を行って臨んだ18年は3位。10月初め、監督の高橋由伸が辞任を発表したあと、「監督だけの責任じゃない。バックアップできなかった責任は感じている」とコメントして鹿取も退任した。

あらためて、日本プロ野球における理想のＧＭとは？

「何事もＧＭだけの判断では動けないから、理想を言うのは難しい。球団にはオーナーもいて、会長も社長もいて、選手を獲るにもチームを運営するにもお金が要るわけだから。『この枠でやってくれ』と十分な額で任せてくれるのがたしかに理想だけど、その枠を取るにも全体のバランスを見ていって、了解を得なきゃいけない。そこがなかなか難しい。

その点、僕が聞いた限りでは、比較的、近年の12球団でうまくいっていたのは西武じゃないかと思う。ＧＭが『こういう方針で行きます』と、社長もしくはオーナーに出したものが大きく変わらずに通っている、という意味で」

育てるには施設も設備も大事なんだ

西武のＧＭ、渡辺久信は現役時代に根本の薫陶を受けている。西武以外にセ・リーグのヤクルトに在籍し、台湾プロ野球を経験し、西武二軍の指導者として育成にも携わり、一軍監督としても成功。人脈も広く、編成としての実績もあるだけに、日本では渡辺のような選手出身GMが理想なのか、とも思えるが、実際はどうなのか。

「選手上がりのGMが理想、ということはないと思う。結局のところ、日本のGMはスカウティングだと思う。例えば、ソフトバンクみたいにスカウティングが結果的に成功すれば、編成トップが評価される。GMっていう肩書きがあってもなくてもね。

それに、ソフトバンクの場合は育成から上がった千賀（滉大）、甲斐（拓也）といった選手たちが頑張って日本一になってるから、大成功ということで余計に評価された。育成システムとして三軍制度を構築した、当時のフロントの判断も素晴らしかった。となれば、コーチも含めて人数を増やして、福岡の筑後に新しくファームの練習施設をつくろう、となるよね」

その原点には根本の存在がある。ダイエー時代に築き上げたスカウティングシステムが継承され、今に生きている。三軍制度にしても、もともと西武時代に根本が構築しようとしていたものだから、遺産といってもいい。そして、練習施設という意味では、根本が自ら動いて計画した宮崎のキャンプ地は「最大の遺産」といえるものだ。

「遺産なんてもんじゃないでしょう、あんなにいいキャンプ地。室内を含めればグラウンドが４面あって。メジャーは普通に８面あるから半分だけど、あの場所、生目《いきめ》の杜《もり》運動公園で大正解。一軍からファームまで全員が一斉に練習できて、首脳陣とすれば本当によく目が届くからね。巨人も宮崎は一応４面あるけど、メイン球場だけ離れてるから」

今から30年以上前に巨人から西武に移籍し、「根本さん一家」によるスカウティングのすごさを体感。その鹿取が巨人でＧＭ＝編成のトップを経験したことで、あらためて、実質ＧＭだった根本をリスペクトする。筑後の練習施設（ＨＡＷＫＳベースボールパーク筑後）も、宮崎キャンプを基盤に発展したと見ている。

「筑後には科学的な設備が揃っていて、アメリカではどこの練習施設でも入っているものだった。一度、ＧＭのときに巨人から何人かのスタッフに見に行かせて、レポートしてもらったからわかったんだけど。別にアメリカがいいんじゃなくて、若い選手を育成するために一番いい、最新の設備が揃っていた。巨人には入っていないものもあったし」

選手の育成に関しては「巨人だって負けてはいない」と言う鹿取だが、ソフトバンクに学ぶべきところは多々あったという。それは他球団にも通じることだろう。

「当然、どの球団もいい選手をたくさん獲って、育成して、上げていこう、と考えていると思う。いずれは全球団が三軍を持つとして、そのために何が必要なのか。スカウティングだけじゃない、育てるには施設も設備も大事なんだ、と根本さんが教えてくれたと思うね」

第七章

根本信者は死後も相談して編成トップになった

証言者

黒田正宏

プロ野球の先輩とは思っていなかった初対面

１９７３年のシーズンオフ。南海（現・ソフトバンク）の若手捕手だった黒田正宏は先輩の樋口正蔵に電話で呼び出され、大阪・北区の久保田運動具店に向かった。この歴史あるスポーツ用品メーカーは、在阪球団のユニフォームを製造するなどプロ野球との関わりも深く、当時、梅田新道にあった本店は「野球人のたまり場」と呼ばれるほど球界関係者が集まっていた。

その「たまり場」において、樋口が頻繁に顔を合わせていたのが根本陸夫だった。前年に広島の監督を辞した根本が、近鉄時代から住んでいた神戸に戻り、大阪で鉄鋼関係の会社経営に携わる傍ら、朝日放送で野球解説者を務めていたときのことだ。

一方の樋口は、左の巧打者として62年から南海で活躍。71年限りで現役を引退したあとは、やはり大阪で鉄工所を経営していた。その点、根本とは同じ業界で接点もあったようだが、両者は法政大の先輩・後輩の関係でもある。そして黒田も法大出身であり、南海入団時から面倒を見てもらった樋口から「根本さん、来とるから来いよ。呼んでるでぇ」と誘われたのだった。

のちに西武で根本から薫陶を受ける黒田だが、このときが初対面。選手・指導者として西武黄金期を支え、その後、阪神の編成トップとして手腕を発揮した野球人生は、根本と通じるところもある。果たして、原点の出会いはどんなものだったのか。そもそも、なぜその場に呼ばれたのか――。球界内では「根本信者」とも称される黒田に聞く。

「樋口さんに聞いたら、『そうや、お前、黒田呼べよ』って根本さんが言ったんだそうです。それで久保田運動具店の裏にある串カツ屋に行って、３人で食事したんですけど、初めてお会いした根本さんの印象いうたら、ダンディで、キリッと引き締まった表情でね。『お前何飲むんや？　ビール飲めよ』って言われて。

『そんなら根本さん、どうぞ』って注ごうとしたら、『オレは飲まへんねん！』って（笑）。きっとたくさん酒飲むんや、と思ってたら一滴も飲まない。じつは根本さん、飲まないの有名やったけど、そのとき、知らんからね。実際、僕は近鉄時代のことも知らんかったし、最初、プロ野球の先輩とは思ってなかったんです」

　黒田自身、大学の先輩だから自分を呼んだ、とも思わなかった。学歴や学閥にかかわらず、根本が縁を大切にしていることが伝わってきたからだ。となると、なぜ呼ばれたのか、見当もつかない。かといって、20歳以上も年上の大先輩に理由を聞くなんて失礼やないか……。そう思いながらも３人で楽しく話したなか、根本から助言を受けたという。

「人生のことについてね。そんなに人に付いていって、飲み歩いて、ご馳走になってはいけない、ということです。プロ入ったからって、話うまいヤツが寄ってくるんだから、いろんな人と付き合わんと、しっかり自制して、自分で食べに行きなさいって。よう言われましたよ。そういったことで野球がダメにならないように頑張れ、とね」

プロ野球選手には、その地位を利用しようと企みを持った人間が寄ってくることもある。いわゆる〝タニマチ〟をつくらないよう、根本は選手に対し「タダ酒を飲むな」「ごっちゃんになるな」と厳重に通達していた。監督時代はもとより、フロント入りしてからもそうだった。特に、ドラフト上位で入団し、高額な契約金を得た新人には個別に伝えることもあった。

黒田に対しては、球界の表も裏も熟知した人間としての助言であり、激励だったのだろう。そのアマチュア時代の実績と野球環境、プロ入り後の境遇を踏まえれば、現役時代は控え捕手だった根本が「頑張れ」と励ましたこともうなずける。

野村克也の後継者候補の控え捕手人生

ここで、黒田の球歴を詳らかにしておきたい。

兵庫・姫路南高では甲子園出場こそなかった黒田だが、3年時の１９６５年、兵庫県選抜メンバーに捕手として選出。来日したハワイ高校選抜チームと対戦し、育英高の鈴木啓示とバッテリーを組んだ。鈴木は同年の第1回ドラフトで近鉄から2位指名されて入団。黒田も阪急（現・オリックス）から10位で指名されている。

「高校生やから、親が球団の人と話しますよね。で、うちの親父が阪急のチーフスカウトと会って、帰ってきて、『お前、オレより給料ええから行け』と言われました。でも、自分では大学で野球やりたかったから。関西はじめ他の大学も誘いに来たんやけど、六大学でやりたいなと思って、法政に進学したんです」

誘いに来た大学のなかに、首都大学リーグの大東文化大があった。当時の監督、岡田悦哉が明治大出身で、姫路南高監督の安藤邦夫にとって大学の後輩に当たる。だから岡田は「安藤さんに言われて来ました」と黒田に言った。明大での安藤は捕手としてプレーし、のちに〝フォークボールの神様〟と称されるエース、杉下茂（元・中日ほか）とバッテリーを組んでいた。

「僕は高校のときにピッチャーもやってたんですけど、安藤さんに『お前肩強いからキャッチャーやれ』と。それでプロ入って杉下さんに会うと、いっつも言われてね、『監督、元気か？』って。しかも岡田さんが、根本さんと古い間柄だったんですよ」

根本は広島監督時代、岡田を二軍バッテリーコーチに招聘している。その球歴は関西高－明大－丸善石油と、プロを経験していない。それでも根本自身、社会人の新日鉄堺で指導した経験もあり、アマ球界には優れた指導者がいることを把握していた。アマの知識を注入し、プロ野球の閉鎖性を打破したい、という考えが根底にあった。

「普通は、アマチュアの人は呼ばないですよ。でも、根本さんはダイエー（現・ソフトバンク）の監督のときも、プロ経験のない有本義明さんを二軍監督に呼んだでしょ？ 僕はこの有本さんと田舎が一緒の姫路で、今でも懇意にしてまして、法政を卒業するときに『本田技研に来い』って言われた人でもあったんです」

有本は兵庫・芦屋高で甲子園大会に4度出場。49年のセンバツで準優勝したときのエースで、慶應義塾大に進んだあとは内野手に転向。卒業後はスポーツ紙の記者としてプロ・アマ野球の論評で健筆を振るい、運動部長などを経て野球評論家に転身する。評論活動の傍ら社会人チームの指導にも携わり、本田技研を見ていたときに法大の黒田に声をかけると、70年、入社に至った。

本田技研は同年の都市対抗に出場し、攻守に活躍した黒田は同大会の優秀選手賞を獲得。社会人ベストナインにも選出されると、その年のドラフトで南海に6位で指名されて入団。4番で正捕手を兼任する監督の野村克也からも、将来のレギュラーを期待された。当時、野村が35歳で黒田は23歳。年齢的にも世代交代を考える時期に来ていた。が、現実は違った。

「ずっとノムさんの控えですから。一軍にはおるけど、ほとんどゲーム出られなかったです。出ても、ノムさんがしんどいときとか、ケガしたとき。オープン戦はレギュラーやったけどね」

根本と初対面のとき、黒田はプロ3年目で一軍公式戦出場は合計8試合。野村が右肘を故障した4年目の74年は36試合に増えるも、二番手は3年先輩の柴田猛で、翌年からは減少に転じる。まして、この〝控え捕手人生〟はプロで始まったことではない。

意外過ぎた西武へのトレード

話は前後するが、法大時代には1学年上に田淵幸一（元・阪神ほか）が正捕手でいて、黒田は3年間、控えを務めている。

「僕は本当は法政に行きたくなかったんですよ。田淵さんがおるのやから。でも、監督より立場が上の先輩理事の人が、『田淵は腰が悪いからファーストに転向させるよ』と言うからね。それで行ったんだけど、監督の松永怜一さんは田淵さんが法政一高にいたときから付いているから、そらやっぱり、あかんやろな、と思った」

法大出身の松永の指導者人生は法政一高に始まり、就任8年目の1962年に田淵が入学。一時、64年に堀越学園高の監督を務めたが、65年、田淵の進学と同時に法大の監督に就任する。〝法政三羽烏〟と呼ばれた田淵、山本浩二（元・広島）、富田勝（元・巨人ほか）、さらにはエースの山中正竹を中心とするチームをつくり、68年までの4年間、リーグ戦で3度の優勝を果たしている。

もっとも、山中は黒田と同期。1学年下の選手の頑張りがあって勝てた、という自負があった。現に、〝三羽烏〟卒業後の69年も秋のリーグ戦で優勝。すると同年のアジア大会、黒田は山中らとともに全日本メンバーに選ばれた。最終的には自分たちで大きな成果を挙げたのだが、入学当初は同期の江本孟紀（元・東映ほか）らとボヤいていたという。

「江本と二人で合宿所に入ったからね。『失敗したな、こんなとこ来て』って。僕ら、ちょっとひねくれてたから（笑）。『でも、今さら田舎、帰られへんし、４年間、辛抱しよか』言うて。まあ、そういう苦労があったから今があると思うんやけど」

プロでも辛抱と苦労の末、思わぬチャンスが巡ってきたのが78年だった。前年のシーズン終盤、野村が〝公私混同問題〟で監督を解任されて退団。ロッテに移籍する。黒田にとって野村は、捕手としてライバルでありながら野球をしっかりと教わった指導者であり、甚大なショックを受けた。それでも、プロ８年目で初めてレギュラーの座をつかむことができたのだ。

ところが、翌79年、黒田は右肘故障で出番を減らし、80年は新人の〝ドカベン〟香川伸行が抜擢され、７月以降は併用状態。さらに81年は若手の吉田博之も台頭すると、オフの12月にトレードを通告され、西武への移籍が決まった。当初、黒田は「えっ？　西武？　何でやろ」と驚くばかりだった。トレード自体ではなく、行き先が意外過ぎたのだ。

ずっと監視されてるみたいな感じやった

１９８１年12月４日、西武と南海（現・ソフトバンク）との間で２対２の交換トレードが成立した。西武は投手の山下律夫、外野手の山村善則を放出し、南海の５番打者だった片平晋作、ベテラン捕手の黒田を獲得。同年限りで西武監督を退任してフロント入り、本腰を入れてチーム編成に取り組む管理部長の根本は、両選手への期待を込めて言った。

「黒田はインサイドワークもよく、若手捕手陣の刺激になってくれるだろう。片平も代打の切り札として活躍してほしい」

じつはこのトレードが成立する直前、黒田のもとに根本から電話が入っていた。前述のとおり、南海入団3年目、同じ法大の先輩から紹介されて面識はあったわけだが、突然のことに驚いた。いったい、何のための連絡だったのか――。

「何やろ、根本さん、と思ったら、いきなり『黙っとけよ』って言うわけです。『え？　どうしたんですか？』と聞いたけど、『黙っとけー。いろいろ考えてんねん』と言われて話は終わりました。で、そのあとに西武から話が来たとき、そういうことか、と思った。あんまり余計な話はするなよ、という意味だったのかなと」

例えば、移籍に当たって記者からコメントを求められた際、自分との個人的なつながりなどを話す必要はない、と根本が釘を刺した可能性もある。とはいえ、トレードの前に相手球団が当該選手に連絡することはあり得ない。あくまで根本と黒田の関係性による特例と言えそうだ。

ただ、黒田自身、根本との接点はあっても、なぜ西武から話が来たのか、見当がつかなかった。そこでチームの体制をつぶさに見ると、二軍監督があの岡田悦哉だった。黒田にとっては母校・姫路南高時代の監督、安藤邦夫が明大でプレーした当時の後輩で、岡田が大東文化大監督のときに誘われていた。根本がクラウンライターの監督になったときに招聘された岡田は、そのまま横滑りで西武の二軍監督になっていた。

「根本さんも僕のこと知っとるけど、岡田さんは高校のときから知っとるからね。たぶん岡田さんが推薦してくれたんだと思う。それで最初、住む家がないから寮に入って、単身赴任で行くつもりやった。そしたら『何や、すぐ帰ろうと思っとんか？』と根本さんに言われて、結局、嫁と娘も大阪から連れて来ることになって、岡田さんが家を探してくれたんです」

時に、黒田は34歳。南海では引退後のコーチ就任を示唆され、現役をあと何年続けられるか……、という思いもあり、西武に腰を落ち着ける気はなかった。が、根本に命じられる形で、家族一緒に所沢に住むことになった。当初は西武線の西所沢駅から近い住宅だったが、「もうちょっと広い家があったからここへ来い」と岡田に言われるまま、小手指駅の近くに引っ越した。

「行ったら、根本さんの家の近くや。うわっ、えらいとこやなと。だから、根本さんはフロントに入ってもう現場にいないんやけど、いない、いない、っていう感覚はなかった。まして岡田さんが二軍の監督でおるわけだから、僕はずっと監視されてるみたいな感じやったもん（笑）」

「監視」はともかく、黒田を簡単に手放したくない、目の届くところに置いておきたい、という根本の思いが伝わってくる。実際、81年の西武捕手陣は大石友好が主力格だったが、まだプロ2年目と若かった。練習生だった伊東勤（所沢高）が同年ドラフト1位で入団するも、即一軍は難しく、新監督の広岡にとっても黒田は頼れる存在だったはずだ。

にもかかわらず、広岡はトレードに不満の色を隠さず、「決まったことなので仕方ないが、正直に言って驚いているし、ショックだ」とマスコミに向けて発言。「片平、黒田はうちに来て出る幕があるの？」と付け加えた。すると、根本は平然と言った。

「現場のことは一切、広岡監督に任せるが、チーム編成は私がやることだ」

広岡さんに頼まれて伊東の面倒を見る

監督の広岡に対し、根本が実質ＧＭとしての姿勢を周りにアピールしたなか、黒田は老舗球団の南海から新興の西武に移籍した。野球環境に何らかの違いはあったのだろうか。

「南海もね、ある程度、トレーニングコーチがしっかりしてたから、バッティングとか技術以外の練習をよくやってましたよ。ランニングも含めて。でも、西武はそれ以上にやりましたわ。妥協しなかったね、走ること、体を鍛えることに関して。

それはもう、１月の自主トレの段階から走ることを厳しくやるんです。当時、土谷和夫さんという、日本大時代に箱根駅伝も走った陸上競技出身のトレーニングコーチがいて、長距離と短距離をうまく組み入れてましたから」

土谷は１９８１年からの就任で、根本が招聘した。西武の練習は広岡が監督になって厳しくなったと言われるが、「基盤をつくったのは根本さん」と黒田は言う。そもそも厳しい練習の原点は広島監督時代にあり、そのときに根本が広岡をコーチに呼んでいた、という背景もある。
「あの、食事療法も根本さんです。広岡さんじゃないですよ、じつは。よく『腹いっぱい食べて練習できるか！』って言ってましたし、ダブルヘッダーの2試合目の前に食事を用意したマネージャー、ごっつ怒られてましたもん。『誰がこんなん出したんや！』って。何でか言うたら、やっぱり『腹いっぱいになったらダメだ』と。『試合と試合の間はスープと果物でいいんや』って」

広岡が採り入れた自然食が管理野球の象徴のように伝えられがちだが、根本は近鉄コーチ時代から選手の食事面を管理。広島監督時代には近鉄から呼び寄せたトレーナーに選手の健康管理を一任すると、キャンプ中は酒と炭酸飲料が禁止され、食事には海藻や梅干しなど日本古来の食品の割合が増やされた。広島のコーチだった広岡が、その効用を十分に感じ取っていた可能性はある。

さて、黒田にとって移籍1年目の82年。パ・リーグは同年まで前期後期制だったなか、前期のレギュラー捕手は大石が務め、黒田は控えに回った。広岡が「うちに来て出る幕があるの？」と言ったとおりになったようだが、一緒に移籍してきた片平は不振に苦しんだ田淵幸一に代わって一塁に入り、打撃でも活躍。投手陣は森繁和のリリーフ転向が功を奏し、西武として初の栄冠となる前期優勝が成し遂げられた。

「片平はバッティングに関してほんまに熱心やった。そのおかげであいつはファーストを守ったんやけど、僕も自分では充実感あったね。優勝を決めた日の試合で最後、マスクかぶったということもあって」

6月25日、後楽園球場での対日本ハム戦。試合開始前に西武の前期優勝が決定し、ゲームは3対3の引き分けに終わって胴上げもなかった。それでも黒田にすれば、南海時代、73年のリーグ優勝時はメンバーに入っていなかっただけに、プロで初めて経験する優勝。一捕手としての存在を示せたのも、トレードに不満だった広岡が、黒田を信頼するようになっていたからだ。

「広岡さんに『頼む』と言われて、僕は伊東の面倒を見ることもやっていた。まだ自分は選手やのに『若手を育ててくれ』と。キャッチャーとしての構え方から、リードのことまで、伊東とはよう話しましたよ。南海のときにノムさんがよう言うとったからね。原点の外角低めでストライク取って追い込んだら、バッターのほう、胸元に外すんや、ということを。

それで僕も伊東に『胸元に外せ』と言うんやけど、あいつは苦労したと思う。何でか言うたら、胸元に行って、もしもバッターに当たったら、次、キャッチャーは自分の打席で体の近くにボールがきますから。実際、伊東は2回、鼻に当たりましたもん」

桐の箱に入った優勝記念のペナント

南海からロッテを経て、1979年に移籍してきた野村克也も、西武の創設メンバーの一人だった。が、80年限りで現役を引退して退団。伊東の入団には間に合わなかったわけだが、南海で野村に指導された黒田が育成担当となった。球界を代表する大捕手のリード、配球が、のちの黄金期を支えることになる若手捕手に伝えられたのだ。

「やっぱり、配球は根拠ですよね。何でああいうボールを投げさせたか、といったことを試合が終わってから反省しろという。その点、ノムさんは家に帰ったら、何で打たれたんかなあ、っていう根拠を自分で見つけて、次の日に生かしていた。そこまでやらないと、あれだけの選手になれないです。

ノムさんの控えだった僕はそれをベンチで見とって、自分ではなかなか試合に出てプレーできないから、想像のなかでやりましたね。それが後々、自分のためになったし、伊東に教えることにもつながりました」

伊東はロッテ監督時代、『勝負師　名捕手に宿る常勝のＤＮＡ』と題した著書を刊行したが、そのなかで、黒田から受けた指導について次のように記している。

〈若いときに大きな影響を受けた黒田正宏捕手に「リードはどうやってするものですか？」と単刀直入に聞いたことがあります。そのときのクロさんの答えが、今でも私の配球に対する考え方の礎となりました。

「リードに正解はない。自分でつくり上げていくものだ。オレが考える正解のリードとお前が考える正解のリードは決して同じではない」

――中略――

のちにクロさんとはコーチとしても共に戦うことになるのですが、配球を学んでいく過程で私は配球には必ず根拠が必要であり、その根拠はよく練られたものでなくてはならないと思うようになっていきました。〉

82年の後期、オールスター休み明けから黒田の先発出場が増えた。チームは3位となったが、後期優勝の日本ハムと戦ったプレーオフは3勝1敗で制し、西武として初のリーグ優勝。この短期決戦でもマスクをかぶり続けた黒田は、中日との日本シリーズでも第1戦から先発出場を果たす。移籍前、低迷が続いた南海ではまず想像もできないことだった。

「まさか自分が、日本シリーズでキャッチャーなんかしとると思わんかったもん（笑）。で、1戦目、相手ピッチャーは小松（辰雄）や。めっちゃ速いボール。短く持ってガーッと打ったら左中間抜けました。それで先制点挙げたら、そのまま勝ちにつながった。最後のほう、足がパンパンになってね、大石と交代したりしましたけど、4勝2敗で勝つことができました」

西武として初の日本一に貢献した黒田は、翌83年も大石と併用されたが、8月中旬以降は伊東がレギュラーの座を獲得。自身の指導が実を結びつつあるなか、チームは2位の阪急に17ゲーム差をつけて2連覇。日本シリーズでは巨人を4勝3敗で下し、2年連続日本一の栄冠に輝いた。

「伊東の面倒を見ながら、2年間、優勝できたのはよかったね。それで根本さん、82年のときは選手にすごいものをつくってくれましたよ。桐の箱に入った優勝記念のペナント。これは僕、今でも額に入れて飾ってあります。で、巨人に勝ったときは腕時計。それでホッとしたのか、日本シリーズも3回目、4回目になると『頑張れよ～』って言うぐらいでした（笑）」

お前はずっと一軍におれ、勉強せえ！

伊東が攻守両面で成長し、黒田自身の出番は減少した１９８４年。正捕手が確立した一方で投打とも中心選手の故障、不振で精彩を欠き、連覇したチームが3位に下降した。すると、参謀格だったバッテリーコーチの森昌彦（祇晶／元・巨人）が広岡と対立。のちに退団して首脳陣の再編を余儀なくされるのだが、黒田はシーズン終わり間際の9月29日、広岡に呼ばれている。

西宮球場で行われる阪急とのシーズン最終戦、試合前。宿舎のホテルで面と向かうと、広岡が切り出した。

「来年からお前、兼任でバッテリーコーチやってくれんか」

「はっ。じゃあ、考えます。相談してきます」

「お前が相談する人に、了解取って言っとるんだよ」

「え？　ちょっと待ってください。誰ですか？」

「いや、お前、自分でわかるだろ。誰に相談するんだ」

「あっ、根本さんです」

「その人だ」

根本が決めたトレードで加入した黒田が、根本の信奉者であることを広岡は把握していた。黒田はそれを承知したうえで、広岡からの打診を根本に報告。その場で「一軍のコーチは監督が決めるもんだ。しっかりやっとけ」と命じられたのだが、「でも兼任って難しいですよ」と嘆くと、「それを苦労してやっていくのがお前やないかい」と返された。事の次第を黒田に聞く。

「実際、難しいんです、兼任コーチ。もうトシやのに、走るのも選手と同じようにやっていかなあかんから。１００メートル30本とか、グラウンド20周してまた反対方向に20周とか。コーチやからやらんでええんか、と思ったら、広岡さんに『走っとけよー！』って言われて。それで僕もスマートになったけどね（笑）」

現実に兼任コーチは一人では無理があり、専任のバッテリーコーチとしてヤクルト、阪神で経験のある久代義明（元・阪神ほか）が就任。さらに作戦コーチに黒江透修《ゆきのぶ》（元・巨人）、投手コーチに宮田征典《ゆきのり》（元・巨人）、打撃コーチに長池徳士《あつし》（元・阪急）と主要スタッフが一新され、85年のシーズンを迎えた。

「僕は試合中にマウンドに行く役割やった。結局、試合に出る間がないから、優勝が決まりかけたとき、根本さんと相談して任意引退にしたんです。もう一人キャッチャーをベンチに入れておいたほうがいいでしょう、ということで。若手で仲田（秀司）、大久保（博元）がいましたから」

85年の西武は打線の得点力が高くなかったなか、投手陣が充実して2年ぶりのリーグ優勝。東尾修を筆頭にベテラン勢が安定した一方、台湾から新加入の郭泰源が活躍し、工藤公康、渡辺久信という若手の台頭もあった。前年限りで野手では田淵幸一、山崎裕之が引退し、リーダー格の石毛宏典をはじめ生え抜き中心のチームになりつつあった。

「チームを引っ張っていたのは、野手では石毛ですよ。ベンチの前で円陣を組むと、必ず石毛が声を出して、何かひと言、言ってね。これは僕自身、コーチになったときの話ですけど、『打っても打たなくても、お前はいつもベンチではにこやかにしとけ』って言わせてもらいました。

ピッチャーは東尾。一生懸命、練習してました。その姿に工藤がついていって、工藤がいたから渡辺もついていったと思う。それと、トレーニングコーチの指導がよかったから、毎日のように投げる中継ぎのピッチャーでも、調整して、ランニングを疎かにするんじゃなくて、よく走って鍛えていたから長持ちしたんですよ」

　チーム力も高まっての優勝だったが、日本シリーズでは阪神に2勝4敗で敗退。それから6日後の11月8日、広岡の監督辞任が唐突に発表された。表向きの理由は「健康上の問題」も、実際にはフロントとの確執が原因だと外部に知れ渡っていた。

　後任の監督には森が復帰して就任。黒田はバッテリーコーチに就任するのだが、要請されてすぐに受諾したわけではなかった。黒田には以前から希望があった。

「じつは僕、根本さんにお願いしてたんです。『急に兼任コーチになったんやから、来年から監督が代わるんやったら、二軍のコーチか、アメリカ野球留学の選手を引率するコーチにしてください』って。そしたら、『ダメ！　お前はずっと一軍におれ。そんな、二軍でせんでええから、今のままおれ。勉強せえ！』って」

いいと思ったことはメモしときなさい

　選手を育てること以上に、コーチを育てることに厳しかった根本。かねてから二軍コーチの重要性を説いていただけに、黒田の希望を受け入れてもおかしくなかったはず。それでも、一軍コーチ就任を命じたのは、伊東を育てた黒田の指導能力に一目置いていた証しなのか。

「それは自分ではわからないですけど、コーチになってまず、『ラグビーの練習も見てこいよ』と言われました。『いろんなスポーツの練習を見るのも仕事のひとつにしとけ。相撲でもいいんだから』と。他の競技がどうしているか、よく見て、よく考えろ、ということです」

コーチとして、野球以外の世界を見て勉強する。選手を指導する立場になると、視野を広げることがいかに大事か、教えられた。専任コーチとしては初めての参加となる1986年2月の春季キャンプでは、根本も宿舎に泊まっていて、黒田は毎晩、部屋に呼ばれたという。

「僕のために、段ボールいっぱいに入った資料を用意してくれていたんです。メジャーリーガーのフォームの写真とか、いろんな記事をコピーしたものとか。『これ見て、勉強せえ』と。二人でいろいろ話もさせてもらって、それは実際、役に立ちました。夜のミーティングで必勝法、必敗法を勉強したあと、必ずでしたから、終わるまで酒飲めないです（笑）」

まさに、根本は自らの直接指導によって、コーチを育てていた。指導されるほうの黒田にとっては、直接であるがゆえに大変な面もあったようだ。

「根本さんの話って、いろいろと難しい言葉が出てくるんです。いろんな世界の人と話してるから、知識がすごいんですよね。だからしょっちゅう、『オレの言うことがわからんのか！』『わかってます～』ってなって（笑）。そしたらそのうち、『何でも書いとけ。新聞見てもええ、何でもええ、いいと思ったことはメモしときなさい』って教わりました」

旧知の大学の後輩である黒田だから、なのか。仮にそうだったとしても、そこまでの頭の回り方と気遣いは、単に面倒見がいい、というレベルを超えている。

「それは僕もそう思います。で、シーズン中も続くんです。僕がコーチして、西武球場での試合に勝つでしょ？　例えば、渡辺久信が完封する。そしたらね、根本さんの家と僕の家、近くだから、僕が球場から車に乗って、だいたい家に着く頃の時間、計ってんねん。ミーティングが終わって、コーチのミーティングして、帰るまでの時間、見計らって、電話がかかってくるんです」

埼玉・所沢市の小手指にある根本の自宅から、すぐ近くの所に住んでいた黒田。「車を置いたらすぐ家に来い」と命じられ、飛んでいく。「今日はよかったな、勝って」と根本に言われ、「はい。完封しましたから」と答えると、「でもな、あのフォーム、悪いで」と返された。

「それで一緒に、試合を録ったビデオ見るんですよ。『ここがこっちに傾いてるから、肩に負担がかかるフォームになってる』って指摘されて。『このままだと、肩、肘、壊す。こういうふうに指導せな、あかんで』と言われる。そういった話もしてもらってよかったですね」

話が終わると食事を勧められた。「でも家でつくってますよ」と遠慮すると、「じゃあ、嫁におかず持ってこさせ」と無茶を言われたが、夫人が用意するすき焼きを断るわけにもいかなった。すき焼きが寿司になる日もあれば、ビールまで出してもらう日もあったが、常に野球の話が尽きなかった。が、飲食を共にする親密な関係は根本家に限られた。

「コーチとして、『あまり群がるな』と根本さんに言われました。『選手を食事に連れて行くな』と言われたし、連れて行ったら即、根本さんの耳に入るんです。『お前、この前、あの店に行っとったやろ?』『え、何で知ってますの?』『お前がな、どこ行ってるか、すぐわかんねん』って言われる。おお、怖い人やな、と思って（笑）」

行きつけの店を根本が把握しているのは、黒田に限らず、チーム全員といってもよかった。また、食事のみならず、オフのゴルフもすぐ耳に入れていたから、黒田は驚かされた。根本が知らないはずの知人のコンペにもかかわらず、「またお前、選手と一緒にゴルフやったらしいやないか」と言われたのだ。思わず言い訳すると、「そんなことやるな！」と一蹴された。

お前が田淵のとこ行ったってしょうがないやろ

新たに森が監督に就任した１９８６年。西武はリーグ連覇を果たし、日本シリーズでは広島と8試合を戦って4勝3敗1分で栄冠に輝く。同年から88年までリーグ4連覇、3年連続日本一を達成して、「常勝軍団」と呼ぶにふさわしいチームとなった。

翌89年はパ・リーグ相手5球団の監督が企図した〝西武包囲網〟にも遭い、近鉄、オリックスとの三つ巴から抜け出せず。最終的に3位に終わったものの、優勝した近鉄とは0・5ゲーム差で戦力は充実していた。そんななか、黒田の目は古巣のホークスに向けられていた。

前年に球団がダイエーに身売りされ、本拠地が福岡に移転したホークスから誘いを受けた。折しも、他球団への移籍を考えていたときのこと。何事も根本に相談していた黒田は、退団の意向を打ち明けるつもりだった。

「長いこと西武にお世話になって、優勝が6回、日本一に5回もなったから、ぼつぼつ違うところでも……と思っていたんです。そしたらダイエーから話があって。球団代表の岩谷（堯）さんを前からよく知っていたのと、球団社長の鵜木（洋二）さんが法政大の柔道部で先輩でした。じゃあ、行こうかな、と思って、根本さんに相談したんです」

黒田自身、球団オーナーの中内㓛とも以前から接点があった。まだ〈主婦の店ダイエー〉だった時代、企業の顧問を務める知人との縁で中内を紹介されていた。一方でそのオフ、チームの監督が杉浦忠から田淵幸一に交代。黒田にとって田淵は法政大の1年先輩で、西武でも3年間、共に戦っている。当然、根本もよく知る野球人だから、理解してくれるものと思っていた。

「ダイエーからコーチの話が来てるんです。どうしたらいいですか？」

「やめとけ！　そんなとこ行くなー！　お前が田淵のとこ行ったってしょうがないやろ。このまま西武におったらええやん。もし辞めるんやったら、どっか新聞、紹介してやる。評論家で」

「いやあ、でも、もう長く関東で生活してますから、一回、関西に行かせてください」

「関西と違う、福岡やないか……。そうか、ほんじゃあ、何で行くんや？」

「ホークスは自分が出たとこ、古巣ですから。行かせてください」

「よし、わかった。じゃあ行ってこい。何かあったらすぐ電話しろ」

黒田へのホークス復帰要請は、じつは初めてではなかった。82年オフ、南海監督に就任が決まった穴吹義雄が、「黒田を返してくれませんか？」と打診してきた。根本はすぐに断った。この経緯を事後に伝えられた黒田は驚き、なぜ自分に相談してくれなかったのかと意見したが、結局は「このまま、ずっと西武におれ」と言われて納得するしかなかった。

「ちょうど優勝して、82年のシーズンが終わったときです。この経験は根本さんのおかげや、と思ってましたから、それ以上は何も言えません。でも、そのときから10年近くが経っていた。だいたい、根本さんにはいつも『こうやれよ』『こうしろよ』と言われてましたけど、それは『自分で決めろよ』という意味なんです。だからこのときも僕、相談する前に自分で決めていました」

90年、黒田はダイエーのヘッドコーチに就任した。同年は最下位に終わり、戦力不足を痛感すると、根本にトレードを申し込んだ。これは成立しなかったが、困ったことがあれば、他球団といえども相談の電話を入れた。「そんな簡単なことで、何考えとんねん！」とよく怒られた。

翌91年、チームは浮上できず、5位に終わる。そのなかで黒田自身、監督とヘッドが大学の先輩・後輩関係だと周りのコーチの迷惑なのでは？　と感じ、退団を決意する。あと1年の契約があり、球団から編成として残るよう慰留されたが、自分で決めて根本の自宅に向かった。

「まず『辞めてきました』と言ったら、『やっぱりなあ』って言われて……。それでいきなり人差し指一本、こっちに向けて、『これぐらい、アメリカ行ってくるか？』って言われたんです。1ヵ月かと思ったら、1年（笑）。そういう仕事を探してくれようとしてたんですね。でも、僕はそのとき、大阪で新聞の評論家とラジオの解説が決まっていたので、お断りしました」

24人を戦力外にする〝血の入れ替え〟を断行

ネット裏から野球を見る、黒田にとって〝第三の人生〟が始まったのが1992年。根本が田淵に代わってダイエー監督に就任し、球団専務を兼任するのが同年オフのこと。不思議な巡り合わせとなったわけだが、それから6年後の98年オフ、黒田は野村と再会を果たす。南海時代に監督として仕え、捕手としてはライバルだった野球人が阪神監督に就任。バッテリーコーチとして招聘されたのだ。

「阪神に入って2年目の終わり頃、僕はアメリカに行ったんです。球団とノムさんから『来年のために選手を見つけてくれ』って言われて、1ヵ月ぐらい。通訳と、バッティングコーチ補佐だった長嶋（清幸）と一緒に。それで帰ってきたら、ノムさんに言われました。『オーナーから言われてるんやけど、来年、編成やるか、ヘッドコーチやるか、今のままのコーチやるか、3つのうち1つ、考えといてくれや』と」

ダイエー時代に黒田は編成のポストを用意され、自らトレードの画策もしていた。阪神球団も野村も、その能力を認めていたのだろうか。いずれにせよ、実質ＧＭの根本に薫陶を受けていた黒田が、同じ道を歩むのも必然か。しかし本人は悩んでいた。

「ノムさんと、監督付の広報担当と、３人で食事するたびに言われるんです。『お前、どうすんねん』って、ノムさんに。どうしようかなあ、と思って、根本さんだったら何て言うか、考えてみました。僕はずっと、相談してましたからね。そしたら、『お前もそういう仕事が向いてるから、編成やれ！』っていう言葉が聞こえてきたんです」

時に、黒田が阪神に入って２年目の２０００年。根本はその１年前、１９９９年の４月30日に逝去したのだが、悩んだり、迷ったりしたときは、生前と同じように心の中で相談してきたという。まさに、「根本信者」と呼ばれる由縁がここにあるのだろう。アマチュアも含めた野球界に数多いる根本の信奉者で、ここまで信じて仰ぎ見る者はいないのではないか。

天国からの助言を得た黒田は、編成の道を選び、２００１年から球団本部付部長に就任。02年のオフから編成部長となった。野村に代わって同年から監督を務めていた星野仙一は明大出身。黒田の１年先輩で、六大学時代からよく知る間柄だった。その年、４年連続最下位の阪神を４位に引き上げた星野は、補強はもとより大胆な戦力整備に着手する。

その戦力整備自体が、黒田にとって、編成部長として最初の大仕事となった。24人もの選手を戦力外にした、いわゆる〝血の入れ替え〟である。当時、星野が断行したと伝えられたが、実際には黒田らフロントの仕事だった。

「監督は戦力外にする選手を決めても、通告するのは我々フロントですからね。本社から来た球団本部長と二人でやったんですけど、『しんどいですねえ！』って言うてましたよ。そら、就職のほうをどうするかとか、聞かなあかんし。いろいろ世話しましたよ。選手を社会人のチームに入れてもらったしね」

編成トップとしては、根本に言われたことを思い出しながら仕事に当たった。「シビアに、自分の観念で見ていきなさい。人に相談しないで」という言葉が頭に響いていた。球団の上層部とは相談するが、例えば、スカウトとはなあなあの関係にならず、つるまないように努めた。これはドラフトの際に生かされたという。

「本部付部長時代の話ですが、法政大の後輩でもある安藤優也を獲ったとき。当時、安藤はトヨタ自動車にいて、スカウトの人はね、『トヨタは巨人とのつながりが強いから、安藤は巨人に決まってますよ』と言うわけです。僕は『そんなことないやろ』と言って、ちゃんと調べてもらったら、じつはまったく決まってなかった。『じゃあ、うち、あるやないか』と」

〝血の入れ替え〟とドラフト戦略、金本知憲《ともあき》、伊良部秀輝の加入が功を奏した２００３年、阪神は18年ぶりのリーグ優勝を成し遂げる。さらに同年のドラフトでは早稲田大・鳥谷敬《たかし》の獲得に成功したが、このときは黒田の球歴に深く絡んだ岡田悦哉が暗躍した。明大出身の岡田は、大学の後輩である星野が中日監督だったときには二軍監督、スカウトを務めている。

「岡田さんは僕が西武に入るきっかけにもなった人ですけど、星野さんが阪神に呼んで、非常勤のスカウトをやってもらったんです。東伏見（東京・西東京市）にある早稲田のグラウンドに近い吉祥寺に住んでいたから、よく鳥谷を見に行っていました。しかも鳥谷の出身校、聖望学園の監督も岡田さんに世話になっていた。これはひょっとしたら可能性あるなと」

根本さんと僕の人生、何か、似てるのかな

顔が広く、アマチュア球界にもそれなりの人脈を持つ岡田は、一部の記者に〝ミニ根本〟と称されたほど。黒田も相当の人脈があればこそ、編成トップとして結果を残せたはずだが、それはどのようにして広がっていくものなのか。

「裏ですぐ電話できる人を探さないとあかんね。表で会ってたらすぐマスコミにバレてしまいますから。僕は各球団、特にパ・リーグの人はみんなほとんど知っていたから、すぐ電話できましたね。それとやっぱり、簡単にしゃべる人はあかんわね。実際、根本さんも、しゃべるヤツなのかどうか、新聞記者から球団内部の人間までよく見て、よく知ってましたよ」

編成としては顔の広さも重要だが、球界における本当の人脈とは、いかに口が堅い人とのつながりを多く持てるか、そこに尽きるという。また、一方で黒田は、編成職の枠を飛び越えた仕事もこなしていた。西武時代に見ていた根本の行動と自らの経験を生かし、阪神の一軍キャンプ地を高知・安芸から移転させるべく、球団に提言していたという。

「根本さんはよく、通訳の葛谷晨一《くずたにしんいち》さんと一緒にアメリカに行っていました。葛谷さんは外国人選手の獲得で頼りにされていた人ですけど、じつは、根本さんは選手を見に行ってたんじゃない。キャンプ地を見に行っていたんです。だから、西武が高知の春野でキャンプをやっている頃から、宮崎に新しいキャンプ地をつくることを考えていた。ダイエーだけじゃないんですよ」

　現在のソフトバンクの宮崎キャンプは、根本がダイエー時代に計画したもので、一軍とファームが同じ敷地内で練習できるスタイル。アメリカでの視察を生かしたものだが、同じスタイルのキャンプ地をすでに西武時代に構想していたという。実現はしなかったものの、根本は春野キャンプの設備を改修している。一任されたのが、バッテリーコーチに就任した当時の黒田だった。

「根本さんから『西武建設の担当者と一緒に行って、指示してこい』と言われて行きました。それで球場の横にサブグラウンドをつくって、ブルペンをつくった。このときの経験があったから、阪神でキャンプ地のことを言わせてもらったんです。

　そしたら星野さんから『沖縄に行ってこい。どこかいいところあるか、球場を探してこい』と言われまして。２００２年２月のキャンプ中、高知と沖縄を何度か往復して、今の宜野座を探し当てました。元は日本ハムの二軍がキャンプをしていた場所で、いろいろと交渉して、球場を改修したり、ブルペンを改築したりしたんですね」

宜野座での一軍キャンプが実現したのが03年。それから10年まで8年間、黒田が編成部長を務めたなか、チームは2度のリーグ優勝を果たし、Bクラスに下降したのは04年と09年だけだった。そして黒田自身、年齢が60代半ばに差し掛かった11年からシニアアドバイザーになると、主な仕事は「監督の相談相手」になった。

ところが2年目、12年シーズンの終盤、黒田の身に異変というべき事態が起きる。球団社長より、翌13年からのヘッドコーチ就任を要請されたのだ。長年、編成部長を務めてきた野球人が、現場に復帰することは極めて稀だった。

「僕はもうコーチなんかする気なかったんですよ。それが社長に言われて……。『編成部長がやるもんちゃいまっせ』って言ったんですけど、当時の和田（豊）監督にも頼まれたので、じゃあ、パイプ役になりゃええかなと。で、このときは根本さんに相談しないで決めました。でも、考えたら、根本さんも編成やってから監督やったなあ、と」

根本は西武監督退任後、編成トップとなって11年間、現場を離れた。にもかかわらず、ダイエーでは2年間、監督を務めた。黒田はその転身を想起し、監督とチームのために一生懸命、働こうと決意。バッテリー中心に助言していき、のちに正捕手となった梅野隆太郎も指導している。ただ、球団社長との約束で2年で退くことを決めていた。

「根本さんと僕の人生、何か、似てるのかな、と思いましたよ。ノムさんが監督のときに2年間、コーチをやって、『編成やるか？』という話が来ましたからね」

阪神でのヘッドコーチ1年目の13年、チームは前年5位から2位に浮上。14年も2位になると、クライマックスシリーズで巨人を倒して日本シリーズ出場を果たした。好結果を出したことで引き留められかかるも、約束どおりに退任。同年限りで退団した黒田は、再びネット裏から野球を見る人生を続けている。あらためて、根本陸夫とはどんな野球人だったのか。

「新しい球団で自分が監督やったとき、ほんと、どうするかなって考えたと思うんです。勝てないし。プロやから勝たないかんからね。そのためには選手を集めないといかん、と考えて、人集めができた人。そのうえで、ある程度、指導者として厳しい監督、うまく戦える監督を探してきた。だから、勝つためにどうするか、考え続けた野球人だった。僕はそう思いますね」

多くの野球人が語るとおりの迫力ある風貌（写真提供・根本隆子氏）

第八章

西武GMと元祖GMの微妙な距離感

証言者

渡辺久信

あの目で睨まれたら人は動けなくなる

「私が今の仕事に携わったとき、一番初めに頭に浮かんだのが根本さんでしたね」

開口一番、渡辺久信は言った。「今の仕事」とは主にチーム編成であり、西武球団のゼネラルマネージャー（ＧＭ）。その発端は２０１３年10月。監督退任後の渡辺がフロントに入り、シニアディレクター（ＳＤ）に就任したときのことだ。西武初代監督で実質ＧＭでもあった根本陸夫が、渡辺にとって高い目標になったという。

「当然、西武もそうなんですけど、他球団でも、チームを強くするために尽力された方ですから。特に、礎を築くことに関しては、根本さんの右に出る人はいないんじゃないかと思います。だから私自身、球団の方から『チームをどんどん強化していってほしい』と言われたとき、目指したい、というよりも、目指すべき人だと直感したんです」

根本に薫陶を受け、信奉する野球人が数多くいるなかで、根本を目標に掲げる野球人は滅多にいない。まして、ＧＭとして目指すとなると唯一無二なのだが、じつは渡辺自身、ひとつ間違えば根本に出会わない野球人生になっていた。西武入団を巡って、当時の現場とフロントの考えが複雑に絡み合っていただけに、初めに、その経緯を明らかにしておきたい。

「根本の右腕」と呼ばれ、西武のスカウト部長を務めた浦田直治（第四章参照）によれば、

１９８３年のドラフト、「１位は前橋工高の渡辺久信で行く」と決めていた。これは直前のスカウト会議で浦田が発表し、管理部長の根本も承認済みだった。

渡辺は最後の夏こそ群馬大会の決勝で敗れたが、１年時に甲子園のマウンドを経験。速球派の大型右腕ゆえ、浦田は「すぐに一軍で投げられる」と高評価していた。が、会議の席で監督の広岡達朗から「高校生じゃなくて即戦力のピッチャーを」と要望が出た。「監督の言うことを聞いてやれ」と根本が方針を転換した。

11月22日、ドラフト会議当日——。西武は２位指名予定だった東海大の高野光を１位で指名した。高野は首都大学記録の21連勝を達成し、通算23勝１敗、防御率０・92という実績を持つ右腕。それだけに、１位指名で４球団が競合した。

すると、抽選に臨んだ根本はクジを外し、ヤクルトが高野の交渉権を獲得。外れ１位に渡辺を考えていた浦田だったが、同年日本一の西武はウェーバー指名順が12球団で最後になる。順番が来るまで時間をかけて検討するうち、渡辺は他球団に指名されたと思い込んでしまった。

もう残っているピッチャーはいない——。浦田が「日通の辻発彦、行こうか？」と根本に問うと、「おう、そうせい」と返ってきて、用紙に名前を書いた直後だった。「浦田さん、これ、渡辺久信って残ってるんじゃない？」と広岡が言ってきて「あっ」となった。

結局、当初の方針どおりの指名になったが、即戦力の大学生を望んだ広岡が気づかなければ、渡辺はまず間違いなく他球団に指名されていた。渡辺自身、のちに担当スカウトからドラフト会議中の顛末を聞き、運命の不思議さを痛感したという。では、晴れてドラフト1位で入団し、初めて出会った根本の印象はどうだったのか。

「とにかく、あの目で睨まれたら人は動けなくなる、という感じはありましたね。蛇に睨まれた蛙じゃないですけど。恰好も、何て言ったらいいのか、普通の一般の方には見えなかったですし。1年目のキャンプのとき、ブルペンで投げていて、マウンドの横に立たれたときはもう大変でした。自分の投げ方を忘れるぐらい。広岡さんも同じように怖かったですけどね」

自宅に招かれないように距離を置いていた

プロ野球の世界に入って、一番強烈に印象に残った人――。渡辺にとって、それが根本だった。恐ろしい見た目に反して、言い方は優しかった。事細かに何かを言われたわけではなかったから、なおさら優しさを感じた。

「キャンプではよく、メジャーリーガーの写真を見せられました。だいたい、ピッチャーのフォームの分解写真みたいなものです。そのとき、私はトム・シーバーの写真を見せられて、『こういうふうに投げてみなさい』と。同じ右の速球投手で、背番号もたまたま41番で一緒だったので、そこからいろんなところで、トム・シーバーのことが頭に浮かびましたね」

メジャー通算311勝、サイ・ヤング賞に3度輝いたトム・シーバー（元・メッツほか）。

この大投手と渡辺の共通項を、根本が見出していたのか否か、定かではない。だが、メジャーリーガーの写真を見せられる若い投手は稀だった。その点、工藤公康の場合、根本が工藤本人の分解写真を持ち出して「ここが違う」と指導が始まるから大変だった、と証言している。

「聞いたことありますねえ、その話。根本さんのご自宅に招かれたときの話ですよね。私の場合、そういうことがないように避けてました（笑）。いったん指導が始まったら、２時間ぐらい続きますし、また話も長くなるんです。だから私は根本さんの前では存在を消すような感じで。ご自宅にうかがうなんて、まず考えられなかったですから」

渡辺が「デーブ」と呼ぶ盟友、大久保博元は事あるごとに根本の自宅を訪ねていた。同じ茨城出身ということもあって、ほかの信奉者もそうだったとおり、根本を「オヤジ」と呼んだ。渡辺はそこまで親密な間柄ではなく、ある意味では賢く振る舞い、適度な距離を取っていたようだ。

「たしかに、ちょっと距離は置いていました。あんまり、どっぷり根本さんに浸かっていた、という感じではなかったと思います。それに、私が若い頃、根本さんはほとんど球場に来られなかったんです。シーズン中、いつもいない、というイメージで。必然的に、距離を置いてしまったようなところはありましたね」

渡辺は広岡に抜擢され、１９８４年、高校出1年目にして一軍で15試合に登板している。勝ち星こそひとつではあったが、７試合に先発して完投も記録したほど。２年目の85年には43試合に登板したなか、右肘を故障した森繁和に代わって抑えも務め、リーグ優勝に大きく貢献した。

ただでさえ、編成の仕事で日本全国を巡っていた根本は、チームに帰れば二軍を見ることが多かった。だから、すぐに主力級となった渡辺は、根本と顔を合わせる機会自体が少なくなっていく。ただ、それでも常に頭の片隅で意識している存在であり、一軍で活躍すればするほど、まだ新人だったときに聞いた根本の言葉が思い出された。

「野球選手というものは、簡単に人からご馳走になってはいけない。野球選手には、その地位を利用しようと企みを持った連中が寄ってくることもある。呼び方も最初は『渡辺さん』だったのが2度目は『渡辺くん』になり、3度目は『ナベちゃん』。最後は『ナベ』になる。そうやって身動きが取れない状態に追い込んで、取り込むのがヤツらの手なんだから、ご馳走にだけはなるな」

渡辺から見て根本は、「表も裏も何でも知っている人」だった。野球選手は、表の部分はある程度、わかっていても、裏の部分はわからない。そこを補うべく、社会の仕組みについて何度か教えられることもあった。そして、さらに渡辺が結果を残して主力投手となったとき、避けていた根本の自宅に出向く必要に迫られた。

根本陸夫という男は正攻法でいったらダメなんです

西武入団3年目の1986年。渡辺久信は16勝を挙げて最多勝、最多奪三振の二冠に輝き、チームのリーグ連覇と日本一に大きく貢献。早くも主力投手陣の一角にのし上がると、プライベートでは六本木に遊びに行くようになり、弱冠21歳にして銀座に飲みに行くこともあった。が、それでも合宿所＝若獅子寮での生活は変わらない。前監督の広岡達朗が採り入れた玄米食を除けば食事には何も不満はなかったが、部屋は四畳半ほどで狭く、暖房はあっても冷房がない。夏場の先発前日に暑さで十分な睡眠が取れず、仕事に支障をきたす可能性があった。入団4年目、西武鉄道から出向の「鬼寮長」に事情を話し、自ら冷風機を備え付けた。本来はルール違反だから、寮長は黙認したも同然だった。そうして初めて快適な夏を過ごしたが、制限の多い日々は変わらず。解放されるためには、球団管理部長の根本から許可を得る必要があった。

「西武の寮のルールでは、高卒の選手は5年間、寮にいなくちゃいけなかったんです。でも、私は一軍でけっこう結果を出していたので、もうそろそろ、合宿所を卒業したいな、外に出ても大丈夫かなと。一人暮らしにあこがれた部分もあって、4年目が終わったとき、根本さんのご自宅まで手土産を持って直談判に行ったんです」

埼玉・所沢市、小手指にある根本の自宅。食事に招かれるなどしていた他の選手とは違って、あえて距離を置いていた渡辺にとってはまったく初めての訪問。それでも単刀直入に切り出した。

「今年で寮を出してください」

「出さない」

「出してください。お願いします」

「最低5年、いないとダメだ。出さない」

押し問答がありながら、小一時間、話し合いが続いた。選手の行きつけの店をすべて把握し、常々、各方面から情報を得ていた根本にすれば、譲れない部分があったのだろうか。最終的には「お前はあと1年いろ」と命じられ、それで話は終わった。

が、そこまできっぱり拒否されると、かえって、どうしても出たいという気持ちが湧き上がってくる。いったん寮に帰った渡辺は、思案して行動を起こすことにした。

「もう1回、根本さんのところに行こうと決めました。2度目のチャレンジじゃないですけど。ただ、普通に行っただけでは、たぶん答えは一緒だな、と思ったんです。それで何か寮を出るための秘策はないかな、と考えているときに、マンションを買っちゃえばいいんだ、と気づきました。賃貸を借りるのは誰もがやることなので、これはもう買うしかないと」

決断した渡辺は「とにかくマンションを買いたいんで」と不動産会社に依頼。1週間で条件に見合った物件を探し出し、東京の多摩地区にあるマンションを購入した。そうして再び、手土産を持って根本の自宅を訪ねた。

「マンションを買いました。そこは又貸しできない物件で、契約した人がオーナーとして入居しないといけないんです。だから出してください」

しばらく黙ったあと、根本が言った。

「ナベ、お前、考えやがったな！」

「正直に言います。考えました」

「じゃあ、もういいよ。出してやる」

根本は半ばあきれている様子だったが、すぐさま寮から出ることを許された。渡辺としては、「買ってしまえば絶対に出してくれる」という確信に近い思いもあった。

「根本陸夫という男は、普通に、正攻法でいったらダメなんです。私は入団してからの4年間でそういうふうに感じていたので、そのときも、ストレートじゃなくてスライダー気味に入っていったんですね（笑）。だから出してくれたんだ、と思います」

ナベ、西のほうに来る気はあるか？

必要以上に親密にならず、距離を置きながらも、渡辺は根本の気質を洞察していた。そのうえで頭を使い、この人はどういう攻め方でいけば攻略できるか、考えて答えを出した。根本から特に多くを教わることはなかったが、このときの経験から、何事も工夫が必要で、いろいろな物の見方をしたほうがいい、と学んだ。

結果、私生活で自由を得た渡辺は、そのぶん、チームではエースとしての責任を果たしていく。5年目の１９８８年は15勝を挙げて2度目の最多勝に輝くと、89年も15勝を挙げ、90年は18勝で3度目の最多勝。監督の森祇晶の下、ライオンズが黄金期を築いていくうえで不可欠の存在となった。

しかし、チームがリーグ5連覇を達成した94年は9勝を挙げるも、監督が東尾修に代わった95年は不調。先発からリリーフに回っても結果を出せず、二軍暮らしが多くなった。96年は開幕からローテーションに入ると、6月11日のオリックス戦でノーヒットノーランを達成。これ以上ない形で復活の兆しを見せたが、その後は不振に陥り降格する。

翌97年、プロ14年目、32歳になるシーズン。「直球が通用するうちに、ピッチングの組み立てを変えろ」と東尾に助言された渡辺だったが、力で押す全盛期のスタイルからなかなか脱却できず。12試合の登板で自身初の未勝利に終わり、球団から戦力外通告を受けた。ただ、同年の日本シリーズでは登板していたし、時期的にも想定外だった。

「11月の下旬、オフになりそうなときに急にクビになったんです。球団からは『ほかでやるなら自由契約にします』と。でも、『ほか』といっても他球団の秋季キャンプはほとんど終わっていて、入団テストを受けられるような状況ではなかったんですね」

11月22日、ドラフト会議の翌日のことだった。同年の西武は７人を指名し、すべて投手だったから、渡辺の心境は複雑だった。また、当時は現在のように戦力外を通告する期間も定められておらず、まだ12球団合同トライアウトも実施されていなかった。

現実問題として、現役続行は厳しいかもしれない。自分を獲得するような球団はどこもないんじゃないか……。そう思ったとき、５年前の92年オフにダイエー（現・ソフトバンク）に移り、球団専務になっていた根本から電話がかかってきた。

「ナベ、西のほうに来る気はあるか？」

ダイエーで根本がチーム強化に乗り出した当初、秋山幸二、工藤公康、石毛宏典と、西武の中心選手を獲得する戦力補強が注目を浴びた。渡辺への電話も、ダイエー入りを打診するものだった。どう受け止めたのか。

「根本さんがダイエーに行かれたあと、当然、なかなか連絡もできない状態でした。それが、クビになったときにお電話をいただいて。西武をクビになったのか、ということで、それはもういろんな話をしましたね」

根本が招聘した監督、王貞治の下でプレーする。可能性はゼロではなかった。が、渡辺はプロ14年間で通算１２４勝の実績を持つ投手。11月下旬にもかかわらず、興味を示す球団はダイエー以外にも出てきた。そうして、いくつかの選択肢があるなかで選んだのが、野村克也が率いるヤクルトだった。

「当時の野村さんが〝再生工場〟とか、〝ＩＤ野球〟とか、話題になっていたところもありまして。ただ、そのときは何より、東京、関東の球団というのが大きかったんです。私自身、関東が長かったですし、親のこと、家族のことを考えても。それに、自分はもうこの先、長く野球はやれないだろう、という考えもありましたから」

大きかった、野村さんとの出会いと台湾での経験

どちらかといえば、在京であることがヤクルトへの移籍の決め手だった。ところが、いざ入団すると、やはり「野村さん」が決め手だったのだと思い直すことになる。

まず、キャンプでのミーティングの違いに驚かされた。西武では、前年の相手チームの映像を用意して投手や打者のクセ、攻めるべきポイントなどを研究していく。要は、どう相手を攻略するかがミーティングの中心だった。

対してヤクルトでは、「投手とは何をする者か」「打者とは何か」を野村が語ることから始まる。そのうえで一球ごとに状況を設定し、カウント別に投手と打者の心理を詳細に分析。その膨大なパターンを野村が自ら理路整然と解説し、ホワイトボードに書いていく。選手全員がそのすべてをノートに書き写す。

長年の経験が蓄積された渡辺自身、打者心理は十分にわかっているつもりだった。それでも、

このミーティングには大きな衝撃を受けた。蓄積されたままの野球理論が野村の解説で整理され、理解が深まるのを感じられたのだ。実際、ノートに書写した内容を読み返すと納得できることばかり。自分がいかに素質と感性だけで野球をやってきたか、思い知らされた。

迎えた１９９８年のシーズン。渡辺は19試合の登板で１勝５敗１セーブに終わり、オフには現役を引退する。一方で、野村の指導によって自身の野球経験が理論化され、第二の人生につながる財産を得ていた。話を聞きに来る若い投手たちに、成長するために必要と思われることを整理して伝えられるようになっていた。

「指導者になりたい、と思ったのがそのときです。以前はまったく頭になかったんですけど、野村さんの下で１年やってみて、指導することの面白さを感じていました。引退を発表したあとにテレビ、ラジオ、新聞からのオファーもありましたが、台湾に行って勉強をする道を選択したんです。これからも人生が長いことを考えたら、そちらのほうがいいかなと思って」

当時、台湾のプロ野球界が日本人の投手コーチを求めていた。渡辺は自身でその情報をつかむと、西武監督の東尾から助言を得て単身で海を渡った。所属したチームでは投手に関するすべてを一任されたが、なぜか日本語の通訳が付かない状況下、投げ方の手本を見せる意味で現役に復帰。３年間、投手兼コーチとして指導した。

同じプロとはいえ、まだ台湾と日本の野球レベルに差があった時代。相当に目線を落として、丁寧に教える必要に迫られる。決して自分の物差しで測らず、相手のレベルまで降りることが大事と気づかされる。そのように基本中の基本に立ち返った段階から指導したことで、自身の野球理論の確認にもなり、コーチングの基礎を実地で学ぶことができた。

帰国後の渡辺は、２００２年から2年間、解説者として活動。初めて外から12球団を見て視野を広げると、04年から西武の二軍投手コーチに就任。８年ぶりの復帰となった。翌05年からは二軍監督を兼任し、３年後の08年、一軍監督に昇格した。

「一度は疎遠になった球団でしたけど、野球人として、一番いい軌道に乗せていただいたと思います。二軍のピッチングコーチから監督兼任、二軍監督専任、そして一軍の監督ですからね。ただ、もともと私自身、指導者になるタイプではない、なれないんだろうな、と思っていました。というのも、私は球団に残れなかった人間です。

当時、球団が西武になってから一番勝ち星を挙げたのは私でしたし、球団のために一番協力したのでは、と思っていたんです。普通だったら、球団に残れる選手でしょう。でもクビになったわけで、その点、我が道を行き過ぎたかな、と思うところはありました。そういう意味で、野村さんとの出会い、台湾での経験が本当に大きかったんです」

やるからには根本さんを目指す

いわば、マイナスから始まった渡辺の指導者人生だったが、２００８年、監督就任1年目でのリーグ優勝、日本一となって実を結ぶ。翌09年こそ4位に下降するも、10年からＡクラスを保持。その間、戦力補強においては、積極的に選手獲得をフロントに働きかけていた。

07年オフ、ヤクルトからＦＡの石井一久を獲り、10年には工藤を横浜（現・ＤｅＮＡ）から復帰させた。一方、09年から監督を辞任する13年までの間に、12件ものトレードを成立させている。監督時代から編成の仕事への意欲、願望があってのシニアディレクター＝ＳＤ就任だったのだろうか。

「そういうことではないんです。ただ、球団の幹部だけじゃなく、オーナーからも『どんどんチームを強化していってほしい』と言われまして。考えてみれば、現役時代は当然、指導者になってからも自分を育ててくれた球団。今度はフロントとしてチームを見ていきたい、という気持ちが出てきたんです。そしてそのとき、やるからには根本さんを目指す、と決めました」

13年10月のＳＤ就任後、チームは14年から3年連続でＢクラスに低迷。これは根本が監督を務めた１９７９～81年以来だったが、その責任を取る形で16年12月、編成部長を兼ねていた球団本部長の鈴木葉留彦は本部長専任に。代わって渡辺がＳＤと編成部長を兼務することになった。

こうして17年、渡辺は球団編成部門のトップに立った。同時に、辻発彦が新たに監督となったチームは2位に浮上。翌18年には10年ぶりのリーグ優勝を果たすと、ここで渡辺の球団本部ＧＭ就任が決まった。

ＳＤから編成部長兼任を経てＧＭ。編成としても段階的に責任ある立場になってきたわけだが、根本がそうだったとおり、現場を熟知し、なおかつ指導者経験もあることが、ＧＭとして理想的なのだろうか。

「どうなんでしょうね、それは。例えば、アメリカのＧＭを見ると、選手経験がなくてもいろいろな資格を持っていて、マネジメントに長けたプロの人たちが就任しているケースがたくさんあります。でも、日本の球界に関して言うと、そういうなかで人と人とのつながりも大事になってくるところがある。

当然、シビアに見なければいけないところも絶対に出てきます。人と人とのつながりで、すべてうまくいくものではありません。そのことを踏まえたうえで、選手＝現場を知っていた人が編成のトップを務めるのもありなのかなと。そういう考え方もあるのかな、と思いますね」

ＭＬＢのＧＭと違って、日本プロ野球のＧＭ、編成トップは、球団予算をすべて扱うまでの権限は持っていないという。実際、根本にもそこまでの権限はなかったわけだが、球団幹部はもとよりオーナーと直に交渉して説得し、チーム強化に必要な予算を確保していたといわれる。

「ＧＭは現場と会社の間に入って仕事をする人なので、現場の意見を吸い上げながらもしっかり会社とも交渉して、チーム強化できる。これが一番だと思いますし、予算の話になったら自分の意見を言えないとダメだと思う。それが通る通らないは別にして。今の時代だから難しい部分もあるんですけど、それでもしっかり、間に入ってやらないと意味がないですから。

ただ、根本さんみたいな人はもう出てこないと思います。実際、ああいうふうになりたいな、という気持ち、私は今でもすごく持っていますけど、根本さんが活躍した当時と比べて時代が変わり、野球界も変わりました。そもそも会社の中にいる人間としたら、コンプライアンスもありますので。いろんな意味で、出てこられないでしょう」

120歳ぐらいまで生きないと及ばない

ドラフトひとつ取っても、かつて根本が突いたような抜け道は閉ざされた。ドラフト外での入団はなくなり、有望選手の囲い込みに利用された練習生も廃止され、アマチュア選手への裏金問題も起きた。では、それでも渡辺が根本を目標とする理由はどこにあるのか。距離を置きながらも、ずっと意識してきたのはなぜなのか。

「それはもう、根本陸夫という男が成し遂げたことを見たり、聞いたりしてきたからです。初めは近鉄で、広島、西武、ダイエーと渡り歩く流れを見てきて、どこのチームも強くなっている。ただ、監督としては勝っていない。ということは、監督のタイプじゃないんです、あの人は。ある程度、チームをつくり上げて、勝てる監督にバトンタッチする。それって、カッコいいじゃないですか。いや、本当にカッコいい、と思うんですよ、そういうことができたなら。だから行動力ですよ。そこまでやってのける行動力がすごいと思うから目標なんです」

根本と違って、渡辺は選手としての実績がある。指導者経験も豊富で、監督として最高の結果も出している。編成としても着実にステップアップしてきた。そのうえで人望があって、人脈もある野球人、と高く評価する周りの声もある。例えば、渡辺にとって盟友の大久保は「今の野球界で、根本のオヤジみたいなＧＭになれるのは渡辺さんぐらい」と語っている。

「いやいや、デーブはちょっと話を盛るクセがあるんでね（笑）。だいたい、野球界における影響力の大きさを考えたら、私なんてまだ足元にも及びません。たぶん、あそこまでいくには１２０歳ぐらいまで生きないといけないんじゃないか、と思います。今、私は60の手前なんで、あと60年ぐらい生きないと無理、ということですよ」

渡辺がＧＭに就任した２０１９年、チームはリーグ連覇を果たしたが、20年は3位。21年は西武ライオンズ元年以来42年ぶりの最下位に沈んだ。翌22年は3位に浮上するも、監督の辻は勇退。代わってヘッドコーチの松井稼頭央が監督に就任した23年は5位に終わった。

そして24年5月26日、開幕から45試合で15勝30敗という成績を残した時点で松井が休養。渡辺が監督代行を兼任することになった。日本一の実績ある指揮官としての手腕発揮が期待される半面、チーム低迷の原因を把握するＧＭとしての職務もやめられない。あらためて、目標とする男の「行動力」に学ぶ時が来た。

第九章

FA移籍交渉の席で言われた〝殺し文句〟

証言者
松永浩美

やがて現実のものとなった根本の冗談

1993年2月、春季キャンプ中の邂逅だった。

前年12月にオリックスから阪神に移籍した松永浩美は、休日、高知城から程近いホテルで知人と待ち合わせた。県東部に位置する安芸の阪神キャンプは初めてでも、高知自体は阪急(現・オリックス)時代もキャンプで滞在したなじみの場所。ゆえに休みの時間を共に過ごすような知り合いがいて、ラウンジに入ろうとしたときのことだ。

ユニフォーム姿の男たちが近づいてくるのを見た途端、松永は思い出した。やはり高知でキャンプ中のダイエー(現・ソフトバンク)の宿舎がこのホテルだった、と。男たちは監督の根本陸夫を筆頭とするコーチングスタッフで、練習を終えて戻ってきたところに阪神の選手が紛れ込んだような状況。松永が内心、ヤバいぞ……と思っていると、横に座った根本がおもむろに言った。

「おお、マツ。なんだ、うちへ来るんか?」

いきなり冗談をかまされたが、根本とは初対面だった。それでもごく自然に「マツ」と呼ばれた流れに乗り、プロ15年目のベテラン・松永は、指導者・根本へのリスペクトを込めて返答した。

「何か、キャッチボールをずっと長くやっているそうで。いい練習しているみたいですね」

「わかる？　キャッチボールの意味」

「たぶん、ホークスの選手は知らないと思いますが、私は意味をわかっています」

「そういう選手、うちにはいないんだよね」

広島で初めて監督を務めた当時から、根本はキャッチボールを重視していた。通常、キャンプの練習メニューでも20分程度のキャッチボールに、40分もの時間を費やす。肘が肩の高さまで上がるのが「いい投げ方」として、正しいフォームをつくることが目的だった。現場ではその説明がないために戸惑うコーチもいて賛否両論あったが、松永は根本の指導方針に賛同していた。

となると、この邂逅は運命的なものだったのか。

何しろ春季キャンプから9ヵ月後、根本の冗談は現実のものとなる。松永は同年から導入されたＦＡ制度を活用し、ＦＡ宣言第1号となってダイエーに移籍するのだ。宣言残留の道もあったなか、わずか1年で阪神を去ったのはなぜか。そこに根本はどう絡んだのか――。松永に聞く。

「まず初めに言っておきたいのは、ＦＡ制度は僕が提唱したものだった、ということ。きっかけはね、ドラフト1位指名を拒否する選手がいるのを見て、自分がいる世界を馬鹿にされたような気がしたからです。僕自身、高校を2年で辞めてドラフト外でプロに入ったので、何で拒否するのか、そこまでプロ野球は夢がないのか、という気持ちになったんですよ」

FA制度ができる前にトレードされた

松永は福岡・小倉工高を中退し、１９８７年に阪急に入団。練習生から79年に支配下登録選手になると、３年目の81年に一軍初出場。翌82年には三塁のレギュラーを獲り、俊足強打のスイッチヒッターとして活躍し始める。85年に盗塁王に輝き、88年にはロッテ・高沢秀昭と首位打者を争った。最後はロッテの〝敬遠作戦〟でタイトルは逃すも、１厘差で打率リーグ２位となった。

その88年、東京六大学で通算31勝を挙げた左腕、慶應義塾大の志村亮がプロ入りを拒否。同年の「ドラフトの目玉」といわれ、１位指名で競合必至と目されていたが、硬式野球部のない大企業に就職する。また、90年にはドラフト１位で８球団が競合した左腕、亜細亜大の小池秀郎（元・近鉄ほか）が、交渉権を獲得したロッテを拒否した。

この２つの「拒否」にショックを受けた松永は、当時、労働組合日本プロ野球選手会（以下、選手会）の事務局長だった大竹憲治（元・巨人）に相談。「プロ野球を夢のある世界にするにはやっぱりお金だろう。自由に好きな球団に行って、お金がたくさんもらえるなら、入ってくる確率も高い。ならば、ＦＡを採り入れるのはどうだろう。選手会で提案したい」と願い出た。

どちらかといえば、この松永の思いは、志村のようにプロ入り自体を拒むケースに向けられている。一方、小池の場合は希望球団ではなかったがゆえの拒否だが、そもそも、ＦＡはドラフトの補完的な制度と考えられていた。すなわち入団時に球団を選択できなかった代償として、一定の実績を挙げた選手に与えられる選択権がＦＡであると。

いずれにせよ、松永には「自分と同じ思いの選手は少なくない」という確信があり、自身が選手会の役員を務める立場だったことから事務局を訪ねた。すると、大竹から役員総会で議題に上げるように言われ、実際に松永はその場でＦＡを提唱した。ただ、提唱の理由はそれだけではなかった。

「もうひとつの理由は『統一契約書の中身を変えたい』ということで、本来はこっちが主旨でした。以前は球団と選手の関係が９・５：０・５ぐらいの割合で、選手の権利は『辞めます』しかなかった。これじゃおかしいだろ、ということで、選手側にも何らかの権利を与えられるような契約書にしたい、と考えたんです」

90年12月、選手会では、役員総会においてＦＡ制度の導入を目指すことを確認。翌91年３月には日本プロ野球機構と選手会との団体交渉が開催された。提唱者の松永はＦＡ制度導入に向けての改革委員長に任命され、副委員長の西武・秋山幸二、ヤクルト・広沢克己とともに交渉に臨んだ。

が、機構側は当初から対案を出すなどして選手会の要求をかわし続け、91年11月の事務折衝ではついに「ＦＡは認めない」と返答。最終的にはＦＡとはまったく関係のない新案を提示してきた。これに怒った選手会は同年12月、全組合員の参加を義務付けた臨時大会において、ＦＡ制度の導入に向けて「ストライキも辞さず」との強硬姿勢を打ち出した。

年が明けて92年１月。選手会と機構側との話し合いで急速な歩み寄りが見られ、２月には機構側で第三者委員を選定し、ＦＡ問題等専門研究委員会が発足。ＦＡ制度の具体案づくりが始まり、球界は制度導入へ向けて進み出した。

改革委員長の松永も手応えを感じていた。ところが、シーズンオフの92年12月、自身に思わぬ変化が起きて、投手・野田浩司との交換で阪神にトレードされたのだった。阪急－オリックスを通じて実働12年間で打率３割が５回、ベストナイン４回、ゴールデン・グラブ賞３回、盗塁王に最高出塁率のタイトルも獲ったチームの大黒柱。その放出は周囲を驚かせたが、松永自身、どんな心境だったのか。

「トレード話はいくつかあったけど、本当に出されるとは思っていなかった。だから通告された瞬間は自分でも驚いたし、疑問に感じましたよ。ただ、そのときの僕には、ＦＡ制度ができる前にトレードされた、という思いもあった。実際、それ以前、もしもＦＡが成立したら松永はどうするんだろう、というような動きが各球団にあったんです」

九州出身の松永としては、最終的には地元に帰って野球をやりたい、という気持ちがあった。ホークスが大阪から福岡に移転してきたとき、その思いが芽生えた。まして、ダイエー球団がかねてから「地元出身のスターにラブコールを送っていた」と報道されたこともある。じつは、根本の言葉は、あながち冗談ではなかったのではないか。

根本さんが交渉に来られても断る気でいた

阪神移籍１年目の１９９３年、松永は年間80試合の出場に留まった。シーズンを通して故障に悩まされ、３割近い打率を残すも規定打席に届かず。阪急－オリックスで11年間レギュラーを張ってきた男も、球団とファンの期待に応えられなかった。

その間、球界は、同年オフからのＦＡ制度導入に向けて動いていた。途上、ＦＡとドラフトとのリンクを巡る紆余曲折を経て、「逆指名ドラフト」が成立。ＦＡ問題等専門研究委員会の意向は通らなかったが、９月23日の実行委員会において、新ドラフト制度とＦＡ制度の実施を決定した。

一ヵ月後、ＦＡ資格取得の60選手が公示。資格を与えられたのは、１シーズンの一軍出場登録１５０日以上で、10シーズンを経ている選手。また、ＦＡ選手を獲得した球団は、失った球団に金銭的な補償もしくは人的補償をすることが条件であった。

当然ながら、60選手には松永も含まれる。選手会でＦＡを提唱し、改革委員長として制度導入に向けて動いてきただけに、動向が注目されていた。そのなかで10月半ば発行のスポーツ紙は〈ＦＡ宣言1号　阪神・松永ダイエーへ〉と見出しを付けた記事を掲載。7月に「今はまったく考えていない」と明言していたＦＡ宣言をする可能性を示し、松永のコメントを載せた。〈その頃は、ほかの連中が権利を使うと思っていた。でも間近に迫った今、オレなりの感じでは、誰も宣言しそうにない。それじゃあ、今までオレたちは何のために動いてきたんだ、という思いはある。

手を挙げても声がまったくかからないかもしれない。それぐらいのリスクは当然だし、自分の商品価値を問うのもプロなら恥ずかしいことではない。自信があるなら堂々と手を挙げるべき。オレはプロだ。一度、出ているんだ〉

〈出ているんだ〉とは、移籍で古巣を出ているという意味。ＦＡ元年ならではの言葉とも言えるが、記事中には〈阪神にとってはまさに衝撃的な発言だ〉との一文もある。実際のところ、松永本人はどうだったのか。

「いざ権利を取得して、すごく迷ったんですよ。その年は故障もあったし、このまま今、阪神を出るのもなあ、っていう気持ちがあって。だから、宣言したうえで阪神に残留することも考えていた。マスコミには『ダイエー』と書かれていたけど、自分としてはフラットな状態。どちらかといえば、その時点ではまだ断る気のほうが強かったですね、根本さんが交渉に来られるとしても」

同年にダイエー監督に就任した根本は、9月から取締役専務、球団本部長を兼務。オーナーから全権を与えられたチーム編成のトップ、実質的にＧＭになっていた。ＦＡを宣言する選手がいれば、根本自身が獲得に動くことは報じられていた。

11月2日、松永がＦＡの関連書類を投函。〈改革委員長が自ら「ＦＡ宣言第1号」となった〉と新聞記事は伝える。本人の「宣言」も載っている。

〈自分のことをタイガースも含め全球団がどう評価してくれているか知りたい。不安はあるが、これからＦＡ宣言する選手のためにも。若い選手にはいいＦＡの意識を持ってほしい。せっかく自由の権利を勝ち取ったのだから、もっともっと活発にやっていってほしい〉

記事によれば、阪神球団は〈ＦＡするかどうかは半々〉と見ていた。移籍1年目だから〈ない〉との見方もあった。ただ、宣言期間前に阪神は一度も松永と会談せず、残留交渉に必要な資料も用意できず。〈もううちの人じゃないから、一人の名サードと話をすることになる〉という球団社長の言葉にも熱さがない。松永が当時を振り返る。

「実際、阪神との交渉のとき、拍子抜けしたんです。え？　引き留めてくれないの？　というような感じがあって。何か温度差があったのかな。ＦＡ元年だけに、どういう対応をしていいか、たぶん球団はわかってなかったと思うし、こっちもわかってなかった。そんななかで話し合いをして、淡々と話をされて、終わって。うーん、何だこれは、みたいな感じになったんです」

あのトレードも君が来てくれることが前提だ

11月27日、ＦＡ宣言をした選手と、旧球団との占有交渉期間が終了した。制度導入元年にＦＡ宣言したのは松永のほか中日・落合博満、オリックス・石嶺和彦、巨人・駒田徳広、そして同じく巨人・槙原寛己の5名。このうち槙原だけが巨人と再契約し、残る4人は移籍の可能性が高まった。その3日前に阪神と交渉した松永は〈残念ですが、縁がなかったとしか言いようがない。ああいう条件では……〉と語った。

今ではまず考えられないことだが、ＦＡの残留交渉において、阪神は松永に同年の年俸９５００万円（推定）以下のダウン提示をした、と報じられた。たしかに、周囲の期待どおりに活躍はできなかったが、実績十分の3番打者を本当に必要な戦力と考えているなら、ダウンはなかっただろう。結果、松永が移籍1年目にして阪神を出ていくことが濃厚になった。

ＦＡ宣言をして以降、松永は阪神ファンの反感を買い、マスコミには阪神との対立関係を示す憶測記事を連発されていた。「甲子園は幼稚園の砂場と一緒」と発言したとされる記事が出ると、周りからバッシングを受けた。後年、「砂場」は記者が質問で発した言葉に過ぎず〝誤報〟と判明したが、松永自身、当時はマスコミに恐怖を感じていた。

「門田博光さんがオリックスに移籍してきたとき、すごいバッシングを受けたんですよ。『裏切り者』って言われたりしてね。その姿を見てるので、きっとオレも門田さんみたいになるんだろうな、とは思っていたけど、まあ、マスコミは怖いなと。でも、オレがＦＡ制度を提唱した意味は何だったんだ？　という原点に戻って、他球団との交渉に入ったんです」

そのとき、正式に松永の獲得を表明していた球団はダイエー、西武。ただしそれ以外の球団からも話がきていたとのことで、まだ2つに絞られたわけではなかった。阪神に残留する可能性も完全にゼロになってはいなかった。

そして、他球団との交渉解禁日である11月28日、午前10時。松永は大阪のホテルで西武との交渉に臨む。続いて同日夜、6時半には同じ大阪の地でダイエーとの交渉に入ると、松永は初めて根本と正式に面と向かった。円卓のある料理店の個室だった。

「円卓の向こうに根本さんが座ってるわけですよ。で、まず、クラウンライターから西武になったときに始まって、ライオンズを強くするためのプロセス、ご自身で考えていたプラン、ビジョンを語り始めたんです、ずーっと。西武ライオンズを強くするためにはどうしても田淵(幸一)がほしかった、この人がほしかった、という話をされたんですね。

それから今度、僕の阪急時代の話が出てきました。『松永君はすごく努力してきたし、苦労もしてきて、いろいろ野球も知っている。サードのポジションで長年、レギュラーを張ってきた。だから、そういう力をダイエーホークスは求めてる。西武を強くしたときに田淵をほしがったように、君もほしいんだ』と言われたんです。でもね、心は動かなかったんです、まったく」

あくまでもフラットな状態で、松永は交渉に臨んでいた。自分をほしがる球団が自分をどう評価しているか、聞くときにはそうあるべき、と考えていた。

が、その2週間ほど前の11月16日、両チームの顔である西武・秋山幸二とダイエー・佐々木誠が交換された3対3のトレード。根本がこの話を持ち出してホークスのチームづくりを語り始めたとき、松永の心は揺れ動いた。根本は言った。

「君がまず来てくれることが前提だ。あのトレードもそうだ」

〝同好会野球〟から優勝するには主力を変えるしかない

周囲を驚かせた大型トレード。ダイエーが放出したのは外野手・佐々木、投手・村田勝喜、投手・橋本武広で、西武から外野手・秋山、投手・渡辺智男、投手・内山智之を獲得した。

根本は、西武監督の森祇晶と秋山がぎくしゃくした関係にあると知っていた。同年の秋山は30本塁打を放つも打率2割4分7厘、73打点。85年にレギュラーになって以来、最悪の数字だったことも一因で、その一方、森が佐々木を高く評価しているという事実も根本はつかんでいた。

なおかつ、秋山がFA権を取得する翌1994年も見越し、予想されるオフの争奪戦を避けて確保しておきたかった。熊本・八代高出身の秋山は、九州になじみが深いスターをチームの目玉にしたいダイエーにとって、是が非でもほしい存在だったのだ。半面、投手力の弱いダイエーが3年連続二桁勝利の村田を出したことを疑問視する向きもあったが、根本はそうした声に直には反応せず、こう発言している。

「このチームは〝同好会野球〟をしてきた。一生懸命やっています、それで生活できたらいい、というレベルだった。優勝を目指そうという方向に変えるには、人を変えるしかない。一番効き目があるのは、主力を出すことだ。これは、一般の会社で軸になる人間を動かして、活性化を図るのと同じではないか」

トレード成立から12日後、根本はさらに「人を変える」べく、FA宣言第1号選手となった松永との交渉に臨んだ。松永は阪神との残留交渉、西武との交渉を経て、フラットな気持ちで根本と対面。遠回りに獲得の意志を伝えられたが、気持ちは変わらなかった。それがなぜ、トレードの話で心が揺れ動いたのか。

「根本さんがホークスのチームづくりを語り始めたからです。そのとき、『あのトレードは君が来てくれることが前提だ』って言われた。聞いた途端、ずっとフラットな状態だったのに、『本当にオレをほしいんだろうな』って思えてきたんです」

西武との交渉でも、阪神との交渉でも感じられなかった、獲得への強い意志が伝わってきた。まだ話を正式に受けてもいないのに、会話のなかで根本の本心をつかむことができた。

「そうか、オレが礎になるのか、基盤をつくるのにオレは呼ばれるんだ、と思ったんです。できあがったチームに一枚加わって、さらに強化する、という意味じゃなくて、弱いチームから強いチームに仕立てていくのにオレというピースがどうしても必要なんだな、と。根本さんのなかに『松永』っていう名前がガチガチに入っているんだろうな、と感じられたんです」

　さらに根本は、実質ＧＭとして監督人事の構想まで明かした。

「オレは今、監督をやっているけれども、監督の器ではない。裏で動くほうがオレの性分に合っている。来年6月ぐらいにも次の監督を決めるつもりで、決まったらそいつに任せて、オレはユニフォームを脱ぐ」

　一選手の自分にそこまで話していいのか？　と思いながらも松永はワクワクし始めていた。

「根本さん、西武でそうやってきたんだな、と思ったとき、強い西武のイメージが頭に重なって、ダイエーがあんなチームになるんだ、ってワクワクしたんですよ。実際に僕は阪急－オリックス時代に対戦してきて、強さを知ってますからね。

　しかも、当時の西武は石毛（宏典）さんが中心になって平野（謙）、辻（発彦）という若手を引っ張っていて、見ていてうらやましかった。あれがリーダー像なんだ、オレ、失格だなと思って。僕も阪急時代から若手のリーダーと呼ばれてきたもののね、結局、サポートしてくれる人がいなくて……。だから、それがダイエーでできるのかな、っていうワクワク感があった」

もう一度だけ、根本と苦労を共にしてください!

気持ちはダイエー入りに傾いた松永だったが、FA元年、前例がないだけにまだ決めかねるところがあった。間が空いて、「ちょっと食事しよう」と根本に言われて素に戻ると、不意に移籍後のリスクが思い浮かんだ。阪神在籍1年でFA宣言、移籍、となったらバッシングも覚悟しないと……などと雑念も頭をよぎっていく。そんな状態のとき、根本が口を開いて対話が始まった。

「阪急のとき、松永はすごく練習したって、僕らの耳に入ってきてる。苦労したんだろうね」

「僕はそれで別に苦労したと思ってなくて、そうしないとレギュラーになれないと思ったから、当たり前って感覚なんですよね」

「そこなんだよ。それだけの練習量を当たり前って言える人を僕は求めてるんだよ」

「ああ、そうなんですか?」

「阪急はあのとき強かったし、そのなかで君が成績を残しているのは、やっぱりいい教育をされて、練習してきたおかげだと思うんだよ。だから、本当のプロだよね。下でもがいている姿は表に出さずに、黙ってサラッと成績を残す。そのための苦労は当たり前だって言える。それこそが本当のプロだよね」

松永自身、一選手として「本当のプロ」と評される以上に嬉しいことはなかった。すっかり気分がよくなって、ついに、移籍か残留か、二者択一で決めようとしている自分に気づいた。移籍して礎となり、若手を引っ張ってチームを強くしていく、と想像すると鳥肌が立った。が、バッシングされる自分を考えると身の毛がよだつ思いだった。

「オーバーかもしれないけど、鳥肌が立つのと身の毛がよだつのと交互にくる。こんなの人生で初めての経験ですよ。だから、この人、人を使うの、うまいんだな、と思った。人をその気にさせるのがうまいんですよね、きっと。

ただ、根本さんは計算して仕向けるわけじゃないんです。計算されたら、僕もわかる。この人、オレをうまく利用しようとしてるなって。でも根本さんは自然なんですよ、そこが。だから僕自身、気づかないうちに二者択一まで持ってこられたな、リードされたな、という感じでした」

根本があくまでも自然なのは、注文した料理が運ばれてきたときに実感できた。食べるときは普通に「これは美味しいねえ」などと言うだけで、話を先に進める素振りも見せない。そのかわり、根本自身の仕事のスタイルが明かされた。例えば、外国人選手の視察で海外に行くときに鞄を持たず、パスポートとクレジットカードだけを持っていく話。

「要は、隠密行動なんです。マスコミにも他球団にも自分の動きがバレないように。必要なものは現地で買って捨てればいいんだ、歯ブラシなんかホテルにあるじゃないか、って（笑）。

いつ行ったか、いつ帰ってきたかもわからない。この人、さりげなくやってるのに仕事すごいな、と思ったんだけど、そこが僕と重なるんですよ。黙ってサラッと成績を残すわけですから」

続けて根本は、話題を再び野球に戻した。

「パ・リーグをもっと盛り上げて、もっともっと人気を出していくためには西武だけじゃなくて、ダイエーもまた覇権を獲るぐらいに強くならないといけない。オーナーも優勝をすごく望んでいるし、それを僕が任せてもらっている限りは、今は命を懸けるしかない」

意外にも淡々とした口調だった。ここまで、松永がチームづくりに必要であることは伝えられてきたものの、入団の意思を確認するような問いかけも一切なかった。

「時間をかけて、じっくり吟味された感じです。その間、一度も『どう？』というような言葉がない。それでまたご自身の仕事の話をし始めたんですが、話してる途中ですよ、急に立ち上がるわけです。おもむろに、椅子をダダーッと引いてね、一瞬、何をしているのかと思いました」

直立不動で、根本が言った。

「このチームをつくるには努力が必要、苦労も必要。君も、長くプロ野球の世界にいて、苦労はたくさんしてきたと思う。今、成績も安定してきて、苦労を、自分のなかではしてると思うけど……」

言った瞬間、両手を円卓についた。ダーンと音が鳴って、見れば頭を下げていた。

「もう一度だけ、この、根本と、苦労を共にしてください！」

元からいる選手の気質に染まったら負けるぞ

交渉開始から2時間近くが経過していた。目の前で頭を下げる根本に「苦労を共にしてください！」と言われた途端、松永の全身に鳥肌が立った。まさに〝殺し文句〟だった。「私でよければ、お力添えさせてください」と即答し、ＦＡ移籍第1号選手となった。

「最後の『共に苦労してくれないか』っていう言葉は男冥利に尽きましたね。2時間のなかにドラマがありました」

実質的なＧＭを兼任していた根本は、元来の交渉術に加え、編成としての辣腕を発揮。そのオフは補強の手を緩めることなく、ＦＡ選手では巨人を飛び出した駒田の獲得も目論んでいた。実際、本人の自宅に電話したあと、記者にこう言っている。

「留守を預かっているという人が出て、『実家に戻っているが夜には帰る』ということだったよ。駒田はもともと、外野をやっていて一塁も守れる。獲得できれば、ゆっくり外国人選手を選べるんだけどな」

結局、駒田は横浜（現・ＤｅＮＡ）に移籍したが、そこまで根本は貪欲だった。監督として1年間、チームを見てきて、「同好会野球」から優勝を目指す方向に転換するには主力選手を変えるしかない、と感じたからである。そこで松永、秋山を獲ったわけだが、翌１９９４年２月のダイエー高知キャンプ。第１クールの４日間が終わると、根本は松永を監督室に呼んだ。

「マツ、どう？」

「うーん。まあ……」

「いいんだよ、正直に言ってもらって。マツが思ったことを言ってくれたらいいから」

「ほんっとにいいですか？　とんでもないこと言っても、大丈夫ですか？」

「何でも、受け入れるから大丈夫」

「このチーム、キャンプは遊びですね。勝つっていうことを考えてませんよ」

「どこでそう思った？」

「ミスすること前提のプレーしかやってませんもんね、ここは。誰かがミスするから、誰かがカバーする、っていうような野球しかやってませんよ」

「そこなんだよね。勝てるチームじゃないんだよ。それを言ってほしいんだよね」

一選手の意見を全面的に受け入れる――。こんな監督は過去にいない、と松永は思った。そこで「本当に言っていいんですね？」と確認を取り、チームの投手陣と内野手に積極的に伝えていった。即戦力を期待される新人の小久保裕紀にも「お前、元からいる団塊の選手の気質に染まったら負けるぞ。強くなけりゃ、絶対に勝てない。このチームは甘い」と伝えた。

「根本さんに『そういう話もしていいんですか？』って聞いていたからね。しかも話したことは全部、伝えてましたから。自分がオリックス時代に対戦したとき、ダイエーの野球にスキを感じていたんだけど、いざ入ってみて、あっ、だからなのか、と気づいたところもあったし。で、実戦に入ったら言葉じゃなくてプレーで伝えてました」

　北九州でのオープン戦、ダイエーの攻撃中。松永が二塁走者、秋山が一塁走者で出ていたときのことだ。何気なく秋山のことが気になってパッと見ると、目を合わせ、微かに顔を右に動かした先へ視線を送った。瞬間、松永は意図を理解し、次の1球でダブルスチールを成功させた。

「サイン出てないのに。秋山もさすがだな、と思いました。やっぱり、強い西武で野球やってきた男だなと。ベンチも『アイコンタクトだけで野球やってる。すごい』ってなりましたからね。それで今度、9回裏、僕が先頭打者で打席に立って、カウント0－2で追い込まれたら、ファウル、ファウル、ファウル、ファウルで粘って、結局、フォアボールで出たときのこと。

　選手みんなが、あの粘りはすごい、と感じてくれたと思うし、僕が1番バッターで1打席目、ほとんど必ず塁に出るところを見ていったら、簡単に終わっちゃいけないんだな、と気づいてくれただろうし。そういう姿をあえて現場で見せていく必要がありましたね、ダイエーでは。だから、基盤をつくらせてもらったんだな、っていう気はすごくありますよ」

根本さんとの歴史は浅いけど、一番重たかったな

根本はキャンプでもミーティングを行わなかった。代わりに松永、秋山を生かしたのだが、これは広島監督時代に山内一弘（元・毎日ほか）、西武監督時代に田淵幸一（元・阪神ほか）、野村克也（元・南海ほか）らを生かしたことに通じる。すなわち、他球団から加入したベテランの野球に取り組む姿勢を見せて、選手たちの意識を変えていくのだ。

その点、松永自身、キャンプでは自分なりに実践してきた〝特守〟を選手たちに披露した。阪急時代から2月は連日2時間、ノックを受けていた松永にとって、それは「普通のノック」だった。が、ノックをしたコーチは終わった途端、「いやあ、引き込まれたよ。こんな特守、初めてやった」と言った。そこで特守のやり方も助言することになった。

「特守は僕がいつも最初に受けて、ベースランニングでもトップで走った。アップで3人並んで走るときには、先頭の一番左に立った。『そこを走ってるヤツがこのチームを引っ張ってるんだなって、見る人はみんなそう思うから』って、阪急時代に福本（豊）さんに教わったんです。だからそれを僕が小久保に教えて。で、小久保が今度は内川（聖一）に伝えたんですね」

松永から小久保、内川へと継承された、ホークスのチームリーダーの系譜。そこにはのちに監督を務める秋山も含まれるわけだが、原点には黄金期の西武のみならず、福本から松永に伝

えられた阪急の野球もあった。１９７０年代に6度のリーグ優勝、75年から日本シリーズ3連覇を成し遂げたチームの野球が継承されたのだ。

継承といえば、現在のソフトバンクのシートノックが想起される。大半の球団はまず若手からノックを受け、主力選手は後ろで声を出すものだ。が、ソフトバンクの場合、必ずレギュラー陣が最初に受ける。これも松永のやり方と通じている。

「阪急のシートノックも主力が先でしたからね。それを僕が教えて、小久保が継いでくれたんでしょう。ただ、僕は別に継承されて嬉しいとは思わない。小久保も、内川も、主力が先に受ける意味は理解したんだろうなと思うだけ。理解して実践しているから、ソフトバンクは強いんじゃないですか」

94年4月9日、兵庫・神戸で行われたオリックスとの開幕戦。古巣相手だけに、松永は試合前、宿舎から球場に向かうバスの中でマイクを手に取り、緊張するナインに向けて言った。

「みなさん、おはようございます。僕はトレードで出された人間なんで、オリックスが憎くて仕方ないんですよ。今日の開幕戦はとにかく、何が何でも僕は勝ちたいんで、よろしくお願いします」

あちこちから笑いが出て、一気に緊張がほぐれた。雰囲気がよくなったその日のダイエーは序盤から打線が爆発し、17対6で大勝。試合後、6打数2安打2打点と結果を残した松永をベンチで呼び止め、根本が「マツ、報われるね」と言った。この年、1番・三塁で活躍し、打率

３割１分４厘を残した松永はベストナインに選ばれ、ゴールデン・グラブ賞も受賞。球団の期待に応えた。

「あの94年は、自分の野球人生のなかで最高に充実していた年だった。阪急でも充実感はあったけど、あのときはＦＡでの移籍に始まって、いろんな意味で達成感もあったから。これでこのチームが勢いに乗ってくれたらいいな、という思いはありました。だから、自分を誘ってくれた根本さん、歴史は浅いんですけど、一番、重たかったかな」

翌95年、新たに王貞治が監督に就任したチームに、松永が望んだ勢いは出なかった。松永自身、ケガもあって徐々に出番が減少し、97年限りで退団。その後、ＭＬＢに挑戦するも夢はかなわず、現役19年で引退となった。

それでも、球界初のＦＡ移籍から30年が経った２０２４年、新たに小久保が監督に就任。根本に請われた松永がホークスに伝えた野球は、今なお生き続ける。

数少ないインタビューの機会では含蓄のある言葉を重ねた（撮影・多田善一）

第十章

スカウトは狼と一緒だ、獲物一匹くわえてこい

証言者

小川一夫

あの根本さんが本当にうちに来るんだ

　１９９２年11月１日、西武を退団したばかりの根本陸夫が、監督としてダイエー（現・ソフトバンク）に入団した。根本は西武で３年間、監督を務めたあとにフロント入り。いずれも巨人の野球を熟知し、指導経験も豊富な広岡達朗、森祇晶を監督に招き、新人補強やトレードでチーム強化に邁進して常勝軍団を築いていた。

　フロントでの11年間における肩書きは球団管理部長、スカウト専任部長、取締役編成部長。実質的にはＧＭとして長らく球団の中枢部にいたわけだが、それだけの人物がまったく間をおかずにライバル球団へ移籍するとは、極めて異例のことだった。

　このとき、「あの根本さんが本当にうちに来るんだ」と大いに期待した男がいた。当時、ダイエーの九州担当スカウトだった小川一夫である。

　もともと小川は、前身球団・南海の捕手。現役引退後、コーチ、マネージャーなどを経てスカウトとなり、のちに編成部長、スカウト部長として逸材を次々に獲得。その過程で根本に薫陶を受けたという。

　ソフトバンクでは二軍監督、編成・育成部長などを歴任したあと、球団統括本部付アドバイザー兼スカウト部アドバイザーに就任。ホークス一筋で半世紀以上も球団に貢献してきた男は、いかにして根本を師と仰ぐようになったのか――。野球人としての原点から小川に聞く。

「根本さんは日本球界の歴史に残る人物で、僕自身、スカウトとしてそれだけの方に関われたのは運がよかったと思っています。その原点といえば、かつて南海に石川正二さんというスカウトがいまして、僕にとってはプロに導いてくれた恩人でもある方です。高校時代、『キャッチャーとしてプロに入らないか？』というお誘いを受けたんですね」

小川は福岡・戸畑商高で4番・投手として活躍し、捕手、三塁手、外野手を兼任。2年時の71年春、3年時の72年春、甲子園に2度出場しているのだが、捕手は2年時の秋に務めたのみ。九州担当スカウトだった石川は、2年秋の小川のプレーを見て高く評価した。全国大会の甲子園でのプレーではなかったあたり、その選手を見る目が興味深い。

戦後間もない頃、九州で数多くの社会人チームが切磋琢磨していた時代。石川は「門鉄」で知られる名門、門司鉄道管理局の監督を務めていた。スカウトへの転身は、「親分」と呼ばれた南海の名将、鶴岡一人のヘッドハンティングによるものだった。

鶴岡は自ら選手を探し歩き、補強活動に熱心だった監督。だが、さすがに単独では全国をカバーできない。そこで各地に有能なスカウトを配置しようと考え、真っ先に九州に置いたのが石川だった。ここに、日本球界では第1号の専属スカウトが誕生した。

必然的に、石川が監督だった門鉄と南海との間に太いパイプがつくられ、名遊撃手の木塚忠助をはじめ門鉄の主力選手たちが入団。他の社会人チームはもとより、高校・大学の隠れた逸材まで丹念に探し歩く石川は、「九州探題」と呼ばれるほど南海に不可欠の存在となった。72年当時で約25年のスカウト経験があったから、小川の潜在能力を見抜いて当然だったのか。

　ともあれ、72年のドラフト会議。小川は5位で指名され、捕手として入団した。契約時から2月のキャンプまで、担当スカウトは新人選手の身の回りをフォローするものだが、石川は小川のことを相当に気にかけていた。

「当時、南海の二軍監督だった穴吹義雄さん。僕は入団前から非常に親しくさせていただいたんですが、それも石川さんのおかげなんです。ある日、穴吹さんのお家に石川さんと一緒に宿泊させていただいて。そのとき、お二人で会話しているなかでね、石川さんが『この子は現役終わってもお兄ちゃんの役に立つよ』と、穴吹さんに話していたのを憶えています」

　将来的に、指導者になり得る素養——。これを若いうちから周りに認められること自体、特別珍しくはないだろう。しかし入団前、18歳にして見い出されていたとは驚かされる。実際、一軍出場は1年目の73年、偵察要員での1試合に留まった小川だが、二軍でリーダーシップを発揮。プロ6年目の78年、24歳のときにはキャプテンを務めていた。

「その年に一軍に上がったときはケガで出られなかったり、ドラフト1位でキャッチャーが入ってきたり。前の年まで野村克也さんが正捕手で監督で、その野球はいろいろ学ばせてもらって、自分でできる努力はすべてしてた、という確信もありました。でも、それでもレギュラーになるのは大変だなと。別のことで日本一を目指すほうがいいのかな、と考えるときがきたんです」

西武王国を築くやり方は何となしに見えていた

１９７８年のシーズンオフ。現役続行か、フロント入りして二軍のマネージャーになるか、小川は球団から二者択一を打診された。プレーヤーとしての限界を感じていた小川は現役を退き、二軍マネージャーに就任。２年目が終わる頃には「人手不足」という事情もあり、二軍バッテリーコーチ兼任となった。フロント業務とコーチ業と、今の球界ではあり得ない兼務が２年続いた。

今ではあり得ない兼務は、それで終わらなかった。83年、穴吹が一軍監督に就任すると同時に小川も一軍に呼ばれ、監督室室長、投手コーチ補佐、ブルペンコーチと３つの仕事を任された。その仕事内容は監督のマネージャー役であり、河村英文（元・西鉄ほか）投手コーチの面倒を見ることであり、試合中のブルペンで投手陣を管理することであった。

「往復の車は監督と一緒で、グラウンドでは河村さんと一緒にピッチャーの指導をさせてもらったり、試合中もリリーフの調整をしたり。当時、僕はまだ30歳になる前ぐらい。若かったからそこまでできたと思います。それと、その年までにいろんな経験をさせてもらいましたね」

小川自身は貴重な経験を積んだ半面、チームは３年間、下位に低迷し続けた。穴吹が責任を取って監督を退任すると、「フロントに戻れ」と命じられた小川は査定担当になった。当初は仕事の内容もわからなかったが、自身で査定の仕組みをつくることに面白みを感じた。ただ、3年目に入って、自分はいつまでこの仕事を続けるのか……と疑問を持ち始めたときに転機が訪れた。

「僕をプロに導いてくれた石川さんから、『九州担当スカウトの仕事を、僕のあとにやらないか?』と声をかけていただいたんです。ちょうど、その少し前に、スカウトっていいよね、面白そうだなって思っていたときにタイミングよく。すぐに球団の常務に相談に行きました」

石川は九州、小川は大阪と仕事の拠点は離れていても、シーズン中、九州遠征のときは小川が会いに行き、たまに石川が大阪に来れば顔を合わせていた。オフになると、プロ1年目から必ず毎年、高校時代の恩師とともに石川の自宅まであいさつに行っていた。小川とすれば恩人への感謝の印だったが、そうした関係性が持続していたなかで声をかけられたのだった。

折しも、88年のパ・リーグ。阪急はオリックスに、南海はダイエーに身売りが決まっていた。しかも、南海の本拠地は大阪・難波から福岡へ移る。この球団売却を契機に、石川は引退を決意していた。75歳という高齢も理由のひとつだった。

「最初、常務からは『査定担当を引き継いでもらう』と言われたんです。そこで、『石川さんはもう相当のご高齢です。そんな年齢でまだやってたんですか? と思われるはずですよ』と言うと、『そうだなあ……。わかったわかった』と了承していただいて。1時間半ぐらいかけて説得しましたね。そのときはもう、どうしてもスカウトになりたかったので」

元号が昭和から平成に変わった89年、小川のスカウト人生が始まった。と同時に、スカウトとして「西武をライバル球団として見た」という。

「プロ野球の歴史が巨人から始まって、ずっと強豪のチームだったけども、新しく西武が入ってきて、巨人をしのぐ補強をしたら強くなっていった、という過程を僕ら見てますから。所沢に移って、根本陸夫という人がフロントに入って、西武王国を築いていっているのを。そのやり方、根本さんのやり方もね、何となしに見えてましたから」

戦力補強の一端を担う仕事に就いて初めて、小川は西武を意識した。常勝巨人をしのぐ補強で王国を築いていく過程、そのなかに「根本さんのやり方」を見ていた。そうして、あらためて「スカウトとして日本一になること」を目標に定めた。18歳でプロ入りして35歳になろうとしていた。

ところが、それから3年後の92年オフ、根本がダイエーに来ることになる。

「当時、ダイエーの球団社長が鵜木《うのき》洋二さん。根本さんと同じ法政大出身ということもあったんでしょう。社長室で根本さんに電話して、相談しているのを何度か見たことがあります。というのも、僕は九州担当スカウトで、球団は福岡にある。地元にいるということで、ときどき会社に呼ばれて社長室に通されていたんです」

最初に呼ばれたとき、わけがわからなかった

鵜木は法政大柔道部出身のスポーツマンで、１９６４年の東京五輪では柔道日本代表候補選手。スーパーのダイエーが拡大を続けたときには実働部隊の元締めだったが、神戸本店室長だった88年、南海球団買収と福岡移転に関わった。ダイエー球団オーナー、中内㓛の懐刀として初代球団社長に就き、福岡ドーム（現・みずほＰａｙＰａｙドーム福岡）建設にも尽力した。根本とは15歳の年齢差があった鵜木だが、法大後輩の経歴を生かしてその人脈を探り出し、何かと理由をつけて根本宅に花を贈るなどしていた。これもオーナーの中内の意を汲んだ行動で、鵜木が球団社長を辞したあとは、球団専務から社長に昇格した田辺寿が引き継いで根本を招聘。王貞治（元・巨人）監督誕生につなげたことは知られている。

そのなかで先輩・後輩の〝ホットライン〟については知られていないが、小川は気づいていた。そこは小川自身、一スカウトとして、西武の根本に対する意識が強かった表れだろう。特に意識していなければ、「あ、これは鵜木さん、根本さんに相談しているんだな」とは思えない。そして92年9月、あるスポーツ紙が根本のダイエー入りをスクープした。

「ああ、やっぱり、と思いました。もう西武王国ができあがってしまったんで、根本さんもちょっと球団のなかで一線を引かれて、横に置かれた立場にいることはわかってましたから。

来るんじゃないかなあ、と思いながら仕事をしていたんです」

92年は、西武として2度目の3年連続日本一が達成されることになる年。王国が築かれていくなかで、球団の戦力補強は縮小に向かっていた。勝っているときにこそ補強に力を入れないとチーム力はすぐに減退する、という根本の判断とは逆だった。西武グループの財力を誇示して選手を獲得した時期は過ぎ、集めた人材で勝てる、という見通しが立てられていた。

根本が監督と管理部長を兼務していた頃、西武のフロントにはプロ野球運営を熟知した人材が少なかった。ゆえに根本をはじめ玄人に頼ったわけだが、チームが勝ち続けて経験値も増えると、プロ野球運営の素人も力と自信をつける。次第に、根本あっての西武ではなくなりつつあるのを、本人も感じるようになる――。他球団にも内情が漏れ伝わっていた。

「それで根本さん、『本当に来る』となって、これはもう強くなるなあ、と。ダイエーもチーム強化に積極的な球団ではあったのでね。ただ、やり方がわからない。球団からは『やれ、やれ』という抽象的な表現しか出てこない。そこに具体的な話ができる根本さんが来られるので、非常に僕はワクワクしましたね。『西武をつくった方が来て本当に強くなるんだ』と」

実際にダイエーが強くなるのは後年ではあるが、志高い小川は、「とにかく日本一になりたい」という思いが強かった。九州担当として地元の逸材を獲ることに専心し、スカウトになりたての頃から一定の成果を挙げていた。その実績を認められたのか、94年オフ、王を監督に招聘した根本が球団専務としてフロント入りしたあとのこと。小川は頻繁に根本に呼ばれるようになった。

「それもやはり球団が福岡にあって、僕が九州担当で地元にいたからだと思います。ただ、最初に呼ばれたとき、わけがわからなかったです。何を教えてくれるんかな、これはメモをしながら聞かないかんな、と大いに期待したんですが、目の前で座って黙っていたら、『これからの時代はな』という言葉から始まって、まずはいろんな政治の話です。

人脈がすごいから政治の話も出ると思うんですが、続いて経済の話になったとき、『高速道路はなあ、料金所にゲートができて、車が通るときに鳴って、ゲートが開くんだ。そういう時代が来るぞ』って言うわけですよ。わけのわからんことを（笑）。そしたら結局、それはＥＴＣの話だったんですよね」

胃袋の付き合いをしろ

今では普及しているＥＴＣだが、根本が小川に話した１９９５年当時はまだ研究開発段階。日本の高速道路の一部区間で一般利用のサービスが開始されたのは２００１年のことだ。

「そういう情報も早くから持っている人なんですね。それで『世の中、こうなっていくんだ』とか言われて、『ああ、そうなんですか！』って答えるんだけど、こんなのはあんまり自分に関係ないし、と思いながら……。で、時間がきたら『ちょっと昼メシ行くぞ』って、球団職員をざっと連れて。食事が終わったら、『おお、もういいぞ』って言われたんです。

『もう、いいぞ』って。今日は何だったの？　何でオレ、根本さんのとこに行ったの？　って（笑）。でも、あとで振り返ったら、そうか、オレのことをいろんなところから見て、こいつはできるとかできないとか、たぶん周りのいろんな人から聞くなかで、自分の目でいっぺん見ておきたいな、ということで呼ばれたのかな、と思いました。品定めされたというかね」

あとから思えば、それも「品定め」だったのか。根本と二人で福岡の大学によく出向いた。九州担当ならではで、自身の車の助手席に根本を乗せて向かう。仕事が終わると「ちょっとメシ食って帰るぞ」と言われ、普段は行かないような料理店で相伴にあずかるときもあった。

「こんな高級なもの、いただいていいんかな、と思いながら（笑）。根本さん、飲まれないけど、しばらくして『医者が酒飲めって言うんだ』って言って、赤ワインを一杯。それで真っ赤な顔しながらね、いろんな話をされましたけど、食事のときは抽象的な話が多かったです。具体的な話じゃなくて。

だから、あの人はどう言えばいいのか……。たぶん、ほとんど右脳の人なんじゃないかと思います。感性のかたまりというか。とにかく発想力がすごかったですからね。まだ誰も知らないようなときにＥＴＣの話をしたのも、発想力だと思います」

もともと小川が期待した「具体的な話」は、主にスカウトの心得を語るときに出てきた。それはかつて、根本が近鉄のスカウトだった時代、球団創設に参画した大西利呂から教えられた心得を踏襲するものだった。チーム編成責任者にして法大の先輩でもあった大西は、「いち早く」「間断なく」「あとを大事に」という〝スカウト三原則〟を根本に叩き込んだ。

「まさにスカウトはその三原則のとおりだと思いますが、根本さんがよく言われていたのは『信号ひとつでも先に走れ』です。要するに『どこよりも早く見つけろ』という教えで、『いち早く』ですね。そう言われたら、僕も本当に早く見つけようと思って、中学生からずっと見てきました。見つけたら、とにかくどこよりも早く行って、早く決断することが大事。

後れを取ったら、その時点で負けと一緒ですから。そういう意味では本当に、常にアンテナを張り巡らせないといけないし、だからこそ人脈が大事、という話も根本さんから聞きました。あとは、そのために『胃袋の付き合いをしろ』と。いろんな人と信頼関係を築くときには当然、食べたり、飲んだりする。そして、『語り合ううちに時がなくなるんだ』と言われたんです」

スカウト時代の根本は、興味を持った選手の指導者や地元の関係者と意気投合すれば、酒は飲めなくとも飽きることなく野球の話をした。時には、その地に一週間も滞在することがあったほど。「オレが酒飲んでたらとっくに死んどるわ」と言って、胃袋の付き合いがいかに大事か、小川に説いた。

根本がスカウトとして活動したのは、ドラフト制度導入以前の１９６０年代初頭。新人の獲得は自由競争だったのだが、その当時の教えが、90年代のスカウトに響いたのには理由があった。93年のドラフトから逆指名制度が導入され、１球団につき大学生と社会人の選手２名までは事実上の自由競争となったからだ。

「当時は今みたいに、皆さん仲良しグループじゃなかったですからね。もう喧々諤々と、いろんなところで小競り合いをやりながら、という時代。だから揉め事がよくあったんですけど、根本さんはそういうのが好きで、面白いと思う人なんです。僕らが揉めてるのを知ってて『だいじょぶか？』と笑いながら言ってきたり、『何か面白いことないんか。何かせえよ。面白くないなあ』と言ったり。あ、根本さん、面白いことしたら喜ぶんだ、と思って」

お前らは狼と一緒なんだから獲物一匹くわえてこい

大学生と社会人の1位、2位指名に限り、逆指名が初めて認められた1993年のドラフト。新制度のメリットを最大限に生かしたのはダイエーだった。いずれも「大学ナンバーワン」と評された右腕の渡辺秀一（神奈川大）、スラッガーの小久保裕紀（青山学院大）を同時に獲得。大変革がなされたドラフトで圧勝したなかでも、他球団との「小競り合い」や「揉め事」はあったという。

「それで根本さんはね、僕らが揉めてるのを知ってるだけじゃないんです。『お前、何かあそこと揉めてるらしいやないか』と。どの球団のどの人間と揉めている、ということまで全部知ってるんです。何で知っとんのやろ、このおっさん……って、何回も思いましたよ」

知っているはずがない、と決めつけていた小川は大いに驚いた。この人は只者じゃない、と思っていると、スカウトたちに向かってこんな指令がよく飛んできた。

「お前らは野に放たれた狼と一緒なんだから、獲物一匹くわえてこい。それまで帰ってくるな！」

強烈な言葉だが、根本はごく普通に、簡単に、こんなことも言っていた。

「あいつ獲ってこーい。あいつの家の前にテント張って、ハンコもらうまで帰ってくるな！」

あらゆる手段を尽くし、何としても逸材を獲る、ということが当たり前の逆指名時代だったから、小川はそうした言葉もすんなり受け入れた。

「さりげなく、真剣な顔じゃなく、笑いながら言うんですよ。でも、それは根本さんの本音なんですよね。本音だとわかるから、とにかく仕事をして結果を出して、負けない、というかね、日本一になるんだと。あの西武を倒すんだ、巨人を倒すんだ、ということしか僕の頭にはなかったから。休みなんて考えたことないし、休みたいと思ったこともないんです」

根本がそうだったように、スカウト時代の小川は自宅で過ごす時間がほとんどなかった。ずっと出回っているなかで人脈がつくられ、いろいろな情報が入ってきた。

「そのなかで表の情報というのは〝氷山の一角〟なんです。やっぱり物事は何でも表と裏があるわけで、裏を知らなかったら勝てません。どんなに表できれいなことを言っていたって、裏に何があるかはわからないから。それを知るためには自分で足を運んで、時間を労してやっていかないといけない。だから、そういうなかでは『好き』ということが大事になると思います。絶対、『仕事』と思ったら辛いですから。僕は野球が好きだし、目的は日本一になることなので、それを考えたら、暑いとか寒いとか、お腹すいたとか眠いとか、人間の本能的なものは感じるけど、『今日も仕事かあ』なんて一度も思わなかった。好きな野球で、目的を果たすために結果を出すこと。これが一番の喜びでしたね」

95年、根本が招聘した王貞治が監督に就任して以降、チームはなかなかＡクラス入りを果たせなかった。が、根本はそれ以前から王を支える体制をつくり続けていた。93年オフに西武とのトレードで秋山幸二、阪神からＦＡの松永浩美を獲り、94年オフには西武からＦＡの工藤公康、石毛宏典を獲った一方、ドラフトでも有望選手を続々と獲っている。

94年に城島健司（別府大付高）、95年に斉藤和巳（南京都高）を1位で指名し、近未来の正捕手と将来のエース候補を獲得。96年には1位で井口忠仁（青山学院大）、2位で松中信彦（新日鉄君津）、3位で柴原洋（九州共立大）と、のちに上位打線に並ぶことになる打者を一気に獲った。

さらに、97年には1位で永井智浩（ＪＲ東海）、2位で篠原貴行（三菱重工長崎）、4位で星野順治（ＮＫＫ）と、社会人の投手を指名して獲得。この3人は99年に揃って二桁勝利をマークし、ダイエーとなって初のリーグ優勝と日本一に貢献することになる。

根本は99年4月30日に急逝。王の胴上げを見ることはかなわなかったが、その遺志はさまざまな形で受け継がれた。スカウトとして結果を出していた小川自身、思わぬ形で師の遺志を継ぐことになる。

「根本さんが亡くなったあと、僕はチーフスカウトになって、1年後に編成部長になったんです。オーナー代行の中内正さんから言われたんですが、当時、ダイエーのスカウトは半分ぐらいが60歳以上の人でした。『僕でいいんですか？　大先輩がいっぱいいるのに』と中内さんに言ったら、『根本さんがな、お前が使えるって言っていたんだ』と」

獲った選手とは一生の付き合いせい

根本の見立てどおり、小川は編成トップとしても結果を出していく。ドラフトでは１９９９年に内野手の川﨑宗則（鹿児島工高）、２００１年に投手の杉内俊哉（三菱重工長崎）、02年に投手の和田毅（早稲田大）、新垣渚（九州共立大）、03年に投手の馬原孝浩（九州共立大）、05年に内野手の松田宣浩（亜細亜大）、本多雄一（三菱重工名古屋）と、２０００年代の投打の主力となる選手を次々に獲得した。

その過程においては、球界再編で揺れ動いた04年オフ、ダイエー球団がソフトバンクに売却・譲渡されている。が、それでも、ドラフトを含めた戦力補強に大きな支障はなかった。ダイエー本体が経営難に陥り、産業再生機構から支援を受ける事態になっても、小川を中心とするスカウティング体制は揺るがなかった。

「ダイエー時代の最後の２、３年、たしかにお金はなかったです。以前のように十分にはなかった。でも、そういう時代でも、いい選手をちゃんと獲ってますから。お金があって獲れるのは当然として、お金がなくてもできることってあるんですよ。お金がないからできない、というのは、僕は違うと思う。例えば、育成選手を獲るのにお金はいらないわけで」

ソフトバンク元年となった05年のオフ、球界では育成選手制度が発足。支配下選手の最低年俸４４０万円に対し、育成選手は２４０万円と定められた。また、入団時に上限１億円の契約金はなく、約３００万円の支度金が支払われるのみ。支配下選手に比べれば「お金はいらない」だけに育成選手を増やし、若手の競争を激化させることは難しくなかった。

半面、育成選手は一軍公式戦に出られず、二軍公式戦出場も１試合５人以内に限定。育成選手が増えるほど、成長に必要な実戦経験を積みにくくなるため、ソフトバンクでは三軍構想が持ち上がる。球団会長となった王の後押しもあり、編成育成部長の小林至（元・ロッテ）が中心となって、11年より三軍制が稼働。それに伴って小川の立場も大きく変わり、二軍監督に転身する。ユニフォームを着るのは26年ぶりだったが、なぜ、現場に戻ることになったのか。

「一軍があって、三軍がある場合、二軍は一番の中核になります。三軍との連携、一軍との連絡、フロントとの調整とか、いろんな要素が必要になる。その際、現場しか経験のない人だと、フロントの考えから相当に外れたことをする場合があって、すごく育成に支障をきたすんです。

そういう意味で、『現場もフロントも経験している人間が適任だ』ということで、僕のところに二軍監督の話がきた。ちょうど僕も、一度、現場に戻ってね、育成のことを考えたかったんです。それまで編成部長、スカウト部長として仕事をしながらも、スカウトを重視しながらも、スカウティングは非常に難しい、と感じていたからです」

自分たちスカウトが「いい」と思った選手。いざ入団してうまくいかないこともあれば、思った以上に伸びることもあった。根本からはよく「スカウトが人の人生なんかわかるわけないやないか。神様だけだ、わかるのは」と言われていた。言われるたびに納得はしたが、現場に行って実態を確かめないといけない、と常々考えていた。

「それはダイエーのときでもね、『獲った選手とは一生の付き合いせい』とか、『最低、一軍に上がるまでがお前たちの責任だ』と根本さんに言われていたこともあったから、当然、現場にはちょくちょく足を運んでチームスタッフと話をしたり、担当コーチと話をしたり。でも、それでもスカウティングは難しいなと感じていて。だから二軍監督、やってみたかったんです」

11年2月の春季キャンプ。小川は二軍と三軍の選手一人ひとりをきちんと見て、寝食を共にした。そのなかには「一芸に秀でていれば育てがいがあるんじゃないのか」と、自らの責任で獲った三軍1期生（10年育成ドラフト指名選手）の新人もいた。1ヵ月が経ってキャンプを打ち上げたとき、はっきりとわかるものが小川にはあった。

「よく、選手の〝伸びしろ〟って言いますよね。それは結局、頭脳だったり、性格だったり、野球に対する取り組み方だったり、その子の内面的な部分で決まってくるんだとわかったんです。足が速いとか、肩が強いとか、関節がどうとかいうのはもう、見ればわかるわけです、プロのスカウトは。でも、一番大事な〝伸びしろ〟って、一見してわかりづらいものなんだなと」

オレにはボランティアがたくさんいるんだ

小川が「伸びしろ」を理解したことは、二軍の若手を育成するうえでも奏功した。三軍1期生のうち、千賀滉大（投手／蒲郡高）、牧原大成（内野手／城北高）、甲斐拓也（捕手／楊志館高）が一軍で大きく開花したのも、そのことが少なからず関係していたはずだ。

二軍は勝つことが第一、ではないが、小川は監督就任2年目の２０１２年から2年続けてウエスタン・リーグ優勝という結果を残す。13年にはファーム日本選手権でもチームを優勝に導くと、オフにはフロントに戻り、編成育成部長に就任した。

「そのときはある意味、確信を持って、伸びしろってこういうものだよ、ってスカウトたちに伝えました。内面はわかりづらいものなんだから、いかに調査力が大事か、ということをね」

調査力とは、グラウンドで目に見えるもの以外、すべてを調べ上げる能力と言っても過言ではない。その選手を調べ上げる途上では人脈を駆使することもあるわけだが、逆に、人脈のなかから別の選手の情報がもたらされるときもある。小川にとっては、三軍1期生の一人、千賀の情報ほど貴重なものはなかったようだ。

巷間伝えられているところでは、千賀の情報は愛知・名古屋にある『ベースボールショップ西正』からもたらされた。10年のドラフトが迫った時期、小川が懇意にしていた店主の西川正二が電話をかけてきて、「ええピッチャーがおるんです。蒲郡高校の千賀っていうんだけども、オレはいいと思うんやけどなあ」と言われたという。

「リストアップした選手の調査がいったん終わったときでした。千賀っていう名前はリストになかった。でも、その年は三軍をつくるんで育成選手を多めに獲ると言われていたし、西川さんが『いい』って言うんだったら、これは見ておかないと。ということで３人、スカウトを行かせて、スピードガンの数字と動画を送ってもらったんです」

本来なら、小川自ら見に行くところだったが、ドラフト間際に名古屋に入ること自体、避ける必要があった。人の目に触れた場合、ソフトバンクのスカウト部長がこの時期に何しに来たのか、どこに行ったのか、となって、独自情報ではなくなる可能性があるからだ。

「それでパッと見たとき、僕の印象では素晴らしい素材だなと。関節が柔らかい投げ方をしている。球速は１４３キロも出て、上背もある。ならば普通、ドラフトに挙がるでしょ、と思ったら、最終的にはどこの球団も調査に来ていないと。それなら、と思って、西川さんに『育成だけど絶対獲るから、一切、表には出さないで』という話を言わせてもらいました」

プロのスカウトではない人間からの情報を確かめる――。想起されるのは、〝根本人脈〟だ。

もともと、アマ選手の動向を無償で根本に知らせる人物が全国に散在しており、西武時代に「オレにはボランティアがたくさんいるんだ」と言って笑ったこともあったという。

まさに、西川も「ボランティア」の一人と言える。高校、大学、社会人のチームのユニフォームや帽子、バッグなどの注文を受ける出入り業者で野球好き。高校、大学で野球経験があり、社会人の軟式でもプレーし、仕事柄もあって東海地区の情報通になった。病気のため11年に63歳の若さで逝去したあと、息子が店を継いだ。今も小川は名古屋に行くと店に出向くという。

「振り返れば、僕が九州担当スカウトになった頃、福岡の大学、沖縄の高校、至るところにいるのが西川さんだった。最初、この人、誰かな？　と思って。そしたら当時、西武の長谷川一夫さん、城戸則文さん、大先輩のスカウトの方たちと付き合いがあったんですよ。西武が抑えの豊田清を獲ったのも西川さんの情報でしたから。この人すごいな、敵ながらすごいな、と」

自分の目を信じて能力を見抜き、人脈を駆使する

じつは、元は西武だった――。その頃から小川も西川と接する機会はあったが、西武との付き合いがあるために静観していた。しばらくして、長谷川と城戸が高齢のためにスカウトを退くと知り、機を見て西川に声をかけた。そこから始まった「深い付き合い」が、のちに日本を代表するエースへと成長した千賀の情報にもつながったのだ。

2018年、小川は二軍監督に復帰する。その2年前、二軍・三軍の専用球場と練習施設が、新たに福岡・筑後に造られたことが契機となった。そうして20年まで3年間、務めたあとにGM補佐に就任したが、そのとき、三軍制が始動してちょうど10年が経過していた。

「やっぱり、根本的には、いかに素材のいい選手を獲れるか、なんです。もちろん育成の仕方、システムも大事なのは間違いないですよ。でも、素材がよくなかったらどうしようもない。たしかに、素材がいいのになかなか育たない、ということもありますが、素材がいい選手のなかから何パーセントかの確率で出てくる、という話であって、よくなかったら出てこないんです。だったら、素材のいい選手が確率高く出てくるように、さらに育成をきちんとしようよ、ということは、うちがこの10年間でつくってきたものだと思います。そして、素材のいい選手を獲るには、自分の目を信じて、能力を見抜いて、人脈を駆使する。これも根本さんから言われていたことです」

小川が師と仰ぐ根本が逝去して、四半世紀になる。その間、ホークスは9度の日本一を達成し、西武の2度をはるかに上回った。19年、20年と2年連続、日本シリーズで巨人を制した。小川がスカウト時代に掲げた「あの西武を倒すんだ。巨人を倒すんだ」という目標も達成され、球団は今や「世界一」を目指している。

育成面では三軍制に続き、23年から四軍制も始動した。根本が西武時代から夢想したファーム環境も構築されているが、現在もホークスにその功績が残っているとしたら、それは何だろうか。

「王会長の存在じゃないですか。根本さんが王監督を招聘して、そこから強い球団をつくっていくなかで、日本一になるんだ、という目標があったから僕らも頑張れた。そういう環境に身を置けるのが僕は幸せなんだと思うし、根本さんと出会って、今もトップにおられる王会長と仕事ができているのは、僕の人生においては途轍もない財産ですから」

ダイエー監督時代、練習場でパイプをくゆらす（撮影・多田善一）

第十二章

匹敵するGMは皆無に等しい

証言者

福島良一

フロントにプロフェッショナルがいない

日本プロ野球界初のGM（ゼネラルマネージャー）といわれる根本陸夫。だが、その職務における手法、考え方を自ら明かしたことはほとんどない。監督時代に取材を受けた記事やノンフィクション作品はある一方、西武、ダイエー（現・ソフトバンク）各球団でフロント入りし、実質GMとなったあとは滅多にマスメディアに出なかった。

そのなかにあって、貴重な例外と言っていいだろう。1991年、雑誌『エスクァイア』（UPU刊）が、西武球団管理部長時代の根本にインタビューを敢行した。同誌は33年にアメリカで創刊された男性誌で、その日本版が出たのが87年。第1号に落合博満（元・ロッテほか）のロングインタビューを掲載するなど、当初から野球もコンテンツのひとつだった。

根本が登場したのは91年9月号。〈ベースボール進化論〉なる特集が組まれ、目次にはこう記されている。

〈阪神へ愛をこめて。「勝てるチームのつくり方教えます」－西武ライオンズ管理部長、根本陸夫インタビュー　日本で唯一のミスター・ゼネラル・マネージャーが明かす常勝の秘訣〉

ページを開くと、前書きには次のようなことが記されていた。

――メジャーリーグの球団組織で最も重要なポジションはGMといわれ、ドラフト、トレード、選手との契約など、チームの強弱に直接影響する仕事の責任者である。ひるがえって日本の球団はまず監督がオールマイティで、ＧＭと呼ぶべき人物はいない。ただひとり、常勝西武の影の功労者である根本については「ミスター・ゼネラル・マネージャー」と呼んでいい――

インタビュアーは、メジャーリーグ評論家の福島良一。米球界のＧＭを熟知した立場から、根本にどんどん質問をぶつけていく。例えば、低迷する阪神のＧＭになったらどこから手をつけるか、西武におけるオーナー、ＧＭ、監督の関係はどうなっているのか――等々。強いチームをつくるためのノウハウと、根本独自の考え方を聞き出している。

それにしても、なぜ、野球専門ではないメディアで、日本プロ野球の記者や評論家以外の人物によって、根本への取材が企画され、成立したのか。その発言内容を再現しつつ、当時の経緯と面会時の印象を福島に聞く。

「あのとき、特集のほかの企画で、アメリカのマイナーリーグを取り上げたんです。バーミングハム・バロンズ（ホワイトソックス傘下ＡＡ）という球団の取材に、現地のアラバマ州まで行かせていただいて。そのタイミングで、編集部の方から『根本さんのインタビューもお願いします』というご依頼を受けたんですね」

福島は91年3月に刊行した著書『大リーグ物語』（講談社現代新書）のなかで、ＧＭについて解説している。

〈大リーグの監督には日本のプロ野球チームの監督のようにドラフト会議に出席したり、トレードで戦力を補強するための権限がない。監督はゼネラルマネージャーが与えてくれた戦力を最大限に活かして勝つことが要求される〉

わかりやすい日米比較がなされたあと、70年代以降のメジャーリーグで結果を出した優秀なＧＭを列挙していくのだが、その項の最後に根本の名前が出てくる。日本のプロ野球では、根本がチーム編成と選手育成を受け持つ以外に、真のＧＭと言える人物がいないのは残念で寂しい限りだ、と感情を込めて書かれている。おそらく、エスクァイア編集部はこの一文に反応し、依頼したのだろう。

「僕にとって、根本さんは非常に興味深い野球人でしたから。やはり、日本とアメリカの決定的な違いは、フロントにプロフェッショナルがいない、ということなんです。選手のレベルはもちろんですけども、ある意味では、それ以上にフロントの違いを感じてきたので、根本さんは本物のプロフェッショナルとして、ずっと注目しておりました」

従来とは違った、広島監督時代の外国人補強

福島が根本に注目した、そもそもの原点は西武時代ではなかった。

最初に根本を見たのは１９７０年代初め、広島監督時代。千葉在住だったため、チームが関東地区に遠征で来た試合を観戦し、指揮官としての存在感にまず興味を持った。さらには、戦

力補強の面で印象に残ることがあった。

72年のシーズン途中、7月、広島は初めて外国人選手を獲得する。それまではいわゆる〝純血主義〟で、日系人などを除けば外国人は初。開幕から続くチームの不調を打開すべく、内野手で右打ちのベルサイエス、外野手で左打ちのゴンザレス、いずれもメジャーで実績十分の二人を同時に獲ったのだが、福島には特にベルサイエスのほうが印象的だったという。

「過去の外国人選手、助っ人とはまったく違うタイプだったんです。今でもそうですけど、外国人＝ホームランバッターですよね。それがベルサイエスは60年代にツインズで主に1番・ショートで活躍していまして、決してホームランを量産するタイプではなかったんです。年間20本が最多でしたからね。

しかも、ベルサイエスはそれでいて、65年にアメリカン・リーグのＭＶＰに輝いたほどの力を持つ選手でしたから、僕は衝撃を受けました。そして、そういったレベルの選手が日本に来た背景には、当然、根本監督の存在があったからこそだと思うんです。そこに最初に注目したんですね」

根本はこの年、目の不調など体調不良もあって6月15日に「休養」。その後はシーズン終了まで打撃コーチの森永勝也が代理監督を務めた。結局、同年限りで根本は退団したが、67年オフに監督就任が決まったときから戦力補強に意欲的に動いていた。球団初の外国人獲得にも関わっていたことは十分に考えられる。

外国人といえば、元来、根本は本場アメリカの野球を重視。72年の第二次キャンプは、アリゾナ州ツーソンにあるインディアンス（現・ガーディアンズ）のキャンプ地で行った。そこではのちに広島の監督になるコーチ、ジョー・ルーツとの出会いもあった。根本が退団後もオーナーとつながりを持ち、ルーツとの親交も深めていたことで、75年の監督就任が実現している。

一方、72年当時の福島はまだ高校1年生だったが、翌73年夏に渡米してメジャーリーグの試合を初観戦。その魅力に取りつかれて以来、毎年、現地での観戦を続けたなか、メジャー全球団のみならずマイナーリーグの球団も数多く訪ねた。さらにはコミッショナー事務局に訪れるなど見聞を広め、大学在学中から主にメジャーリーグの取材、執筆、評論を行ってきた。

「そんな状況でしたから、僕自身、根本さんに興味を持ちながら、日本のプロ野球はあくまでも趣味で見ていた程度で、取材もほとんどなかったんです。それだけにあのとき、お会いするチャンスをいただいて、僕は幸せを感じました」

西武の組織全体がスカウティング部

根本に取材した場所は西武球場（現・ベルーナドーム）に隣接する球団事務所だった。写真でよく見ていた風貌ながらも、いざ面と向かってみると、その眼光の鋭さに気圧《けお》されそうになった。

「眼光もそうですが、今でもはっきり憶えているのは、間近に見た根本さんの日焼けした顔やシワなどです。あらためて長いキャリアを感じたし、その言葉には、野球に対する厳しさと愛情が込められていると思いました。そして、どんな質問に対しても的確に答えていただいた。当然、それだけの有能な方であり、偉大な野球人としての風格を感じましたね」

取材直前まで、福島には一抹の不安があった。アメリカ球界のGMを熟知した立場から話を聞くにしても、根本がどこまでアメリカ野球について精通しているのか、把握していなかった。本来なら、把握していてもおかしくなかった。当時、パ・リーグ事務局勤務のメジャーリーグ通、〝パンチョ〟こと伊東一雄と接点があったからである。

「僕は子どもの頃からパンチョさんによくしてもらっていて、日本球界の監督や選手と会う機会をいただくこともあったんです。主にパ・リーグでしたけど、根本さんも広島時代以外はパ・リーグ。それなのに、根本さんの話はまったくと言っていいほどパンチョさんからは出なかった。だから、どの程度の知識をお持ちなのか、わからなくて……。

でも、いざお話をうかがうと、アメリカ野球のことをずいぶん勉強されていて、豊富な知識を持っていらっしゃった。例えば、外国人選手の調査も、根本さんご自身で現地に出向いて行っていた。日本とアメリカとを分けないで、有望な選手をスカウティングする場所がたまたまアメリカになったと考えている、とおっしゃっていましたね」

福島は当時の西武が獲得した外国人選手に着目していた。87年途中に来日し、88年に38本塁打、90打点を記録したバークレオ。89年の来日1年目から32本塁打を放ち、90年から3年連続本塁打王、2年連続打点王に輝いたデストラーデ。投手では91年からプレーした右腕のヤング。いずれも20代と若く、メジャー経験ゼロ、もしくは実績が乏しい選手だった。

「特に、ヤングですね。メジャー経験はなくても、アメリカの『ベースボール・アメリカ』という専門誌が出しているプロスペクト・ブック、若手有望株の名鑑に載っていたような選手を獲ったんです。つまり、将来有望な、明日のスター選手ですね。

今では時代が変わって、育成選手枠でも外国人を獲るようになりました。でも、今から30年ほど前の日本球界、そういう外国人選手を獲ることはまったくと言っていいぐらいなかったわけです。根本さんのチームづくりはすごいな、と思いましたし、先見の明があったんじゃないかと思いますよ」

もっとも、西武がスタートした当初、監督と編成を兼務する根本の方針は違っていた。80年途中にスティーブ、81年開幕前にテリーと、いずれもメジャーで実績ある強打者を獲得し、打線の中軸に据えた。後任監督の広岡達朗もその起用を踏襲し、82年からの日本シリーズ連覇につなげた。根本は福島にこう説明している。

〈最初は、ひとつの骨格をつくるために、それに必要な年齢とか技術を考えて採ってきました。今は自分のところのチームの体質に合うかどうかで、日本人と外人を分ける考え方をしていません。日本でのスカウティングと同じような考え方に切り替えたんです〉

ならば、〈日本でのスカウティング〉はどうだったのか。〈西武の成功のカギのひとつは、スカウト組織の充実によっていい選手を発掘できたことでは？〉と福島が尋ねると、根本は次のように答えている。

〈うちの場合、全国に組織を持っています。それをまずいちばん先に使ってます。これはもう最初っからです。オーナーの「おい、何かいい情報があったら出せよ」という一声で。そこから、どんな細かい情報でも、直に球団管理部にあげるようにしています。つまり西武の組織全体がスカウティング部という解釈ですね〉

相手11球団を完全に調査する

西武を退団した元選手から、西武グループの企業関係者から、あるいは地元の野球通から、アマチュア選手の情報がもたらされる。球団のスカウト部だけではカバーし切れない情報が、全国各地から集まる。それだけの〈組織〉があることで、他球団よりも広範囲に、速いスピードで各スカウトが動けるのだと根本は明かした。

それにしても、〈オーナーの一声〉から西武のスカウティングが始まっていたとは興味深い。このあたりも他球団との違いではなかろうか。福島はその点、オーナーの堤義明、ＧＭの根本、監督の森祇晶との関係がどうなっているのか、尋ねている。戦力補強に関してオーナーは〈まったくノータッチ〉と答えたうえで、根本は話を続けた。

〈現場からは、優勝を前提として、どの戦力が必要か、欲しいかという要求だけは出してもらう。僕たちはどれだけその要求を満たすことができるか、です。フロントは現場からの要求が何割減ったとか、完璧に要求通りにできたかによって、チーム力の検討ができる。そのへんははっきりしていますよ。要求が満たせたか、満たせなかったかをフロントが計算できなきゃダメですね〉

福島は〈その部分が、たぶん日本の他の11球団には欠けているところだと思うんです〉と応じた。が、根本はこの言葉には直接答えていない。そのかわり、毎日戦っている現場の人間が戦力を計算することは難しいのだから、単純に考えてフロント＝ＧＭが必要、といった意味合いの言葉を返している。

では、戦力の計算をするＧＭとして、強いチームをつくるにはどこから手をつけるのか。強いだけでなく、勝ち続けられるチームをつくるためにはどうするか。これらの質問に対する根本の答えは、相手11球団を完全に調査し、戦力検討をきっちり行い、相手チームの育ち方によって、補充、補強をどれだけ丁寧にやっていくか、というものだった。

とにかく相手球団を調べることが先決であり、何よりも重要視していた。こうした根本のノウハウ、考え方を聞いて、福島はどういう印象を持ったのだろう。

「ＧＭとして、一番必要なのは野球の知識ですよね。それがあってこそ、優秀なＧＭになれるわけであって、相手を徹底的に調べるというのは知識につながります。やはり、それだけ根本さんは1年中、野球のことばかり考えて、自らいろんな所に足を運び、いろんなものを見て研究し、勉強されてきた、ということが、そのときに十分に伝わってきました」

1時間近く続いたインタビュー。根本が繰り返し発した言葉が〈環境〉だった。自身が何度もアメリカで視察した、ファームという恵まれた環境、それに伴う充実した練習施設――。それらを日本球界全体で整備する必要性を説き、二軍が一軍の予備軍になり、選手の育成をアマチュアに依存するような現状を嘆く。根本はすでにこのとき、三軍、四軍を構想していたようだ。

終わり間際、その年に日本プロサッカーリーグ（＝Ｊリーグ）が発足することを踏まえ、福島が尋ねた。

〈プロ野球が停滞しているときだけに不安はありませんか〉

すると根本は、こう答えた。

〈いや、むしろはじめて集団競技のプロリーグができることでいい刺激を受けるのではないかと歓迎しています〉

そうして最後に言った。

〈プロ野球と競合するのではないかという人もいますが、そういう次元で考える問題じゃない。ぼくはプロ野球は決してなくならんと思いますよ。企業の所有物である限り滅亡がありますが、

大衆の所有物になればなくなることはない。だから、もっとプロとしての高い意識をもって環境づくりをするべきだと思いますね〉

近年の日本球界における真のＧＭ

福島によるインタビューから1年後、根本はダイエーに移籍し、西武時代と同じように監督を務めてからフロント入りした。低迷していたホークスが優勝するまでに時間はかかったが、スカウティングに留まらず、「環境づくり」に邁進。その途上で突然に最期を迎えた。

では、その後の日本球界、根本に匹敵するようなＧＭは出現したのだろうか。

福島によれば、「皆無に等しい」とのこと。ＧＭ以外の肩書きも含め、編成トップのなかでそこまでの実績を残した人物は出ていないという。そこはアメリカとは違って、日本では監督の権限が大きいからなのか。

「まず、ＧＭの在り方が日米で違うんです。アメリカの場合、ＧＭについては野球経験は問われません。特に今の時代は、プロ経験どころか、選手経験がなくても優秀なＧＭがどんどん出てきている。その点、日本の場合は、ＧＭも監督と同様、経験を求められる場合が多い。したがって、なかなかメジャーリーグのような優秀なＧＭが出てこなかったと思うんです」

本稿執筆時の12球団のＧＭ＝編成トップのうち、プロの選手経験者は６人。そのなかで、西武ＧＭ兼監督代行の渡辺久信は現役時代に根本を間近に見ていた。それだけに「根本さんが目標」と公言するが、逆に言えば、渡辺もまだそこまでの実績は挙げていない。残る６球団の編成トップは選手経験者ではないが、「経験がなくても優秀」なのか否か、一概には言えないだろう。

当然、選手経験があるから「優秀」なのか否か、やはり一概には言えない。そのなかで、日本のプロ野球ならでは、と思えたのが、２０１８年から楽天のＧＭを務めていた石井一久（元・ヤクルトほか）が、監督を兼任していたケースだ（21～22年）。メジャーリーグではまず考えられない兼任ではなかろうか。

「昔のメジャーリーグにはＧＭ兼監督がいました。例えば、ホワイティ・ハーゾグが１９８０年のシーズン途中からカージナルスの監督に就任し、なおかつＧＭを兼任しています。82年まで務めて、その年はチームをワールドシリーズ優勝まで導きました。でも、それから40年が経って、メジャーリーグにＧＭ兼監督は一人もいません。

それ以前のように簡単な時代ではなくなり、ＧＭの仕事が複雑化して、とても一人ではやりきれないぐらいの仕事量がありますからね。監督と兼任する、ということは常識では考えられないです。たぶん、日本のプロ野球もそういう時代になっていると思うけれど、相変わらず監督がオールマイティの球団が少なくないでしょう。だからＧＭ兼監督も可能なんだと思いますね」

そういう意味では、楽天だけではない、ということも言えそうだ。選手経験のある大塚淳弘（元・巨人）が２０２３年まで編成トップ（球団副代表・編成本部長）だった巨人にしても、実際には前監督の原辰徳がＧＭと同様の役割を果たしてきた、とも伝えられる。ただ、だからといって、監督経験のあるＧＭがベストというわけでもない、と福島は言う。

「詳細に調べていないので何とも言えない部分はありますが、果たして、ＧＭを務めるほどの野球の知識、人脈、すべて備えているのかな？　と疑問符が付く人はいます。それらを踏まえれば、近年の日本球界で真のＧＭというと、日本ハムの吉村君ぐらいしかいないんじゃないか、と思うんですよ。彼が実質、根本さんに次ぐＧＭだったと言っていいと思います」

元プロ野球選手でもなく、野球経験さえないＧＭ

２０１５年から21年まで、日本ハムＧＭを務めた吉村浩。23年からは常務取締役チーム統轄本部長となったが、その手腕は球界内で注目されていた。選手経験はなく、１９８７年から90年までスポーツ紙記者。それ以前の早稲田大在学中、福島は〝大リーグ研究会〟を通じて吉村と知り合った。

「彼は記者を務めたあと、パ・リーグ事務局に入るんですが、そのとき毎年、必ず年に1回、自費でアメリカに行っていました。メジャーリーグを見に、勉強に行っていたんです。当時の僕は旅行の仕事をやっていたので、彼の航空券を手配するなどしたこともありました」

福島によれば、吉村は99年までパ・リーグ事務局に在籍したあとに渡米し、メジャーリーグのデトロイト・タイガースに勤務。３年間、ＧＭの部下として働き、編成業務を学んだ。帰国後、阪神の総務部でチーム強化などに携わると、２００５年に日本ハムに移籍。同年にＧＭに就任した高田繁（元・巨人）をサポートするＧＭ補佐となった。

肩書き上は補佐でも、実質、日米の球団運営を知るスペシャリスト。すぐにＧＭの信頼を得て、球団強化の柱に「スカウティングと育成」を掲げた。アメリカ球団での経験を生かし、自軍はもとより他球団の選手、有望なアマチュア選手など、野球に関わる全項目を数値化したデータベースを導入した。背景には当時の球団社長の理解もあった。

吉村が整備したフロント主導の方針が功を奏し、05年以降の12年間で日本ハムは５度のリーグ優勝、２度の日本一に輝く。その間、監督を務めたトレイ・ヒルマン、梨田昌孝、栗山英樹の３人が３人ともチームを優勝に導いている。そのうち12年にリーグ優勝、16年に優勝と日本一を成し遂げた栗山は、吉村が自ら招聘した指揮官だった。

「日本ハムでの実績を考えると、よく日本球界で優秀なＧＭになったな、と思います。吉村君は元選手でもなく、野球経験さえないんですよ。にもかかわらず、フロントで真のプロフェッショナルとして結果を出したんですから。日本のプロ野球の歴史を変えた人物だと言えますね」

加えて、ＧＭ就任後の吉村は編成トップのみならず、経営面の才覚も発揮。選手の総年俸などチームに関わる年間予算を一度も超過せず、球団を運営したという。限られた資金で効率的かつ継続的にチームを強化し、維持する手腕を発揮したあたり、「まさにアメリカのＧＭに近い」と福島は言う。つまり、編成トップに留まらないところが日米の決定的な違いということか。

「それは近年、メジャーリーグのＧＭの仕事が特に難しくなっていることに関係しますが、代理人との交渉があるんです。ここが日本のプロ野球と一番違うところなんですけども、アメリカには辣腕の代理人が多くて、彼らと対等に交渉を行わないといけない。そのためには野球の経験と知識だけでなく、金融とか法律にも精通していないと仕事ができません。

また、ＩＴ化によってセイバーメトリクス、野球データの統計学的な分析がどんどん進んで、それらを活用する力も必要になっています。必然的に激務になり、1年間ほとんど休みなしで働かなくては務まりません。となるとＧＭは高齢者では務まりにくくなり、若年化が顕著になって、そのなかで野球経験以上に高学歴が重視されています。ＧＭも進化していますね」

可能な限り選手層を厚くして競争力を高める

ＧＭの「進化」は、野球とベースボールの違いが増幅していることを感じさせる。それでも、本場のＧＭに匹敵する人材が日本球界にも存在したことはたしかで、福島はその吉村を「根本さんに次ぐＧＭ」と評した。となれば、ここでひとつの興味が湧いてくる。根本陸夫のようなＧＭ、メジャーリーグにもいたのだろうか。

「イメージが重なるのはパット・ギリックです。選手としては大成できなかったという球歴もそうですし、トロント・ブルージェイズをはじめ４球団でＧＭを歴任し、すべてのチームを最低でも地区優勝に導いた功績も根本さんを思わせます。ただ、もっと共通しているのは、ブルージェイズ時代、中南米を中心にスカウティングを充実させたことです。

それはもう、いち早く世界的にスカウト網を広げましたから。しかも、野球以外の、陸上競技などほかのスポーツにもスカウトを派遣して、野球経験のまったくない選手も獲得したんです。実際、陸上競技場で獲った選手がメジャーリーガーになっているんですよ。そのあたりも、根本さんと共通していますね」

西武時代の１９８７年オフ、根本は陸上選手の日月《たちもり》鉄二（関東高／現・聖徳学園高）をドラフト外で獲得している。元は野球部所属で陸上に転向したとはいえ、日月は国体のやり投げ競技で入賞するほどの結果を出していたから、まず球団のスカウトは動かない。そこを動かし、野球経験以上に身体能力に着目したところが根本らしさだろう。

投手として入団した日月は外野手に転向。結局、一軍出場がないまま92年限りで引退したが、根本が身体能力を優先したのは初めてではなかった。円盤投げの選手にアンダースローの可能性を見出した一方、柔道の選手をドラフト候補として調査し、指名寸前まで行ったケースもあった。根本自身、何も特別なことだとは考えていなかったようだ。

「そんな根本さんのことを思うと、もう一人、ぜひ挙げておきたくなるＧＭがブランチ・リッキーです。47年、当時のブルックリン・ドジャース時代に、黒人大リーガー第1号のジャッキー・ロビンソンを登用した人物として有名ですけども、やはり、根本さんと同じく選手としては大成できなかった。引退後に監督を務めたことも共通しています。

なおかつ、カージナルスでＧＭになった20年代、初めてマイナー組織を確立した人物なんです。のちに他球団も追随したことが現在のファームシステムにつながったのですが、根本さんも何よりファームを大事に考えておられましたから。ブランチ・リッキーは１００年も前の時代の人ですけど、長い歴史を振り返るときには絶対に外せないＧＭですね」

福島が「真のＧＭ」について語るほどに、野球界におけるスカウティングと育成の重要性が浮き彫りになる。そのなかで注目すべきは、メジャーリーグのファームシステムも初めから確立していたわけではなく、ひとつの球団が発端だったことだ。

ひるがえって、日本のプロ野球。一部球団は三軍、四軍まで導入しているが、なかなか他球団に広がっていかない。もちろん日米で規模の違いはあるし、球団ごとに方針と事情があるわけだが、この現状、福島はメジャーリーグ評論家としてどう見ているのか。

「三軍、四軍制度はもちろんいいことですけど、本来、全球団が確立すべきものでしょう。根本さんもおっしゃっていましたが、やはり、日本のプロ野球も可能な限り選手層を厚くし、競争力を高めることが大事だと思います。球団のバックボーンは、チーム強化の第一歩であるスカウティングと育成なんです。それに携わるフロントの組織力を高めてもらいたいですね」

※文中の雑誌『エスクァイア』インタビュー記事から引用した発言箇所は、掲載時の原文どおりに表記しています。

プロ野球のすべてを見通していた根本陸夫。こんな人物は二度と現れないだろう(撮影・多田善一)

第十二章

「根本陸夫に
なりませんか」

証言者

栗山英樹

オレみたいなことを君にやってもらおうかな

1991年の春先、埼玉・所沢の西武球団事務所の一室。取締役編成部長の根本陸夫に向き合った途端、栗山英樹は直立不動になった。

前年限りで現役を引退、ヤクルトを退団した栗山は、マスコミの仕事に就いたばかり。その仕事の関係で西武球場を訪ねた際、あこがれていた根本との対面が実現した。

「もともとは僕が辞めるってなったとき、根本さんが『西武に来い』と言っている、と聞いたんです。まったく面識がなかったので驚いたんですが、僕の恩人が共通の知人だったようで、その方を介して。ただ正直に言うと、そのとき一瞬、西武が獲ってくれるのかもしれないと期待したんです。野球選手としては、じつはその思いが強かった。でも、そうじゃなくて指導者のようだと聞いて、ああ、オレは選手としてもうダメなんだ……と思ったんですね」

そう語る栗山は、当時まだ30歳だった。

創価高、東京学芸大を経て、84年にヤクルトに入団。プロテストを受けてのドラフト外だったが、俊足巧打の両打ち外野手として86年に頭角を現す。自身初めて規定打席に達した89年にはゴールデン・グラブ賞を受賞した。が、その翌年オフに引退を決意したのは、ケガと病気が重なった影響。それだけに、新天地での現役続行への思いが頭の片隅に残っていた。だから西武でプレーする道もない以上、翻意することもなく、やむを得ず断りを入れた。

　とはいえ、ほかでもない根本からの誘いを断ったのだから、声をかけてもらったことへの感謝の気持ちを直に伝えたい。そう考えた栗山は、西武関係者を通じて根本との対面を頼み込んでいた。

「初めてお会いして、まず、野球界の人っていう感じじゃないオーラがありました。いい意味で違う世界の大親分のような、ヤクザっぽい風情があって、思わず背筋が伸びましたね」

　根本は、すでに栗山が断りを入れたことを何も知らないかのように口を開いた。

「どうなんだ？」

「すいません。一回、いろんなことを勉強したいので、ひとつの球団に入るよりも、広く野球を勉強するためにはメディアに入ったほうがいいと思っているんです。本当にすいません」

「いやいやいや、何も謝ることはないよ。オレは君をオレの下につけて、オレみたいなことをやってもらおうかなと思ってたんだよな」

　肩書きは編成部長でも、実質的にはＧＭだった根本。その「下につけて」ということはＧＭ補佐のようなポストだったのか。このことは根本自身、公言はしていないが、ダイエー（現・ソフトバンク）監督時代、担当記者にこう明かしていた。

「ヤクルトをやめた栗山君がいるだろう。彼をなあ、西武のとき、球団に誘ったんだ。彼はしっかり勉強もしとるしなあ。でも残念だったなあ」（日刊スポーツ／プロ野球番記者コラム

／2018年）

記者によれば、根本は滅多に人を誘った話はしなかったそうだが、なぜかこのときは違った。その話しぶりから、栗山に編成部門を統括する職務を任せ、自らの後継者として育てたかったとの思いが伝わってきたという。では、当時の栗山自身にはどう伝わっていたのか。

「オレみたいなことをやる、っていうのは、根本さんがそれまでやってきたような裏仕事を含めて、人を動かす、ということだったんだろうなと思います。今にして考えてみればそんなにありがたいことはなかったんですけど、根本さんから『君がそういうふうに決めたんだったら』と言われて、マスコミの仕事をするに当たっての心得をお話しいただきました」

歴史をちゃんと勉強して、迷ったら歴史に学びなさい

今も、栗山の頭の中には、その助言がはっきりと残っている。根本は言った。

「偉そうに、オレはプロで野球やってたんだというプライドは一切、捨てなさい。ベテランの記者もプロなんだ。だからメディアの人たちの言うことはちゃんと聞きなさい」

マスコミの世界でも、ゼロからスタートしてプロになれ――。そう説いた根本が、もうひとつ強調したのは「歴史」だった。

「これから野球界が進む道というのは、過去の流れがわからないと、どの方向に進めばいいの

か、わからない。だから歴史をちゃんと勉強して、迷ったら歴史に学びなさい。例えば、もともとプロ野球というのは、巨人があって、巨人のためにできたものなんだ。そういう流れがわかっていれば、野球がこれから何をしなければいけないか、ということが見えてくる。

いかにプロ野球が進んできたのか、巷で言われていることではなく、本当はどういう経緯でそうなっていったのか。必ずこれからの球界の方向性に関係があるはず。しっかり勉強しなければいけないぞ」

実際には、さらに多種多様な話をしていったなかで、栗山には特にその「歴史」の話が印象に残っているという。

「あらためて、人に会って話を聞かないとな、と思いました。書き物では書ける範囲しか書けない、放送はもっと、出せない、ってなりますよね。そういうところで、本当は何が起こっていたのか、ちゃんと学びなさいと。で、逆に考えると、根本さんだけがわかっている本当のことがあって、それで裏仕事ができて、人を動かし、ものを動かせたのかなって、今になると思いますね」

では、栗山自身、最初に根本陸夫という名前を意識し、その「裏仕事」を知るに至ったのはいつだったのか。

「本当に意識したのは、公康のときですかね。『熊谷組に行く』と言っていた名古屋電気の工藤公康を、西武がドラフトで指名して、結局、入団に至った。そのときから現実的に、すごい人がいるんだ、と思い始めたんです。伊東勤とか秋山幸二のときはよくわからなかったんですが、このときも何がどう動いて西武に入団したんだろう、とは思っていました」

　１９８１年、栗山が大学2年生のときのドラフト。熊谷組への入社が内定し、全12球団に〝指名お断り〟の通達を出していた工藤を、西武は6位で指名した。このとき、監督からフロント入りしたばかりだった根本は、「裏約束は絶対にない。誠心誠意、話し合ってみる」と公言し、工藤側との交渉に入った。

　そのときの経緯は当時の西武球団スカウト部長、浦田直治（元・西鉄）が証言したとおりだが、伊東と秋山の獲得は浦田が真っ先に動いたことで実現した（第四章参照）。「根本の右腕」と呼ばれた浦田も、栗山にとっては注目に値する存在のようだ。

「浦田さんを動かせば動くようになっていた、ということがすごいですよね。あとは周りの人たちも、浦田さんに根本さんを見ていたんでしょうね。一緒に根本さんがいるかのように。それ、一番強いですよ、何倍もの仕事ができるので。あらためて、あこがれます。自分自身は表に出ない、前面に出ようとしないで、フィクサーとして暗躍したという生き方に。もともとあこがれていて、こういう人はカッコいいなと思っていたのが根本さんでしたから」

ファイターズにはGM系で呼ばれようとしていた

「根本の右腕」が浦田なら、「終生の友」が関根潤三だった。日大三中（現・日大三高）、法政大、近鉄と各時代を通じて捕手・根本とバッテリーを組んだ左腕。プロ9年目から打者に転向した二刀流でもあり、根本が広島の監督を務めたときにはヘッドコーチとして呼ばれている。

その関根が、１９８７年から3年間、ヤクルトの監督を務めたとき、主に2番・センターで起用されたのが栗山だった。監督対選手の関係ではあるが、関根から発せられる根本の話に触れる機会もあったのではなかろうか。

「意外と、関根さんは根本さんの話をされなかったんです。『バッテリーを組んでたんだよね』とか、普通の話はありましたけど、ここがあいつのすごいところなんだよ、といった話はなくて。おそらく、根本さんの裏側の話は僕ら選手に伝えにくかったのかもしれない。すべて本当のことを知っているから話せない、ということだったのかもしれない。僕自身、あえて聞いてはいなかったんですよ。その点、関根さんからの一番印象深い話は川上さんのことでした」

関根は65年、監督の川上哲治に誘われて巨人に移籍するのだが、入団交渉は東京・千代田区のホテルニューオータニで行われた。その日、同ホテルで長嶋茂雄の結婚披露宴が催され、関根は喫茶室で川上を待っていた。披露宴が終わると川上が号泣しながら現れ、「野球選手にもこんな素敵な嫁さんが来る時代になったんだよ」と言ったという。
「それで関根さんが言われたのは、『野球選手が野球屋と呼ばれた時代があって、本当に大変な思いを先輩がしてきた』と。『時代が変わって、長嶋が出てきた頃から野球選手として認められ始めたけど、オレも最初に結婚相手の家に行ったら、あんた野球屋さんねって言われた』と。『だから、先輩たちが培われたものと、その思いをちゃんと理解して野球をやりなさい』と言われました」

根本の言葉にも通じるところがある話だが、栗山はヤクルト時代にもう一人、大切な野球人に出会っている。プロ１年目に師事し、ヘッド兼打撃コーチだった中西太である。

中西は現役時代に西鉄（現・西武）の主軸打者として活躍し、三原脩（元・巨人）が監督を務めた時代には、56年からの３年連続日本一に貢献。実働18年で首位打者を２回、本塁打王を５回、打点王を３回獲得している。62年から監督を兼任し、引退後も２球団で監督、６球団でコーチを務め、指導者としても名高い野球人だが、その熱意あるコーチングは栗山自身が指導者になるうえで手本となった。しかも、それ以上の手本を、のちに中西から授かることになる。

というのも、中西は56年、三原の長女・敏子と結婚。選手として仕えた監督は義父でもあった。その関係性から、中西は三原が残したメモ書きを写していた。西鉄、大洋（現・ＤｅＮＡ）で日本一４度の名将の野球哲学が記された、いわゆる「三原ノート」である。

三原を師と仰ぐ栗山は、２００１年、テレビ番組の仕事で東京・渋谷区にある中西の自宅を訪ねた。取材の途上、中西がノートを持ち出してきて、すでに他界して会うことはかなわなかった三原の教えに触れることができた。根本の助言どおり、人に会って話を聞いて、「本当は何が起こっていたのか」、学ぶ機会を得たこの経験が、栗山にとって、野球人として、指導者としての基盤になっている。

もっとも、栗山はすぐに球界に復帰したわけではない。大学時代に教員免許を取得し、教員を目指したこともある栗山の仕事は、テレビ、ラジオ、新聞におさまらなかった。母校の東京学芸大講師に始まり、桐朋学園短期大講師、04年からは白鷗大で助教授、准教授、教授を歴任。教育者としても本格的に活動する途上、日本ハム球団からフロント入りの要請が来ていた。

「当初、ファイターズにはＧＭ系で呼ばれようとしていたんです。２００９年頃から何度か誘ってもらっていて、最後の11年のときにはヨシが本気だったので、もう断れないなと」

根本陸夫になりませんか？

栗山を誘っていた「ヨシ」とは、当時、チーム統括本部長だった吉村浩のことである。

吉村は早稲田大卒業後にスポーツ紙記者となり、退社後、メジャーリーグを視察するために渡米。１９９２年からパ・リーグ事務局に在籍し、99年から３年間、ＭＬＢのデトロイト・タイガースでＧＭ補佐などを務めている。

２００２年からは阪神の総務部でチーム強化などに携わっていたところ、05年、日本ハム球団がヘッドハンティング。ＧＭの高田繁（元・巨人）をサポートするＧＭ補佐に就任した。以来、チーム編成の根幹を担ってきたなか、その類い稀な能力から「天才」、「知将」、「野球オタク」と呼ばれ、のちの15年にＧＭとなる（23年より常務取締役チーム統轄本部長）。栗山とは以前から公私で親しい間柄だった。

「それでもう正式に決めなきゃいけない時期になったとき、『栗山さん、ユニフォームってどうなんですか？』ってヨシが言うから、『いや、それは』って、僕は一般論として言ったんですよ。『野球やってた人で、ユニフォームに憧れない人、いないんじゃないですか？』っていうふうに答えたんです」

当然ながら「ユニフォーム」とは監督を意味する。野球経験者なら誰もが一度は監督をやってみたい、特にプロ野球の監督はあこがれの的ではないか、という意味で栗山は言った。すると、吉村がおもむろに言った。

「根本陸夫になりませんか？」

聞いた瞬間、栗山は混乱した。頭がおかしくなってしまったのかと思いながら尋ねた。

「え？　すいません。吉村さん、それどういう意味ですか？」

「根本さんみたいに１回、現場を見てからフロントに入る、という形はどうですか？」

いかにも、根本は西武時代、ダイエー時代、それぞれ３年、２年と監督と編成を兼務したあと、フロント入りしている。後任の西武監督は広岡達朗（元・巨人）、ダイエー監督は王貞治（元・巨人）だった。

ただ、当時の栗山とすれば、根本のケースを提示してのフロント入りを打診されたことよりも、自身が「ユニフォームを着る」可能性に意識を引っ張られ、気づけば「それは無理っすよ」と即答していた。

「ヨシとしては、フロントの人間を育てたいと考えていたと思うんですよ。でも、僕に任せるには1回、現場を見させて退いたほうがたぶんうまくいく、と思ったんじゃないですかね。第一、僕は現場からも離れていましたし、ＧＭってある程度、発言権を持って、伝えるべきところを決めなきゃいけない。ならば、監督対コーチとの関係とかまで含めて、現場のすべてをまず見てもらったほうがいいって考えたのかもしれない。

いずれにしても、本人に聞かなきゃわからないことですけど、本当に『根本陸夫』をつくろうと思ったんじゃないですか。それにしても何の前触れもなく、ぜんっぜん意味わかんなかったですよ。ヨシらしいですけどね」

あるいは、吉村なりの〝キラーワード〟だったのか。栗山が根本に憧憬の念を抱いていることまで知っていて、あえて、そう言ったのではないか。

「いやあ、それはわからないです。ヨシのことなんで、僕の言ってることとか、記事などで読んでいるかもしれないですけど、そのへんの話はしたことがなかったので。ただ、ヨシのなかでも、根本さんの存在は大きいんじゃないか、という気がします。そう考えると、『根本陸夫になりませんか?』って名言かもしれない」

こうなったらおもしれえな、やってみようか

吉村から打診された瞬間は、断ろうとした監督就任。自分は未知のもので経験がなく、球団に迷惑をかけたくない――。そう考えているところに吉村が言った。

「命がけで野球を愛してやってくれれば、それでいいんです。命がけでやってください。本当に野球を愛していますよね?」

能力は別として、野球を愛し、仕事を一生懸命にやることはできる――。そう気づかされた栗山は、ユニフォームを着ようと決意した。こちらが本当の〝キラーワード〟だったようだ。

そうして、２０１１年のオフ、現役引退から21年間、続けてきたメディアでの活動に一区切りをつけ、栗山は日本ハムの監督になった。

12年シーズンの開幕前、現場経験のない新監督に対する周りの声は厳しく、その手腕は疑問視されていた。大黒柱のダルビッシュ有(現・パドレス)が抜けた投手陣も不安視され、大型補強もなかった。それでも、栗山は左腕の吉川光夫を筆頭に現有戦力を底上げして、固定観念にとらわれない選手起用、采配を見せ、就任1年目からリーグ優勝という最高の結果を残す。

翌13年は投打のベテラン勢の不振が響いて一気に最下位に下降したなか、ドラフト1位ルーキー、大谷翔平（現・ドジャース）の二刀流挑戦が注目を集めた。球界ＯＢを中心とした周りの声は批判的で、投手か野手か、どちらかに専念すべき、という意見が多かったが、栗山は惑わされなかった。投手と野手両方で起用された大谷も、年々、成長を遂げていく。

二刀流を勝ち星と本塁打数で表すと、1年目の大谷は3勝、3本塁打だったのが2年目の14年は11勝、10本塁打。15年は5本塁打も15勝5敗、防御率2・24で最多勝、最高勝率、最優秀防御率のタイトルを獲得。そして16年は10勝、22本塁打でチームのリーグ優勝、日本一に大きく貢献し、パ・リーグＭＶＰに選出された。

「根本さんは設計者ではなかった、モノをつくるときは本能で動いているようだったと聞いたことがあります。たぶん、『こうなったらおもしれえな、やってみようか』っていう感じだったのかなと。それもやっぱり強いですよ。翔平の二刀流も、正直、そういうところもありましたから。これ、成功したらおもしれえな、本当に世の中がひっくり返るな、と思ってやってたんです。もちろん、彼の持ってるポテンシャルの大きさがあればできる、という信念があってのことですけど。

翔平がプロ初勝利を挙げたとき、ヨシは僕に『監督、50年後に必ず評価してくれますから』って言ったんです。それは一生、忘れないですね。あのとき、周りから批判されて、ヨシもきつかったと思うんですよ。だいたい、ターゲットは僕とヨシなんで。でも、信念は変わらなかったし、『50年後』という言葉には、今を見てやってるわけじゃなくて、将来のためにもやってる、というヨシの思いが込められていた。僕にもその思いはありました。それで実際、10年が経って、アメリカでも続けてきたわけで」

今や、二刀流を声高に批判する球界ＯＢもいなくなった。「常識が覆される」とは、こういうことを言うのだろう。そして、それは二刀流だけで終わることはなかった。

大谷がメジャーリーグに挑戦し、エンゼルスに移籍した18年の8月。ビジターでの西武との試合前のこと。栗山は埼玉・所沢市にある根本の自宅を訪ねた。親しかった新聞記者の紹介で実現した機会。夫人の隆子、側近だった男性二人に面会し、根本の実像に耳を傾けた。

「奥様にごあいさつできて、いつも根本さんの近くにいたお二人、アマチュア野球界の方にお話をうかがいました。そのなかで僕にとってすごくインパクトがあったのが、根本さんがいつも、『何か別の発想はないのか？』『何か違う考え方はないのか？』『ほかのやり方ないの？』って聞いていた、というお話でした。

要するに、西武とダイエーで大きな仕事を成した根本さんが、球界の常識で固まらずに、違うところにヒントを求めていたわけです。これはまた、新しい発想は野球界からは生まれないということでもあるし、あの根本さんがそうだったんだ！　とわかって、採り入れたものもありました」

プロ野球は裏でやっていることが8割

根本家を訪ねた翌年、２０１９年のシーズン。栗山は投手陣にブルペンデーを導入したり、外野４人などの極端な守備シフトを敷いたり、従来の日本プロ野球ではほとんど目にしなかった戦術を積極的に採り入れた。じつはこれらは、根本に後押しされたも同然の策だった。

「ブルペンデーもシフトも、今では普通になりました。でも当時、特にファイターズ、そこから勝てなくなったんでさんざんっぱら叩かれましたけど、そうしたものが今は野球のために生きなくても必ず将来に生きるって思えてたので。仮に失敗したとしても、それもまた生きるって思えてたので、そういう意味では根本さんが背中を押す、というよりはすぐそばにいて言われる感じですね。『いいからやれ！　お前』みたいな」

翌20年８月15日、ＺＯＺＯマリンスタジアムでのロッテ戦。栗山は監督就任９年目で通算６００勝を達成した。試合後、グラウンド上で記念のボードを掲げたあと、球場内の食堂で選手とスタッフ全員が集合して、身内だけのささやかなセレモニーが開かれた。栗山は全員に感謝の言葉を述べたが、そのとき、６００という数字以上に意識していた数字があった。根本が広島、クラウンライター＝西武、ダイエーと3球団で残した監督通算５９８勝である。

「最初は、まさか自分がそんなに長く監督をやるとは思ってなかったんです。ただ、勝ち星が重なっていったとき、ふと、何かの記事で監督通算勝利数の表が出ていて、そこで根本さんの数字を見て驚きました。本当に失礼な話なんですけど、根本さんってそんなに長く監督をやっているイメージがなかったんですよ。

何しろ、ＧＭとしてチームづくりをするために監督というポジションを利用した、と言っても過言ではない人でしたから。裏仕事も多くやっていて、なおかつ監督としてこんなに勝っているって、どれだけどう時間を使ってるんだ！　と。だから、監督しかやってない僕としては、少なくとも近づきたいなと。近づいてきたら超えたいなと思っていたんです」

翌21年10月16日、栗山は日本ハムの監督を退任することを発表した。３年連続Ｂクラスの５位に終わった同年だったが、12年にリーグ優勝、16年に日本一を達成。就任10年間で通算６８４勝６７２敗54分、勝率５割４厘という成績を残し、11月１日に退任会見を行った。

それから、わずか１ヵ月後の12月２日、栗山は侍ジャパン＝野球日本代表監督に就任。23年３月のＷＢＣ（ワールド・ベースボール・クラシック）に向け、チーム編成をしていく過程で、根本が行っていた裏仕事を現実として感じたという。

「結局、プロ野球って裏でやっていることがじつは８割方で。表に出ているあとの２割がすごく目立っている、ということなんです。

それは今回、ジャパンの監督をやってもよくわかったんですけど、球団がないので、選手を集めたり、交渉したりするのは全部自分でやらなきゃいけなかったんですね。これはけっこう裏仕事なんだな、プロ野球というのは、と思って。そのとき、根本さんはこういう仕事を最初に全部やられていたのかな、と実感したんです」

まさに、西武でフロント入りしたあと、根本はこう語っている。

「最初は僕が監督をやって、フロントをやって、スカウトをやっていた。スカウトはほとんどコーチも兼任していた。それから、チームが育つにつれて、スカウト部、コーチ、育成と独立していったんです」

お前がメンバー決めたときに、わかってたよ

西武監督時代の3年間、根本は球団管理部長を兼任し、肩書きはなかったがスカウティングも行っていた。すなわち、実質的なＧＭ＝根本の原点は「全部自分でやる」兼任だった。では、日本代表と球団という違いはあるにせよ、全部自分でやった栗山は裏でどう動いていたのか。

「根本さん、あるいは西武では浦田さんがそうだったのかもしれませんが、同じように徹底的に調べましたよ。この選手が『うん』っていう環境はどういうものかって。誰に最初に話を持っていって、どういう話をしたらいいのか。どういうふうな思いが一番琴線に触れるのか。それは当然、表に出さないですけども、徹底的に丁寧に、できる限りのリサーチをしながら前に進みました」

新人獲得に際して、根本が選手のみならず、選手の親の仕事の内情まで調査したという逸話が想起される。

「親御さんにどういう弱みがあるのか、調べたわけですよね、根本さんは。それで丹念に調べた結果、例えば、翔平とダル（ダルビッシュ有）に関しての言い方はまったく違うものになりました。翔平に関しては、ちょっとどこか、『翔平、オレに絶対ノーって言うなよ』みたいな感覚があるんですけど、一緒に戦ったことがないダルに対しては同じ感覚で言えないですからね。だから、ダルが出場を表明したときは本当に嬉しかったです」

最終的なメンバー選考に当たっては、根本家で聞いた「何か別の発想はないのか？」との言葉が生かされることになった。

「ラーズ・ヌートバー（カージナルス）の代表メンバー入りがそうでした。まさに、日本の野球界だけじゃない、違うところから持ってこないと新しいものにはならないんだと。その、常に違うところにヒントを求める、というのが絶対的に重要なんだと、あらためて感じましたね」

かつてない形の侍ジャパンで戦った、23年の第５回ＷＢＣ。決勝でアメリカを倒し、日本は第２回大会以来14年ぶりの優勝を果たした。もしも根本が存命であったなら、何と言われたと想像できるだろうか。

「たぶん、『根本さん、勝ちました。ありがとうございました』ってあいさつに言ったら、『まあな。お前がメンバー決めたときに、ある程度、わかってたよ』って言われるような気がします。要するに、戦う前が勝負だ、って言う方だと思うんですよ。ある程度、バランスがいいチームのメンバー構成ができるかどうか、っていうのを根本さんだったら見ると思うんで。

ただ、ＧＭじゃない、監督ですから采配も振るうわけですけど、あのメンバーで野球の試合に入ったら任せるかしないんで。実際、僕の采配で変えられるようなことはあんまりなかったですから、こっちが采配と選手の起用を間違えないように、ということだけでした。だから、根本さんだったら、『まあまあ、あそこまで集められたんだ。普通にやりゃあ勝ったなあ』みたいに言われるんじゃないか。そんな感じがします」

人に評価されたいと思ってやってるわけじゃない

２０２３年５月31日、栗山は日本代表監督を退任した。６月２日の退任会見では今後について明言しなかったが、代表メンバーを決めるまでの裏仕事は限りなくＧＭに近く、西武監督時代の根本に通じるところもあった。今後、「ＧＭ系」を志向する考えはあるのだろうか。

「それはずっとありますし、今でもあります。一番面白いのはそこなので。自分の読みでチームづくりをして、こういう監督を持ってきて、こういうコーチたちを置いて、こういう環境でこういう選手たちがいたらこうなるだろうなって。何か、そう構想して実現する仕事ほど面白いことはないわけで。だから今回、ジャパンの監督を辞めるときも、その思いはすごくありました。

何かって言うと、あんなに勉強になることはなかったので。監督やりながら人との交渉とか、人に『うん』って言ってもらう面白さとか難しさとか。それらを経験したので、大いに勉強になったわけです。だから何となく、今は少しわかりますよ。根本さんが、してやったり、と思ってたんだろうな、というのが。『うん』って言ってもらうまでが大変な選手もいましたから」

栗山が最初に根本の存在を意識した〝工藤の西武入団〟にしても、今はその裏仕事が現実としてわかる。当時は「すごい人がいるんだ」と思うばかりだったのが、「なあ、うまくいっただろ?」と言う根本の声が聞こえてくるほどだ。

「どこか、楽しかったんだろうなって思うんですよね、根本さんが。別にそれで人に評価されたいと思ってやってるわけじゃなくて、自分のなかで予測を立てて、こうなったらこうなるって信じてガーッと走っていって、いやあ、よかったなあ、オレ、みたいな。たぶんそんな感じだったんだろうなと」

では、栗山から見て、これからの日本の野球界における「ＧＭ系」はどうなっていくと想像できるだろうか。

「たぶん、あと10年もすると、アメリカみたいに野球経験のない人が、日本でもトップに立つような気もしているんです。それはＧＭなのか、その上のポストなのか、あるいはアナリストなのか。肩書きはともかくとして、野球をやったことがない人がチーム全体を統括する立場になるんじゃないかと。そのとき野球界で、根本さんのことが余計にクローズアップされるはずです。だから、その考え方、言葉、生き様を伝える教科書があったら、そこを目指す人たちが助かると思うんです」

栗山が監督になったとき、ほとんど教科書がなかった。参考になったのは中西太から複写を授かった「三原ノート」のほか、川上哲治の著書『遺言』だけだった。そこで後進のため、日本代表監督退任後、栗山自身のノートをマスコミに公開するに至った。

「参考になる人がいるかもしれないんだったら、残しておかなきゃいけないのかな、と思ったんです。それと同じように、根本さんがどういう人だったのか、ＧＭ系を目指す人たちに伝わればいいですよね。見た目は大親分みたいな印象だけれど、内面は本当にきめ細やかで、常に違うところにヒントを求める人だった、ということだけでも」

（了）

エピローグ

ヒロオカサンには行かなかったんですか?

『根本陸夫伝』の刊行後、何度か、問われた。むろん、西武で監督を務めた広岡達朗のことである。この野球人なくして根本陸夫という名前も知れわたることはなかったのではないか、それほど重要な人物の話がないのは不自然ではないか、ということを言う人もいた。

たしかにそのとおりなのだが、筆者が取材を始めた当時、広岡と版元との間でトラブルがあり、旧知の編集者が新刊の企画を持ちかけたところ断られた、と聞いた。同じ版元の企画で広岡に取材するのは難しい、という事情があった。

それから7年ほど経って、同じ版元が発行する雑誌に広岡のインタビューが載った。トラブルが解消したのか否かはわからなかったが、事実上、差し障りはないと判断。本書の取材が進行していた２０２２年4月、書面で依頼した。広岡には過去に面会した経験もあり、頃合いを見計らって電話を入れると、90歳になったばかりでもいたって明るく、張りのある声が耳に響いた。

「初めに言っておくけども、私は、根本さんを尊敬しない」

第一章で触れたとおり、最終的にたもとを分かった両者の関係を踏まえれば、何ら驚く言葉ではない。とはいえ、尊敬しない人のことを語る意味はない、との口ぶりだったから、なぜ尊敬しないのか、そこまではっきり言う人はいなかったのでぜひ聞きたい――という旨を伝えた。

広岡は半ば笑いながら言った。

「私から見たらね、根本？　あんなもん、相手にしてないって思うで（笑）。みんな、そこまで言う勇気がない。それが真理でしょう。私が平気で言うのは、人を批判するという気持ちがあるからじゃない。こうしたほうが野球がよりよくなる、という考え方があるからですよ。ただね、根本さんに勉強はさせてもらった。いい勉強、悪い勉強、どっちもある」

その「勉強」は、広島で監督－コーチの関係だったときが最初だろう。１９７０年から２年間だったが、広島・呉市出身の広岡にとっては地元球団でもある。

「広島には、私の４つ上の兄貴がお世話になっていた。それで当時のオーナー代理、松田耕平さんがね、『道楽でチームを持ったわけじゃない。かっこうをつけるために持ったのとも違う。チャンピオンになるために、しっかりした技術を選手に導入したい』と言ったから、そのとおりにやるつもりで私もお世話になった」

広岡の実兄・富夫は、50年代の広島で活躍した内野手で、全ポジションをこなすユーティリティープレーヤー。根本はこの富夫と古くからの知り合いだったが、その縁も関係していたのだろうか。

「兄貴と親しかったのかどうか、それは知らんけど、広島でいい勉強はね、根本さんがキャッチャー出身だったこと。いつもゲームが終わったらキャッチャー呼んで、何であのバッターに初球カーブほうった？　２球目は何でこの球だったんだ？　って、うるさく聞いて、配球の意味を確かめてた。褒めるとしたらそこだけ。偉いな、と思った。それは僕ら、見ていて勉強になったけど、ほかに野球で参考になったものはない」

　捕手に対する指導に感心した一方、広岡の担当である内野守備については、敢然と自身の主張をぶつけていた。

「ショートに今津（光男）という選手がいた。そのライバルが若い三村（敏之）。根本さんとしては『今津を使いたい』と。私は『今津を使うと、バウンドが合わない球、平気でトンネルするよ。それは私の責任じゃないよ』と言った。『三村は合わない球、身を挺して止める。私は一生懸命、教えた』とはっきり言った。それで『今津が失敗したらあなたの責任だ』と念を押して、『三村が失敗したら、三村の責任じゃなくて、私の教え方がまだ未熟ということだ』と文句言ったことがある（笑）」

　結果、前年までレギュラーの今津に代わり、70年は三村が開幕から1番・ショートで出場。自己最多の１１１試合に出てほぼ定位置をつかみ、オールスターにも選出された。広岡の進言が奏功した形だが、もともと根本がその手腕に期待したのは、前年から手掛け始めたコンバート。投手の西本明和、外野手の井上弘昭、苑田聡彦の3人を内野手に仕立ててほしいと広岡に注文している。

「コンバート、何とかなったのは苑田。『内野で使えんか』って言われてね、『時間はかかるけど、やります』と。それで1年間、本人、一生懸命やったけど、うまくならん。私も気が短いから、『根本さん、苑田はいいとこが見つからんから、コンバートやめたらどうですか？』と言ったら、『お前とは2年間、契約してるんだから、どうあれ、2年間やってくれんか？』と。それで苑田は頭が禿げても一生懸命やって、1年半でものになったから。ああ、人間ってのはやる気があったら、早い遅いはあるけども、ものになるな、というのはそのとき教わったんです」

面会での取材を依頼するつもりで入れた電話だったが、自ら記憶に残る根本を引き出し、こちらもつられて質問してしまい、話は止まらなくなっていた。苑田のコンバートについて、広岡は当時もこう言っている。

「コーチはどうあるべきかを、苑田を教えることを通じて学んだ。私がこんにちあるのは苑田のおかげ」

のちに広岡はヤクルト、西武の指導者として名声を得る。そのきっかけを広島時代に根本が与えた、ということになるのだろうか。

「もともと、私の師、中村天風という人に、『人間はやるべきことをやれば、早い遅いはあるけれども、ものになるぞ』というのは教わっていたんです。それを苑田が1年半で実行してくれたから、その理論が生きたんですよ。ヤクルトでは水谷（新太郎）がそうだった。4年かかったもんね」

78年、広岡率いるヤクルトが球団創設28年目で初優勝を果たしたとき、根本はクラウンライターの監督。同年10月には西武の監督兼球団管理部長となった一方、広岡は79年、コーチ人事を巡って球団と対立して8月末に退団した。その後、広岡はテレビ、ラジオの野球解説者、新聞の野球評論家を務めていたなか、81年9月に近鉄、阪神から相次いで監督就任要請を受けるが、いずれも条件が合わず。そうして10月、西武監督就任が発表される。このとき、監督を辞して管理部長となっていた根本からどのような打診があったのか。

「根本さんが呼んだんじゃないと思う。まず前の年、最初にお願いしたのは巨人の監督を辞めた長嶋（茂雄）。パッと断られた。それで今度は大阪の上田（利治／元・阪急監督）。上田が『僕がやります』と言って、99パーセントまで決まっていて、土壇場で逃げた。それでオーナーの堤義明さんに『困った。いなくなった』と言ったら、『広島で一緒にやってたあいつがいいじゃないか』と、私の名前を言ったらしいんだ。だから堤さんが呼んだんだと思う」

堤と広岡には、同じ早稲田大出身というつながりはある。しかしこれまで、堤が広岡を呼んだ、という話は伝わっていなかった。広岡自身も人づてに聞いた話だけに真相は不明だが、広島監督時代に指導力を目の当たりにし、ヤクルトでの実績を認めていた根本。「自分が続投するより、広岡に監督をやらせたほうが早く優勝できる」と堤に進言した、という証言もあるのだが……。

「いやいやいや、それだったらもっと素直に呼べばいいじゃない。広島時代に、あいつのおかげであれが成功した、あれがうまくなった、言うなら、西武の監督にすぐ呼べばいいじゃない。それだから、根本さんが呼んだかどうか、わからない。ただ、西武から呼ばれた、話があった、いうことだったから」

勝てなくとも戦力は整えた根本が、「勝てる監督」の広岡を呼んだ――。そんな経緯が伝えられてきたわけだが、西武が長嶋監督、上田監督を断念した事実を知る広岡にすれば、なぜ素直にすぐ呼ばなかったのか、と言いたくなるのも道理だろう。

「それで西武とはどういう会社でどういう球団か知るために、あらゆる本を読んだんです。巨人でよく知っている人に聞いて勉強もして。そしたら、西武はクリーンなイメージだとわかって、それなら話を進めてお世話になろうと思ったんです。チームはベテランが多くて、技術は完成してる選手ばかりだったけど、勝ち方を知らない。だから、こうやったら勝てる、と言って教えて。すぐ2年間、優勝しましたよ」

82年は中日、83年は巨人を倒しての2年連続日本一。主力をベテランから若手に切り替えた84年は3位に終わったが、その若手が機能した85年は優勝。日本シリーズでは阪神に敗れたものの、「1年で最強軍団の中身を入れ替えることができたのは、われながらすごいことだったと思う」と、２００７年のインタビューで語っている。そして、直後の監督退任については「フロントと行き違いがあり」――。広岡は問わず語りに、当時、根本に球団事務所に呼び出された話を始め、フロント批判が載った夕刊紙を突然に見せられたときのやり取りを再現した。

「お前、こういうことを言ったから書かれたんだろう」

「根本さん、あんな夕刊紙が書いてることなんか信用すんなって言ってたのに、どういうことや」

「いや、お前が言ったから書かれたんだ」

「じゃあ、めんどくさい。辞めてあげようか」

「おっ、辞めてくれるか」

表向きの辞任の理由を「健康上の問題」とされた広岡が、あらためて、西武監督として見たフロントの根本を語り始める。

「もう、とにかくね、本当は自分が大将になりたい人だったんじゃないかな、と思うね。だから、たまに西武球場に堤さんが来る。それで私、呼ばれて、『オーナー、ご苦労さんです』とあいさつに行くでしょ？　それで、さあ、野球とは何か、と話をしようとすると、『オーナー、時間です』と言って邪魔するのが根本。それで不本意だけど、選手たちを鍛えて、私は辞めていったんです。勝ったら胴上げのときに落としてやろうっていうぐらい、憎まれたけどね（笑）」

オーナーと監督との距離が縮まることをよしとしなかったのか、あるいは、何か別の理由があったのか。広岡としては、野球を深くは知らない堤に話を聞かせたいだけだったのか。

「あとは、安藤組とどういう関係があったのか知らんけど、男気があるんです。人が困ってね、こうしてくれ、ああしてくれ、と言ったら、よっしゃあ、と言う人。それはね、あの人の特技。ただ、金は湯水のごとく使う人。だから、西武はうまく使われて、辞めていくことになった。ダイエーも使われた」

にわかにダイエーでの話に飛び、根本が王貞治を監督に招聘してもなかなか優勝できなかった理由が語られた。１９９５年から2年間、ダイエーで二軍投手コーチを務めた杉本正（元・西武ほか）から聞いた話だという。

「二軍の試合で遠征に行くとき、その日にほうったピッチャーを置いていくでしょ。そうすると、根本さんがこうだ、ああだ、っていじるんだと。それに気がついて、遠征に連れて行くようにしたと。そういうクセがあるんだな。しかも、あの人は本当の理論を知らないから。間違った理論をね、二軍の指導者がいないときに選手に入れられたら……。それが、悪い勉強ですよ。だから私は根本さんを尊敬しない」

広岡の話はそこで終わった。ほかの野球話は雑談のように続いたが、根本の話は再開せず、面会での取材も断念するしかなかった。

最後に、根本が語っていた広岡の人間像を掲げておきたい。82年に西武が日本一となったあと、『スポーツ・グラフィック ナンバー』（83年3月20日号）で「広岡イズム」を研究する特集が組まれ、西武ライオンズ管理部長として語ったものである。

〈広岡くんという人は世間ではどう思われとるか知らんけども、大ざっぱでのんびり屋でね。喜怒哀楽の感情も豊かな涙もろいところもある男なんですよ。私とのつき合いではそうですよ。しかし、仕事となるとね、本質的な目的の達成のためにあるべきラインを引いて、そのラインを当然と考えられん人は参加する資格なしとする。そこでなぜ妥協するのか、と言うんですね。

逆に子供たち（選手）を教えていて、彼のほうが「教えられた」と感ずると、その子を〝師匠〟にする。そういう素直さがある。あるいは、「あれはダメだ！」とベンチに下げた選手が必死になれば、すぐに感じて再びチャンスを与える素直さもある。

たとえば、プレーオフのとき、田淵がベンチで「どうしても優勝したい！」と本当に祈っている。その姿に広岡は感じるんです。そして「あれはいい」と言って使う。そういう「過去を消す素直さ」がありますね。

人を捨てきれる冷たさがないんですよ。言葉では捨てたように言っても、必ずあとで拾ってもう一度チャンスを与える。本質的に温かい老婆心があって、「この選手はここまで来られるのになぜ来ないんだ。もったいないじゃないか。ここまで来い」と、ときには無理やり連れて行こうとするんです。

広島で初めて一緒に仕事をするようになったとき、もう40近かったと思うけど、齢からしたら何と清純な男やろと驚いたですね。野球をやる過程で、いろんな名人とか偉大な人たちに巡り会ったんでしょう。中村天風さんとかね。それで、「オレは野球の世界で、この人たちにいかに近づけるだろうか」という命題を抱えて野球に帰って行ったんだと思います。〉

おわりに

２００８年11月。当時はスポーツジャーナリストだった栗山英樹氏が北海道新聞で書評を担当しておられ、思いがけず、筆者の拙著を取り上げていただいた。伝説的な野球人のインタビュー集なのだが、その書評の中に、栗山氏と根本陸夫との出会いが記されていた。本書の原点となった。

野球人のインタビュー集が文庫化された12年11月。東京・神保町の書店に関根潤三氏をお迎えして、刊行記念のトークイベントを開催させていただいた。その際、終生の友である根本陸夫の話が数多く出た。

イベント終了後、観覧していた野球史研究家の大杉カツオ氏から「野球人それぞれが根本さんを語る本が読みたいです」と助言され、すべての取材の出発点となった。

残念ながら、関根氏は20年に逝去され、前作の刊行後、証言者の衣笠祥雄氏、小枝守氏、毒島章一氏、馬目大氏が逝去された。謹んでご冥福をお祈りする。

最後に、証言をいただいた方々をはじめ、取材にご協力いただいたすべての皆様に、心からお礼を申し上げたい。

本書の刊行に当たっては、集英社 第５編集部 部長の内山直之氏、スポルティーバ編集部の梶垣伸介氏にお世話になった。心から感謝申し上げる。

なお、カバー写真は１９９４年、『ＰＬＡＹＢＯＹ日本版』が根本陸夫にインタビューした際に撮影されたものだが、カメラマンの多田善一氏は２０２１年に逝去。写真の所在が不明だったため、ご遺族にお願いして探していただいたところ、ご実家でネガフィルムが発見された。大変なご苦労とご迷惑をおかけしたことをお詫びするとともに、謹んで感謝申し上げたい。

ありがとうございました。

２０２４年７月

髙橋安幸

「暗躍の球史」年表

１９５２年　根本陸夫が社会人野球のコロムビアから近鉄に入団。監督は藤田省三

１９５３年　1月、根本陸夫が隆子夫人と結婚。捕手として自己最多の１１０試合に出場

１９５７年　根本陸夫が現役を引退。スカウト、二軍マネージャーなどの仕事に携わる

１９６２年　根本陸夫が近鉄の二軍コーチに就任。65年から一軍に昇格し、66年に退団

１９６７年　根本陸夫が広島のヘッドコーチに就任。監督は長谷川良平

１９６８年　根本陸夫が広島の監督に就任し、球団初のAクラスに導く

１９７２年　根本陸夫が成績不振により6月に休養、退団。翌年から野球解説者に

１９７３年　巨人が前人未到の日本シリーズ9連覇を達成

1977年　11月、根本陸夫がクラウンライターの監督に就任

1978年　10月、球団の経営権が西武に譲渡され、根本陸夫は監督として留任
球団管理部長を兼任し、実質的なGMとしての権限も得る
博久、雅之の松沼兄弟が西武にドラフト外で入団
阪神・田淵幸一、古沢憲司と西武・真弓明信、竹之内雅史、若菜嘉晴、
竹田和史の2対4の〝世紀のトレード〟が成立

1979年　江川卓が小林繁とのトレードで巨人に入団

1980年　長嶋茂雄が巨人の監督を辞任し、王貞治が現役を引退

1981年　根本陸夫が西武の監督を退任し、管理部長専任に。広岡達朗を監督に招聘
西武がドラフト1位で伊東勤、6位で工藤公康を獲得

1982年　西武ライオンズとして初の日本一を達成

1983年　西武が巨人を破り2年連続日本一に輝く
11月、王貞治が巨人の監督に就任

１９８５年

阪神が日本シリーズで西武を破り球団初の日本一に輝く

西武がドラフト１位で６球団が競合のＰＬ学園の清原和博を引き当てる

１９８６年

同年から西武は日本シリーズ３連覇、90年から再び３連覇と黄金期を築く

１９８８年

３月、日本初のドーム球場「東京ドーム」完工

９月、巨人・王貞治監督が同年限りでの監督辞任を発表

10月、南海がダイエーに球団譲渡

10月、阪急がオリエント・リース（現・オリックス）に球団を譲渡

１９８９年

巨人・鹿取義隆が西岡良洋とのトレードで西武に入団

１９９２年

11月、根本陸夫が西武を退団し、ダイエーの監督兼球団取締役に就任

１９９３年

９月、根本陸夫が代表取締役専務と球団本部長を兼務し実質的なＧＭに

11月、ダイエー・佐々木誠、村田勝喜、橋本武広との交換トレードで西武・秋山幸二、渡辺智男、内山智之を獲得

プロ野球にフリーエージェント制（ＦＡ）が導入される

阪神・松永浩美がプロ野球史上初めてＦＡ宣言しダイエーに移籍

1994年
9月、イチローがプロ野球史上初のシーズン２００安打を達成
根本陸夫がダイエー監督を退任し球団専務に専任。王貞治が監督に就任
石毛宏典、工藤公康がＦＡ権を行使しダイエーに移籍

1996年
5月、低迷するチームにファンが怒り、
試合後、王貞治監督や選手たちが乗ったバスに生卵をぶつけられる

1999年
1月、根本陸夫がダイエー球団社長に就任
4月30日、根本陸夫が急性心筋梗塞のため72歳で死去
同年、ダイエー球団として初のリーグ優勝、日本一を達成

2000年
日本シリーズで「ＯＮ対決」が実現

2001年
根本陸夫が野球殿堂入り

2004年
9月、日本プロ野球選手会はプロ野球史上初のストライキを決行
11月、オーナー会議で株式会社楽天野球団の新規参入を承認

2005年
1月、ダイエーからソフトバンクへの球団株式譲渡が完了
5月、プロ野球初のセ・パ交流戦がスタート

2006年　3月、王貞治監督率いる日本代表が第1回ＷＢＣで優勝

2007年　4月、同年秋のドラフトから「希望入団枠」を廃止することが正式決定

2008年　王貞治がソフトバンクの監督を退任

2009年　3月、原辰徳監督率いる日本代表が第2回ＷＢＣで優勝し連覇を達成

2011年　11月、栗山英樹が日本ハムの監督に就任

2017年　鹿取義隆が巨人のＧＭ兼編成本部長に就任

2021年　栗山英樹が日本ハムの監督を退任。12月に日本代表の監督に就任

2023年　3月、栗山英樹監督率いる日本代表が第5回ＷＢＣで優勝

【出典・参考文献】

『球界地図を変えた男・根本陸夫』　浜田昭八・田坂貢二著／日経ビジネス人文庫
『根本陸夫「勝者」のセオリー　根本式ビジネス32の秘策』　由倉利広著／ベストセラーズ
『野球ができてありがとう　関根潤三野球放談』　関根潤三著／小学館文庫
『プロ野球の男たち　野村克也の目』　野村克也著／朝日新聞社
『波瀾興亡の球譜　失われたライオンズ史を求めて』　坂井保之著／ベースボール・マガジン社
『西武と巨人のドラフト10年戦争』　坂井保之・永谷脩著／宝島社
『プロ野球　名人列伝』　近藤唯之著／ＰＨＰ文庫
『球界裏の演出者たち』　海老沢泰久著／朝日文庫
『鷹軍団　翔んだ！　福岡ダイエーホークス　世紀の野球花咲かす』　松島豊彦　構成／デポルテ
『スカウト　トニー・ルカデロ最後の旅』　マーク・ワインガードナー著、富永和子訳／東京書籍
『ダイエーホークス創世記』　田所龍一著／産経新聞連載記事
『スポーツ報知』　報知新聞社
『日刊スポーツ』　日刊スポーツ新聞社
『週刊ベースボール』　ベースボール・マガジン社
『ベースボール・マガジン』　ベースボール・マガジン社
『スポーツ・グラフィック　ナンバー』　文藝春秋
『広島東洋カープ球団史　Ｖ１記念』　中国新聞社
『東都大学野球連盟70年史』　東都大学野球連盟編纂委員会編
『法政大学野球部90年史』　法政大学野球部・法友倶楽部編
『それぞれの甲子園　日本大学第三高等学校野球倶楽部70年史』　日大三高野球部史編集委員会編
『週刊サンケイ』　１９８３年３月10日号／サンケイ出版
『エスクァイア日本版』　１９９１　Ｖｏｌ５　Ｎｏ９／ユー・ピー・ユー
『月刊潮』　１９８６年７月号／潮出版社
『月刊現代』　１９９３年４月号／講談社
『ＰＬＡＹＢＯＹ日本版』　１９９４年４月号／集英社

高橋安幸（たかはし・やすゆき）

1965年生まれ。新潟県出身。ベースボールライター。日本大学芸術学部を卒業後、出版社勤務を経てフリーランスとなり、雑誌「野球小僧」（現「野球太郎」）の創刊に参加。主に昭和から平成にかけてのプロ野球をテーマとして精力的に取材・執筆する。著書に『根本陸夫伝　プロ野球のすべてを知っていた男』（集英社文庫）『伝説のプロ野球選手に会いに行く』シリーズ（廣済堂文庫ほか）など。

暗躍の球史
根本陸夫が動いた時代

2024年7月10日　第1刷発行

著　者　　髙橋安幸
発行者　　樋口尚也
発行所　　株式会社集英社
〒101-8050 東京都千代田区一ツ橋2-5-10
［編集部］03-3230-6206
［販売部］03-3230-6393（書店専用）
［読者係］03-3230-6080
印刷所　　TOPPAN株式会社
製本所　　株式会社ブックアート

装　丁　　松坂 健（TwoThree）
D T P　　TwoThree
編　集　　内山直之／梶垣伸介
カバー写真　多田善一

造本には十分注意しておりますが、乱丁・落丁（本のページ順序の間違いや抜け落ち）の場合はお取り替えいたします。購入された書店名を明記して、小社読者係宛てにお送りください。送料は小社負担でお取り替えいたします。ただし、古書店で購入したものについてはお取り替えできません。掲載の写真・記事等の無断転載・複写は法律で定められた場合を除き、著作権の侵害となります。また、業者など、読者本人以外による本書のデジタル化は、いかなる場合でも一切認められませんのでご注意ください。

©Yasuyuki Takahashi 2024, Printed in JAPAN　ISBN978-4-08-790173-3 C0075